A onda que se ergueu no mar

TENDO O PÃO DE AÇÚCAR COMO TESTEMUNHA A VEL[

A VELHA GUARDA ENCONTRA A BOSSA NOVA

● Suando por todos os poros o veterano Pixinguinha ganhava o estúdio A da TV-Rio, quando escutou no corredor o fio de um sambinha bossa nova. O velho flautista aguçou o ouvido e disse para Donga: "Samba legal, hem?" O outro entreabriu a porta e comentou:

"O menino do p[
diminutas infern[
Era o conjunto d[
anos) que ensai[
los (20 anos) j[
pianista de Maís[
de "jazz", invent[
tro da melodia.
lhor contrabaixis[

Reportagens de Ronaldo Bôscoli, Luiz Carlos Sarmento e A[

"Agora eu já sei da onda que se ergueu no mar"

— "Wave",
de Antonio Carlos Jobim, 1967

TOCOU E APROVOU A BOSSA NOVA.

da imberbe, fazia aranhas no seu instrumento. E Hélcio cochilava ao balanço da bateria, certamente recordando seus acompanhamentos com Sammy Davis Junior e Ray Anthony. Pixinguinha brincou "Querem tirar a vez dos coroas?" Menescal sobressaltou-se num suste-

SEGUE

Bossa em comum

Pixinguinha e Menescal dão seus recados na antiga TV Rio

Aos violões

Luiz Bonfá, João Gilberto
e Tom Jobim
no filme "Copacabana Palace" (1960)

Ruy Castro

A onda que se ergueu no mar

Novíssimos mergulhos na Bossa Nova

2ª edição revista e ampliada

COMPANHIA DAS LETRAS

Copyright © 2001 by Ruy Castro

*Grafia atualizada segundo o Acordo
Ortográfico da Língua Portuguesa de 1990,
que entrou em vigor no Brasil em 2009.*

Capa
Hélio de Almeida

Foto de capa
DR

Preparação
Isabel Jorge Cury

Índice remissivo
Luciano Marchiori

Revisão
Carmen S. da Costa
Beatriz de Freitas Moreira
Fernando Nuno
Thaís Totino Richter

Dados Internacionais de Catalogação na Publicação (CIP)
(Câmara Brasileira do Livro, SP, Brasil)

Castro, Ruy, 1948 -
 A onda que se ergueu no mar: Novíssimos mergulhos na Bossa Nova / Ruy Castro. — 2ª ed. — São Paulo : Companhia das Letras, 2017.

 Bibliografia.
 ISBN 978-85-359-2923-2

 1. Bossa Nova (Música) – Brasil – História e crítica 2. Música popular – Brasil – História e crítica – Século 20 I. Título.

01-5486   CDD-781.630981

Índice para catálogo sistemático:
 1. Bossa Nova : Música popular :
História e crítica : Brasil 781.630981

2017

Todos os direitos desta edição reservados à
EDITORA SCHWARCZ S.A.
Rua Bandeira Paulista, 702, cj. 32
04532-002 — São Paulo — SP
Telefone: (11) 3707-3500
www.companhiadasletras.com.br
www.blogdacompanhia.com.br
facebook.com/companhiadasletras
instagram.com/companhiadasletras
twitter.com/cialetras

Para Leonel Brayner

A base é uma só

João Gilberto sintetiza
todos os sambistas
de bossa.
Ipanema, 1959

"Blame it on the Bossa Nova",
de Cynthia Weil e Barry Mann.
Com Eydie Gormé (1962)

*"I was at a dance when she caught
my eye
Standin' all alone, lookin' sad
and shy
We began to dance swayin'
to and fro
And soon I knew I'd never let
her go.*

*"Blame it on the Bossa Nova
With its magic spell.
Blame it on the Bossa Nova
That she did so well.
Oh, it all began with just one
little dance
But soon it ended up a big romance.
Blame it on the Bossa Nova
The dance of love"*

"Foi numa festa que eu a vi,
Triste, tímida e sozinha num
canto.
Começamos a dançar e, naquele
embalo,
Logo vi que nunca a deixaria
ir embora.

"A culpa é da Bossa Nova
Com sua magia.
A culpa é da Bossa Nova,
Que ela dançava tão bem.
No começo foi apenas uma dança
Mas logo se transformou no maior
romance.
A culpa é da Bossa Nova,
A dança do amor"

"Downtown",
de Tony Hatch.
Com Petula Clark (1964)

*"Don't hang around and
Let your problems surround you.
There are movie shows —
downtown.
Maybe you know some
Little places to go to
Where they never close —
downtown.
Just listen to the rhythm
Of a gentle Bossa Nova.
You'll be dancing with him
Too before the night is over,
Happy again —
Downtown."*

"Não fique de bobeira, nem
Deixe os problemas te abaterem.
Está cheio de cinemas —
downtown.
Talvez você conheça
Lugares legais para ir
Que não fecham nunca —
downtown.
Preste atenção ao ritmo
De uma suave Bossa Nova.
Você estará dançando com ele
Antes que a noite acabe,
Feliz de novo —
Downtown."

"Bossa Nova Baby",
de Jerry Leiber e Mike Stoller.
Com Elvis Presley (1963)

"I said, 'Take it easy, baby,
I worked all day and my feet
Feel just like lead.
You got my shirt tails
Flyin' all over the place
And the sweat poppin' out of
my head'.
She said, 'Hey, Bossa Nova, baby,
Keep on a-workin', child,
This is no time to quit',
She said, 'Go Bossa Nova, baby,
Keep on dancin'
I'm about to have myself a fit'.
Bossa Nova, Bossa Nova.

"I said, 'Come on, baby,
It's hot in here
And it's, oh, so cool outside.
If you lend me a dollar
I can buy some gas
And we can go for a little ride'.
She said, 'Hey, Bossa Nova, baby,
Keep on a-workin', child,
I ain't got time for that',
She said, 'Hey, Bossa Nova, baby,
Keep on dancin'
Or I'll find myself another cat'."

"Eu disse, 'Vamos com calma,
baby,
Trabalhei o dia todo e meus pés
Estão pesados como chumbo.
Você me deixou
Todo mal-ajambrado
E suando em bicas'.
Ela disse, 'É Bossa Nova, baby.
Fique firme, garoto,
Não é hora de parar.
Vamos lá, é Bossa Nova, baby.
Continue dançando

Porque eu estou quase tendo
um troço'.
Bossa Nova, Bossa Nova.

"Eu disse, 'Vamos embora, baby,
Está quente à beça aqui dentro
E tão fresquinho lá fora.
Se você me emprestar uma grana
Eu ponho gasolina no carro
E damos uma voltinha'.
Ela disse, 'É Bossa Nova, baby.
Fique firme, garoto,
Não estou a fim de passear.
É Bossa Nova, baby.
Continue dançando,
Senão vou procurar outro gato'."

Sumário

**A trilha sonora
de um país ideal** 13

1 ~ Tom

20 anos esta tarde 23
*Chopes no Veloso
enquanto Edson morria*

O aprendiz de ternuras .. 29
*Senhorinhas ao piano
ou ao cavalete*

**Muitos momentos
mágicos** 37
*É o mistério profundo,
é o queira ou não queira*

**O umbigo musical
do Brasil** 49
*Um abraço no tempo
entre Tom e Noel*

**Dois gênios com tanto
em comum —
e em incomum** 59
*Des/encontros entre
Gershwin e Jobim*

2 ~ Do barquinho ao banquinho

É sol, é sal, é sul 69
*A onda que
se ergueu no mar*

**Houve uma vez
dois verões** 79
*1964/65 — Bossa & Brigitte
em Búzios*

3 ~ Misturas finas

**Das bananas ao
"Desafinado" e além** 101
*Nós produzimos a música;
eles vendem os discos*

**Edmundo passava pasta
de dente no pão** 120
*Mais ou menos o que
eles fizeram com as letras
da BN nos EUA*

Garimpo nos sebos 129
*Em busca das
capas perdidas*

**Altos e baixos
cleros culturais** 142
*O que Sinhô via
em Manuel Bandeira?*

4 ~ Microfone partido

Caprichos do destino ... 149
*A dramática,
trágica história
de Orlando Silva*

Os dois meninos 171
*As vidas paralelas de
Dick Farney e Lucio Alves*

5 ~ Rapazes de bem

**Céus e mares
de Johnny Alf** 189
*Um estadista do piano
e da voz na música
brasileira*

**Nas águas
de João Donato** 196
*Uma permanente
pororoca musical*

6 ~ Toques de silêncio

Atire no pianista 211
*E também no saxofonista,
no trompetista,
no trombonista...*

**A musa que
se desmusou** 229
*Com Nara em Copacabana,
onde tudo começou*

7 ~ João

João Gilberto 1990..... 243
*O mundo gira
ao redor do pijama*

João Gilberto 2001..... 261
*Psiu para os que só sabem
ouvir com os olhos*

8 ~ Textos bônus

Anatomia de um disco .. 275
*Por dentro (e por fora) da
gravação de Getz/Gilberto*

**Onipresença de
Sylvia Telles 290**
*E se ela tiver sido a verdadeira
musa da Bossa Nova?*

A gramática da bateria .. 306
*A incrível trajetória de Milton
Banana*

Os Cariocas 319
*A fome de grande música com
a vontade de cantar*

**Simonal, finalmente
perdoado............. 337**
*Só falta agora ele nos dar o seu
perdão*

**Bibliografia
e agradecimentos 357**

Créditos das fotos 361

Índice remissivo....... 365

Moça da praia

A Bossa Nova traz
Brigitte ao Brasil.
Búzios, 1964

A trilha sonora de um país ideal

Olha que coisa mais linda: as garotas de Ipanema-1961 tomavam cuba-libre, dirigiam Kharman-Ghias e voavam pela Panair. Usavam frasqueira, vestido-tubinho, cílio postiço, peruca, laquê. Diziam-se existencialistas, adoravam arte abstrata e não perdiam um filme da Nouvelle Vague. Seus points eram o Beco das Garrafas, a Cinemateca, o Arpoador. Iam à praia com a camisa social do irmão e, sob esta, um biquíni que, de tão insolente, fazia o sangue dos rapazes ferver da maneira mais inconveniente.

Tudo isso passou. A querida Panair nunca mais voou, a Nouvelle Vague é um filme em preto e branco e ninguém mais toma cuba-libre — quem pensaria hoje em misturar rum com Coca-Cola? Quanto àquele biquíni, era mesmo insolente, embora, por padrões subsequentes, sua calcinha contivesse pano para fabricar dois ou três pára-quedas. Dito assim, é como se, em 1961, o céu do Brasil ainda fosse povoado por pterodáctilos.

Mas há uma exceção. A música que aquelas garotas escutavam na época continua a ser ouvida — um milênio depois — como se brotasse das esferas: a Bossa Nova.

Acredite ou não, em números absolutos ouve-se mais Bossa Nova hoje do que em 1961. E ela não brota das esferas, mas é produzida ao vivo, pelos gogós, dedos e pulmões de artistas de todas as idades, em lugares fechados ou ao ar livre, em quatro ou cinco continentes. Ouve-se Bossa Nova em salas de concerto, teatros, boates, bares, clubes, escolas, estádios, praças, praias e quiosques e, ultimamente, como uma epidemia, nas ruas noturnas de Berlim, Hamburgo, Londres e Haia. Ouve-se também no cinema, no rádio e até na televisão, na trilha da novela e nos comerciais. Ouve-se como música de fundo em aviões, restaurantes, elevadores, consultórios médicos e salas de espera. Sem falar na audição doméstica — por haver mais discos disponíveis, nunca se ouviu tanta Bossa Nova em apartamentos de São Paulo, Nova York, Paris, Sydney, Tóquio. E, se você se dispuser a entrar em todos os sites brasileiros e internacionais dedicados à Bossa Nova na internet, arrisca-se a morrer de velhice sem antes sequer arranhar a superfície.

Não é uma avalanche — ainda bem. Dificilmente você verá um disco de Bossa Nova nas paradas. Mas os pardais e os bem-te-vis também não estão nas paradas e a música deles nunca sai do ar. Aliás, os rapazes e moças que criaram a Bossa Nova, em fins dos anos 50, não gostariam que fosse diferente. Na sua despretensão e modéstia, eles só queriam que a música que estavam inventando fosse bonita, sofisticada — e eterna.

Bonita e sofisticada, a Bossa Nova sempre foi. Nasceu sendo. Mas, eterna? Naquele ano de 1961, somente o futuro distante seria capaz de dizer — e, como o nosso presente é o futuro daquele tempo, basta ver (ou ouvir) em torno para constatar que, nesse sentido, eles venceram. Por eles entendam-se os jovens cantores, compositores, letristas, músicos e arranjadores que ousaram sonhar com essa eternidade: Antonio Carlos Jobim, João Gilberto, Newton Mendonça, Sylvinha Telles, Nara Leão, Roberto Menescal, Carlinhos Lyra, Ronaldo Bôscoli, Luizinho Eça, Alayde Costa, Claudette Soares, Baden Powell, Durval Ferreira, Oscar Castro Neves, Luiz Carlos Vinhas, Milton Banana, Sérgio Mendes, Eumir Deodato, Wanda Sá, muitos mais (alguns dos rapazes mal tinham feito a primeira barba; algumas das moças ainda usavam maria-chiquinha). Eles sonharam com um tipo de música que pairasse sobre o tempo, que os tornasse sempre jovens — e tornasse jovem quem a ouvisse em qualquer época.

A Bossa Nova foi e é essa música. Hoje, livros são escritos a seu respeito e ela é motivo de ensaios eruditos, de teses universitárias e de discussões em seminários. Sob qualquer pretexto, intelectuais das mais diversas plumagens se reúnem para dissecá-la e falar de sua "importância nos rumos da música popular". O que já me fez tremer de medo: com toda a seriedade com que tentam envolvê-la e desidratá-la, a Bossa Nova já deveria ter se juntado à polca, à mazurca e ao maxixe, entre outros estilos históricos que atualmente só parecem existir nos livros. Mas, com a Bossa Nova, isso não aconteceu — porque ela tinha um algo mais, uma seiva que a salvou: a beleza. Mesmo os seus adversários concordam em que, em termos de melodia, nunca a música brasileira teve um repertório tão permanente e rico.

Até hoje, à luz do sol ou de um abajur, com ou sem um uísque ao lado, nada supera o prazer quase hipnótico de se ouvir coisas como "Corcovado", "Samba do avião", "Minha namorada", "Este seu olhar", "Dindi", "Primavera", "Wave", "Se todos fossem iguais a você", "Ela é carioca", "Você e eu", "Inútil paisagem", "Samba de verão", "Eu e a brisa", "Ilusão à toa", "A rã". Bolas, vamos ser francos: todo o repertório. Mesmo canções que, às vezes, imploram por um descanso, como "Garota de Ipanema", "O barquinho" e "Desafinado", continuam infalíveis em nos fazer parar para escutá-las. E o que dizer de outras perfeitamente lindas, mas tão menos exploradas, como "Fotografia", "Vivo sonhando", "Balanço Zona Sul", "Samba do carioca", "Canção que morre no ar", "Vagamente", "Minha", "Chuva", "E nada mais", "Samba da pergunta", "Razão de viver", "Tempo feliz"? Quantos grandes CDs não se poderiam fazer apenas com as canções da Bossa Nova que não chegaram a ficar tão populares? Sem falar nas que ajudaram a deslanchar o movimento e depois foram esquecidas: "Fim de noite", "Se é tarde me perdoa", "Chora tua tristeza", "Sabe você", "Olhou pra mim", "Disa", "Morrer de amor", "Aula de matemática", "O amor que acabou", "Onde está você?", "Este seu olhar", "Brigas nunca mais".

Quando a maioria dessas canções estava sendo composta, entre 1958 e 1963, metade do planeta ainda estava tendo surtos espasmódicos ao som do rock'n'roll e a outra metade já se contorcia ao ritmo de uma novidade chamada twist. A ordem então vigente no mundo determinava que um gênero musical, para vingar, tinha de ser dançante. Pois foi nessa época, em Ipanema, que Tom Jobim abriu o piano e libertou dezenas de melodias. Muitas ganhariam letras de um poeta ao mesmo tempo sério e moleque, chamado Vinicius de Moraes, e seriam ouvidas pela primeira vez nas vozes de Sylvinha Telles e de um jovem baiano que acabara de inventar uma batida de violão: João Gilberto. Uma batida "bossa nova", como se dizia, e que acabaria designando tudo que se faria com ela: a Bossa Nova.

Mas, por mais gostosa e revolucionária, essa batida — que era samba e, ao mesmo tempo, "não era" — não parecia feita para dançar. Ao contrário, pedia concentração e até algum esforço para ser "entendida". Quanto à voz do cantor, só faltava exigir que se grudassem as orelhas aos alto-falantes para ser escutada, porque ele cantava baixinho, "desafinado", de forma relaxante — era quase uma massagem sonora. A oposição sofrida por essa nova música foi tão contundente que um possível fracasso comercial, se tivesse acontecido, seria muito natural. Pois seus adversários devem ter se espantado muito ao ver quantos jovens ansiavam por aquela massagem, aquela batida e aquela mensagem.

Milhares de jovens brasileiros, alertas, criativos e que, até então, não sabiam para onde se virar, tiveram suas vidas salvas pela Bossa Nova. Muitos deles, meninos ainda de calças curtas e suspensórios, como Chico Buarque, Caetano Veloso e Gilberto Gil, decidiram fazer música ao ouvir a gravação de "Chega de saudade" por João Gilberto, em 1958. Por causa da Bossa Nova, outros resolveram fazer cinema, teatro, poesia, jornalismo, fotografia, artes plásticas, design. O violão, um instrumento com grosso prontuário nas delegacias, foi parar nas mãos das melhores moças "de família". Em certo momento, segundo Ivan Lessa, parecia haver mais meninas armadas de violão em Copacabana do que soldados de metralhadora no forte do Posto Seis.

Sem entender as letras, mas encantados com a beleza melódica, a riqueza harmônica e a novidade rítmica da Bossa Nova, jazzistas e cantores americanos de passagem por aqui em 1960 e 1961 também descobriram a Bossa Nova, encantaram-se e a levaram para os Estados Unidos: Coleman Hawkins, Roy Eldridge, Al Cohn, Zoot Sims, Tony Bennett, Ella Fitzgerald, Lena Horne, Chris Connor. O esperto Stan Getz a gravou com enorme sucesso — ela salvou sua então periclitante carreira e ele a tornou popular nos Estados Unidos. Em 1967, quando Frank Sinatra (então ainda o mais poderoso cantor do mundo) gravou um LP inteiro com Jobim, estava garantida a eternidade internacional da Bossa Nova.

Mas isso foi há muito tempo. Desde então, a Bossa Nova já *morreu* muitas vezes.

Morreu no Brasil, bem entendido, onde nos referimos a ela dizendo, "Porque, no tempo da Bossa Nova..." — como se falássemos de um tempo extinto, anterior aos fenícios, cultuado por senhores calvos e grisalhos, nostálgicos de sua juventude. O "movimento" da Bossa Nova — a onda que agregou uma geração inteira na passagem para os anos 60 e marcou aqueles jovens para sempre —, este sim, pode ter acabado em poucos anos, assim como seu apogeu como modismo. Mas, se a própria marca "Bossa Nova" foi tantas vezes dada como defunta, sua música, mesmo quando mais parecia enterrada e esquecida, nunca morreu.

Nos Estados Unidos (onde ninguém se refere ao jazz como "No tempo do jazz" — porque o jazz não foi, continuou sendo), a Bossa Nova também não foi, continuou sendo. Os americanos sempre viram a coisa à sua maneira. Como não pegaram onda no Arpoador, não chuparam jajá de coco e não tomaram um chope com Tom e Vinicius no Veloso, a Bossa Nova, para eles, nunca foi "nostalgia", mas cultura — e uma cultura viva, presente, valiosa, a ser transformada em produto, comercializada e vendida. Inclusive para nós. Por causa disso, muitos de seus compositores conseguiram atravessar a Idade do Gelo a que foram condenados por aqui — e os direitos autorais que lhes foram pagos durante todo esse tempo confirmam isso. Enquanto eram ignorados no Brasil, Moacir Santos e Mario Telles, por exemplo, receberam muitos cheques em dólares referentes a "Nanã"; a família de Newton Mendonça viveu confortavelmente dos royalties de "Desafinado", "Samba de uma nota só" e "Meditação" pagos no exterior; e Tom Jobim, com tudo que lhe roubaram lá fora, sempre ganhou o suficiente para comer camarão e construir um patrimônio no Rio e em Nova York. *Alguém* devia estar tocando essas canções, para que seus autores fossem pagos por elas.

E será preciso falar da indestrutibilidade da Bossa Nova como gênero? Sua batida incorporou-se de tal forma à gramática da música popular, em toda parte, que não há um violonista australiano ou israelense que não saiba executá-la. À sua maneira discreta e delicada, a Bossa Nova sobreviveu à mais longa ditadura de que se tem notícia na história da música popular: a do rock, em todas as suas fases — iê-iê-iê, rock progressivo, fusion, discoteque, punk, new wave, heavy metal, rap, grunge, dance e o que mais surgiu. De alguns desses rótulos já não resta nem memória, mas a Bossa Nova, subliminarmente que fosse, nunca saiu do cenário internacional — com direito a viajar sem passaporte, valendo como moeda local e, às vezes, até sendo reconhecida como música brasileira.

Só faltava o principal: voltar a ser reconhecida em seu país.

Pois não é que, dos anos 90 para cá, isso passou a acontecer? Uma nova geração, cansada da pancadaria sonora que nos azucrinou nas últimas décadas, descobriu maravilhada que nem toda música tinha de espelhar a barbárie — havia também a música da harmonia. Uma música que valia a pena ser escutada com atenção, que servia para se murmurar pequenas sacanagens ao pé do ouvido e que continha aquele elemento outrora considerado indispensável: a beleza — lembra-se dela? Uma música que fazia jus à inteligência de quem a ouvia. E, quando isso aconteceu, eles souberam que estavam encantados com a Bossa Nova. Não pense que as centenas de títulos, novos ou antigos, que agora compõem a enorme discografia da Bossa Nova em CD, destinam-se apenas àqueles grisalhos nostálgicos. São os jovens que os estão comprando e ouvindo.

No dia em que se reescrever a Constituição, um dos novos artigos dirá: Todo brasileiro tem direito a um cantinho e um violão. Tem direito também a cidades saudáveis, matas verdes, céus azuis, mares limpos e seis meses de verão. E tem direito ainda a andar na praia, namorar gente bonita e ser feliz. Quando ninguém falava em paz, saúde e ecologia, essa já era a plataforma da Bossa Nova. Hoje, em que esses temas estão na pauta das aspirações nacionais, a Bossa Nova voltou a ser a trilha sonora de um Brasil ideal.

1
Tom

20 anos esta tarde

Chopes no Veloso enquanto Edson morria

Na tarde do dia 28 de março de 1968, eu estava a uma mesa do bar Veloso, em Ipanema, diante de Tom Jobim e de incontáveis chopes que o maestro e o repórter engoliam como se a Brahma fosse fechar no dia seguinte. Era a primeira vez que falava a sós com Tom e o pretexto era uma entrevista para a revista *Manchete*, onde eu trabalhava. Tom, que estava vivendo mais nos Estados Unidos do que no Brasil, tinha acabado de chegar ao Rio, coberto de glória. Um ano antes, gravara um disco inteiro com Frank Sinatra, a convite deste: *Francis Albert Sinatra & Antonio Carlos Jobim*. Para um músico brasileiro, era uma façanha só comparável a se ele o tivesse gravado com Mao Tsé-tung — porque, na época, Sinatra ainda era mais famoso e poderoso do que Mick Jagger e todos os Rollings Stones juntos. Não apenas isso, mas Sinatra convidara Tom para um especial de televisão, em que Ella Fitzgerald também apareceria, e o hospedara por semanas em sua fortaleza no meio do deserto, em Palm Springs, Califórnia.

À mesa do Veloso, Tom dizia que conhecera um Sinatra diferente da lenda. Era um homem simples, sensível e carente, obrigado a morar entre iguanas para ter sossego, e que não podia fazer o que ele, Tom, estava fazendo naquele momento: tomar seu chope num botequim, ao alcance de qualquer mortal transeunte. Disse também que o fim do casamento de Frank com Mia Farrow, então nas manchetes, já era esperado. Mia tinha vinte anos; Sinatra, cinquenta. Além disso, Mia passara o ano anterior em Nova York, rodando um filme chamado *O bebê de Rosemary*, em que interpretava uma mulher grávida de um filho do capeta, em vez de ficar em casa cozinhando macarrão para o marido — e esse era o tipo de dever conjugal que Frank não dispensava.

Na onipotência dos meus vinte anos recém-feitos, eu ouvia tais inconfidências com uma enorme naturalidade. Era como se fosse corriqueiro, mesmo naquele ano louco de 1968, um garoto, um foca, ouvir intimidades em primeira mão sobre o maior cantor do planeta, da boca do homem que já era o maior compositor brasileiro. Talvez porque fosse corriqueiro para qualquer jovem repórter sentar-se à mesa desse mesmo botequim com Tom quando ele estava no Rio. E olhe que, aos 41 anos, Tom já era Tom Jobim havia pelo menos uns dez. Mas, ali, no Veloso, ninguém menos Tom Jobim do que o próprio — donde não havia motivo para deslumbramentos. Só faltava o próprio Sinatra também aparecer, pedir um chope ao Arlindo e se sentar conosco. Nós, de 1968, éramos assim: blasés até dizer chega.

Sinatra não era para ser um tópico da conversa — pelo menos, não de minha parte. Eu sabia que o que mais estava aborrecendo Tom no Rio era quando alguém lhe perguntava, "E aí, Tom, e o Sinatra?". Fiquei quieto e perguntei-lhe sobre sua infância em Ipanema, os anos 50 em Copacabana, os primórdios da Bossa Nova e sobre sua última maravilha, "Wave", ainda sem letra, que ele acabara de lançar num disco também chamado *Wave* (aquele cuja capa mostrava uma girafa correndo num cerrado africano). Horas depois, talvez grato pelo meu aparente desinteresse por Sinatra, o próprio Tom começou espontaneamente a falar dele.

Gravar com Sinatra tinha sido genial, formidável — ele dizia —, mas parecia-lhe um prêmio por serviços prestados. O importante era o futuro, eram as canções que ele ainda iria escrever. "Wave" (hoje sabemos) era apenas o prenúncio dessa fase que, nos anos seguintes, nos daria "Águas de março", "Chovendo na roseira", "Lígia", "Anos dourados", "Two kites" e tantas outras belezas.

Duzentos chopes depois, Tom ficou sério e mudou de assunto. Como se eu fosse íntimo, contou que seu pai, o poeta Jorge Jobim, que morrera em 1935 quando ele tinha oito anos, aparecera-lhe outro dia, de noite, ao vivo, ao pé de sua cama.

Dessa vez, toda a nonchalance com que eu me comportava evaporou-se: "O quê? Tom Jobim conversando com mortos???" — pensei. Hoje, tal declaração talvez parecesse normal. Mas estávamos em 1968, um tempo de racionalismos radicais. Naquele ano, a única aproximação aceitável que um jovem de vanguarda (estudante da Faculdade Nacional de Filosofia, morador do Solar da Fossa, frequentador do Paissandu) poderia ter com o sobrenatural era gostar do episódio de Fellini no filme *Histórias extraordinárias*. Tudo mais era anátema. A ideia de que o autor de "Chega de saudade", "Desafinado" e "Garota de Ipanema" recebia espíritos era chocante.

Tom tinha certeza de que não fora um sonho. Até então, ele também achava que os mortos não se interessavam em comunicar-se com os vivos. Mas a cena fora muito nítida: acordara no meio da madrugada e vira seu pai, de pé, à sua frente, à beira da cama. Nunca chegara a conhecê-lo direito, mas era o mesmo homem bonito e elegante das fotos nos álbuns da família. De repente, seu pai falara. Com voz suave e compreeensiva, aconselhara-o a deixar de ser preguiçoso, a pescar menos e a compor mais. E, com a mesma suavidade com que aparecera, despedira-se e sumira.

Eram seis horas da tarde e, enquanto Tom me contava essa história, algo bem palpável e material estava acontecendo a vinte quilômetros de Ipanema, no centro da cidade. Numa manifestação estudantil no restaurante do Calabouço, perto do aeroporto Santos Dumont, um tiro disparado pela PM acabara de matar um rapaz que vivia por ali e nem estava envolvido no protesto. O estudante chamava-se Edson Luiz de Lima Souto.

Pouco depois, seu corpo seria usado como aríete pelos colegas para furar o bloqueio da polícia e levá-lo para a Assembleia Legislativa, na Cinelândia, onde ele seria exposto e velado como um cadáver da ditadura militar.

Inocentes do que se passava na cidade, Tom e eu discutíamos se, quando uma pessoa morre, suas roupas também "morrem". Nesse caso, se essa pessoa resolve aparecer, tantos anos depois, estará nua ou vestida? Estando vestida, que roupa usará? Aquela com que foi enterrada? Mas, se essa pessoa tornou-se um ectoplasma, para que precisará de roupa? O assunto era esse, a etiqueta do ectoplasma, no exato momento em que o país entrava no pior funil de sua história.

Em termos de Brasil, só ali começava o que, no futuro, viríamos a entender como "o ano de 1968". Sim, porque, até então, tudo que acontecera naqueles primeiros três meses seria assimilável num ano normal: a estreia da polêmica peça *Roda viva*, de Chico Buarque, o estouro do Tropicalismo, a greve do teatro carioca contra a censura, a proibição no país do filme *A chinesa*, de Jean-Luc Godard, e uma ou outra passeata estudantil. Ainda não tinha havido a revolta dos estudantes em Paris, nem a invasão da Tchecoslováquia pela URSS, nem as passeatas nos Estados Unidos contra a Guerra do Vietnã, nem os assassinatos de Martin Luther King e Bobby Kennedy. Mas era como se tudo isso já estivesse no ar — e, em 1968, as coisas ganhavam uma dimensão épica. No Brasil, a morte de Edson Luiz, naquele 28 de março, foi como um pavio que amarrasse todos os futuros acontecimentos do ano e os detonasse de uma vez só, na noite de 13 de dezembro — a do Ato Institucional nº 5.

Nunca fiquei sabendo se Tom, grande gozador, estava brincando ou falando a sério com aquela história sobre seu pai. Talvez estivesse falando a sério — disse-me que ia discutir o assunto com Carlos Drummond de Andrade e Fernando Sabino, seus amigos, embora não explicasse o vínculo deles com o sobrenatural. O fato é que, depois dessa revelação, qualquer outra seria um anticlímax. Já estávamos no Veloso havia horas e Tom precisava ir embora. Eu também. Dissemos tchau, tomei um táxi e resolvi dar um pulo à casa do meu próprio pai, no Flamengo. Em Botafogo, caí num engarrafamento-monstro — pelo que a vista enxergava, um mar de carros, do Mourisco ao morro da Viúva, nos dois sentidos. Só perto de oito da noite consegui chegar. A TV estava ligada no *Repórter Esso* e o locutor Gontijo Teodoro dava a notícia da morte do estudante no Calabouço — o fato que provocara o engarrafamento.

Poucas horas depois, começaria o velório de Edson na Assembleia, com a presença de milhares de pessoas. No dia seguinte, o enterro: uma impressionante procissão que entraria pela noite nas ruas do Rio. Uma semana depois, a missa de sétimo dia na igreja da Candelária, com padres e estudantes sob as patas dos cavalos e os sabres da PM. Dali para a frente, o rastilho se estenderia a outras cidades do país, atingindo seu apogeu em junho, com a passeata dos Cem Mil, no Rio — e, para o bem ou para o mal, politizando a vida à nossa volta. Não só os filmes, peças e canções passariam a ser julgados politicamente, mas até os namoros e as fossas — tudo tinha de submeter-se ao crivo da ideologia. Nossa geração se dividiria entre "participantes" e "alienados". Namorar, jogar boliche ou torcer pelo Flamengo, tudo podia ser "válido", desde que "inserido no contexto". Uma gravata podia ser de esquerda ou de direita. E a plateia dos festivais da canção iria rachar politicamente a música popular: surgiriam a facção Vandré, a facção Caetano e Gil e, quisessem eles ou não, a facção Tom e Chico Buarque. É curioso como, no futuro, as três canções daquela época — "Caminhando", "Alegria, alegria" e "Sabiá" — se tornariam hinos da mesma resistência e com pesos iguais. Mas, em 1968, quem gostasse de uma costumava abjurar as outras.

O grande nivelador foi o Ato 5. Com sua brutalidade indiscriminada, ele unificou temporariamente as divergências e pôs todo mundo do mesmo lado, contra o regime. E, ao mesmo tempo, puxou a escada de uma geração que viu os seus sonhos, projetos e utopias se esboroarem. Ninguém mais foi o mesmo depois de 1968 — e o incrível foi como, naquele fim de tarde no Veloso, falando de Sinatra e espíritos, entre chopes degustados com tanto prazer, nem eu nem Tom tivéssemos a menor ideia da ressaca política que nos esperava.

A entrevista não chegou a ser escrita porque, dias depois, eu sairia da *Manchete* e iria para a (no futuro, lendária) revista *Dinets*, dirigida por Paulo Francis. Os descaminhos da vida entraram em cena e fizeram com que se passassem décadas sem que eu voltasse a falar com Tom — ele continuou morando nos Estados Unidos e eu iria trabalhar em Portugal e, depois, em São Paulo. Só podia acompanhá-lo e admirá-lo à distância. E isso nunca parecera suficiente.

Muitos anos depois, em outro fim de tarde, só que agora de 1988, entrei sozinho na churrascaria Plataforma, no Leblon, quase vazia àquela hora. Queria comer um bife também tardio e ler o jornal que comprara na banca em frente. Numa das poucas mesas ocupadas estava Ronaldo Bôscoli, ex-letrista da Bossa Nova, ex-marido de Elis Regina e meu ex-colega de TV Globo. Ronaldo me chamou e me apresentou a Tom, que estava sentado com ele.

Para minha surpresa, Tom se lembrou de mim. Falamos daquela tarde já tão antiga no Veloso e contei-lhe que tinha sido no dia da famosa "morte do estudante". Pedi uma picanha e, em meio a uma garfada, olhei casualmente para o jornal que deixara na cadeira ao meu lado.

A data: 28 de março. Uma manchetinha na primeira página dizia: *Faz vinte anos hoje da morte do estudante Edson Luiz.*

O aprendiz de ternuras

Senhorinhas ao piano ou ao cavalete

Todas as vezes que Tom abriu o piano, o mundo melhorou. Mesmo que por poucos minutos, tornou-se um mundo mais harmônico, melódico e poético. Todas as desgraças individuais ou coletivas pareciam menores porque, naquele momento, havia um homem dedicando-se a produzir beleza. O que resultasse de seu gesto de abrir o piano — uma nota, um acorde, uma canção — vinha tão carregado de excelência, sensibilidade e sabedoria que, expostos à sua criação, todos nós, seus ouvintes, também melhorávamos como seres humanos.

Ele me disse certa vez: "A música serve para muitas coisas. Serve para ouvir, para namorar, para dançar, para marchar, para agredir, até para matar. O negócio é o equilíbrio". E lamentava que, pelo que ouvia no ar, a música estivesse servindo apenas aos piores instintos do homem. Não que o próprio homem estivesse fazendo a sua parte — ao olhar em volta, Tom via seu universo de praias, matas e cidades sendo devastado pela cobiça, pela insensatez e pela burrice humanas. Vivia denunciando isso em entrevistas, mas sua verdadeira trincheira para resistir a esse inferno era o piano: cada canção era um manifesto, mostrando como era melhor produzir beleza que feiura. Mas até nisso se sentia só: o Brasil era cada vez menos um país de pianos. Mesmo nos anos 90, com toda a abertura da economia, ainda era mais fácil trazer da Flórida, via Paraguai, um lote de fuzis AR-15 do que importar um piano.

Durante anos, Tom foi acusado de "americanizado". A pecha lhe doía porque, em sua cabeça, como podiam ser tão surdos? Logo ele, tão francês, tão amante de Chopin e Debussy. É verdade que morou anos nos Estados Unidos — era obrigado a isso, pelos editores e pelas gravadoras. Mas, quando vinha ao Rio, o que era sempre, e lhe perguntavam quando pretendia voltar de vez, dizia: "Como voltar, se eu nunca saí daqui?". Nova York era o escritório, onde dava expediente; o Rio, sua casa. Se não tivesse essa obsessão em "voltar para casa" ao fim do expediente, teria facilmente se tornado uma peça do Grande Sistema. Para isso, bastar-lhe-ia aceitar as mil encomendas de gente poderosa, como as de musicar os filmes com que Hollywood lhe acenou.

Entre os filmes que lhe foram oferecidos e ele recusou, estão *A pantera cor-de-rosa* (1964), *Um caminho para dois* (1967) e *O exorcista* (1973) — Henry Mancini ficou com os dois primeiros, Jack Nitzsche com o último. Os três lhe teriam rendido dinheiro para construir uma casa com dezoito piscinas ou mandar bordar seu monograma em duzentos pianos. Mas para que ele precisava disso? Os filmes o obrigariam a fazer música eletrônica, com barulhinho de água: "A gente fica rico, mas já não tem muito a ver com a música", ele disse a Sérgio Augusto. O assédio era tanto que, em 1970, Tom fez sua única concessão internacional: foi para Londres compor a trilha de *Os aventureiros*, do inglês Lewis (*Alfie*) Gilbert. Fez e se arrependeu: apesar de estrelado pela amiga Candice Bergen, o filme era horroroso. Uma das joias que Tom incrustou no abacaxi era "Children's games". A qual, pelo menos, não se perdeu: três anos depois, ao ganhar letra do próprio Tom, tornar-se-ia "Chovendo na roseira".

As hollywoodices de sucesso garantido não o atraíam, mas, em compensação, aceitava vir ao Rio para fazer, de graça, música para filmes de seus amigos brasileiros — filmes que ninguém iria ver, nem no Brasil. Em todos os sentidos, era um homem generoso: para se tê-lo num disco como "convidado", bastava, exatamente, convidá-lo. O pesquisador Sergio Ximenes descobriu quase trinta LPS alheios em que Tom aparecia em pelo menos uma faixa. E nem todos eram blockbusters como *Duets II*, com Frank Sinatra — podia ser o disco de um músico amigo, companheiro de mesa no restaurante Arataca, no Leblon, ou o de qualquer cantora estreante. E, na administração de seu tempo, não abria mão de sua ocupada agenda diária de conversar fiado em farmácias e botequins.

Até recentemente, muitos, inclusive eu, não entendiam como o compositor mais urbano, moderno e "sofisticado" que este país produziu voltou-se um dia para os botos, os sabiás e os urubus, e com eles construiu uma nova saga, tão fecundamente brasileira. Ou como o homem que descobria as harmonias insuspeitas ainda tivesse olhos para fiscalizar qualquer coisa verde que corresse perigo, de um simples canteiro no Jardim Botânico às massas florestais da Mata Atlântica. A ideia de "sofisticação" costuma ser mais associada a coberturas dúplex que a casinhas na roça, mais à luz do néon que a dos vaga-lumes. E Tom era o carioca total, o homem da cidade, herdeiro de duzentos anos de ruas e esquinas. Por que, de repente, tanto interesse pelas grotas?

Não sabíamos que aquilo não fora um súbito despertar — que já vinha de longe, de uma intimidade de séculos entre sua família e o Brasil. Mas, até então, naturalmente, não conhecíamos o belo livro *Antonio Carlos Jobim — Um homem iluminado*, de sua irmã, Helena Jobim. Por ele descobrimos que, se sua obra parece úmida de tantas regiões e épocas do país, é porque Tom trazia dentro de si uma rica trajetória protagonizada por sua família desde fins dos 1700, princípios dos 1800, e que lhe chegou através das gerações. Sem isso, ele não teria sido quem foi.

Uma trajetória que começou pelos inusitados três casamentos de Emília Eduarda, sua trisavó materna, ainda no tempo do Rio dos vice-reis; seguiu pelo casamento de sua bisavó com um cearense (de Aracati, onde eles foram morar); voltou ao Rio para o nascimento de sua avó e o casamento desta com o paulista (de Capivari) Azor Brasileiro de Almeida, descendente de holandeses. Por esses primeiros cem anos de história familiar, anteriores a 1900, desfilaram mucamas levando bilhetes de amor, senhorinhas ao piano ou ao cavalete, maridos que viajavam e traziam joias da Índia, parentes lutando em Canudos, tias tomando chá sob os espelhos da Colombo, mortes e partos em casarões tijucanos com fachadas de dezessete janelas — tudo isso finalmente desaguando em Nilza, a bela e independente mãe de Tom, fundadora de um colégio na jovem Ipanema.

Se a história recuar a seu trisavô paterno, encontraremos o tenente português José Martins da Cruz Jobim, que, a mando do rei de Portugal, aportou em 1775 na colônia de Sacramento, no extremo sul do Brasil, para defender suas fronteiras (então brasileiras) das invasões dos espanhóis, e acompanharemos sua longa descendência gaúcha, composta de senhores rurais e de conselheiros do Império — até chegarmos ao poeta Jorge Jobim, nascido em São Gabriel (RS) e autor de *Abrolhos d'alma*. Abrolhos, segundo o *Aurélio*, são espinhos, estrepes, além de rochedos ou escolhos à flor da água — mas podem ser também penas, desgostos, mágoas. Nenhum título define melhor o que se passava na alma do atormentado pai de Tom, morto quando este era criança.

Quando Tom entra na história, ela se torna uma fabulosa crônica de Ipanema e Copacabana dos anos 30 e 40 — ainda muito longe de serem a Ipanema e a Copacabana que depois conheceríamos. Sua infância foi o inventário de um paraíso entre a montanha e o mar, com as praias douradas onde o menino catava tatuís para sua mãe preparar com arroz; a Lagoa, muito maior que a de hoje, que ele atravessava a nado, numa só braçada; e os morros, a que subia para empinar pipa, caçar passarinho e misturar-se com a natureza. Lá de cima, os olhos do já adolescente Tom viram quando a cidade, partindo do Centro, começou sua última e mais violenta investida em direção sul: avançando pelos terrenos onde só havia chácaras, contornando as águas com seus prédios de luxo e subindo pelas encostas com os casebres de papelão e zinco.

Pela sensibilidade de Tom passaram árvores, peixes, aves, cheiros, cores, sons, expressões antigas, nomes de ruas, trajetos de bonde e costumes perdidos. Esse inventário de sensibilidades, de famílias brasileiras como não se fazem mais, de um Brasil nascido de uma paleta de pintor ou de uma caixinha de música — e que, acredite ou não, existiu —, ficou gravado em sua memória e, um dia, ressurgiria em música e letra. Se Mallarmé dizia que *"Tout le monde éxiste pour aboutir à un livre"*, tudo isso precisou acontecer para produzir Tom Jobim. Sua música se compunha desse universo tão pessoal e o impressionante é que ele a tenha tornado, sem jogo de palavras, tão universal. Os resultados, sob quaisquer aspectos, foram espetaculares. Apenas em termos de carreira profissional, eis um exemplo: em 1952, na Rádio Nacional, Tom ajudava a carregar o amplificador do violão de seu amigo Luiz Bonfá, enquanto este ia na frente, levando o violão; apenas dez anos depois, Tom estava influenciando compositores que já existiam antes dele (como Henry Mancini), que estavam surgindo ao mesmo tempo que ele (como Burt Bacharach) e que ainda nem tinham aparecido (como Jimmy Webb) — isto para ficarmos em três nomes mundialmente reverenciados. O autor dessa façanha, no entanto, pode não ter sido só o músico, mas o homem que havia nele.

Era, de fato, um "homem iluminado", e somente Helena Jobim poderia nos tê-lo revelado. Nenhum biógrafo conseguiria competir com ela nos seus sessenta anos de observação atenta e apaixonada do homem que, sendo quem era, era também seu irmão. Tom morreu aos 67 anos. Helena, quatro anos mais moça, esteve perto dele por toda a vida. De certa maneira, a vida dele foi também a dela, com um acesso à sua intimidade raro até entre irmãos. O Tom que ela nos descobriu soa surpreendente inclusive para quem pensava que o conhecia.

Maestro dos sentidos ▶

De uma paleta de pintor e
de uma caixinha de música,
Tom tirou todo um Brasil

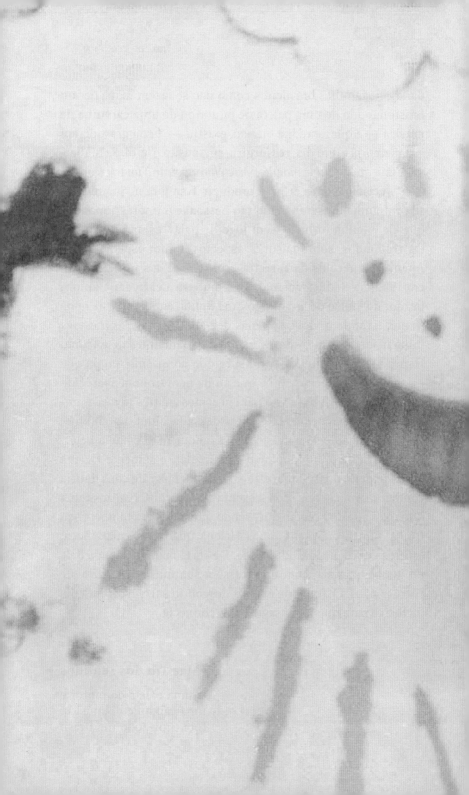

Ele era ambidestro, você sabia? Nascera canhoto e, como era comum, obrigaram-no a aprender a usar a mão direita, com o que escrevia com uma e desenhava com a outra. O primeiro livro de orquestrações populares em que estudou continha os arranjos de... Glenn Miller. Quem abriu seus olhos para o crime dos desmatamentos e para a necessidade de preservar a natureza foi, ora veja, Ary Barroso. Só pôde comprar seu primeiro carro, um Fusca, aos 35 anos. Obrigado a passar o dia falando inglês em seus primeiros tempos de Nova York, Tom, sempre que sozinho, falava português em voz alta: "Pão, feijão, alemão, João, me dá um cafezinho que eu estou fraquinho sentado nesse banquinho" — uma saraivada de ãos e inhos para "colocar o maxilar no lugar". Nas várias casas que reformou ou construiu, eliminava tudo que fosse modernoso: pia baixa, degraus altos, torneira redonda que escorrega com a mão ensaboada. E não havia ave, vento ou estrela que ele não conhecesse pelo nome e sobrenome. Um dia, voando de Roma para Nova York, olhou pela janela e estranhou que as estrelas estivessem fora do lugar — perguntou à aeromoça e foi informado de que o avião, com problemas, estava voltando para Roma. Para quem vivia de sons, Tom era um maestro dos cinco sentidos. E, um por um, usava-os em função da beleza.

Em 1993, ao comentar o inesquecível tributo que os jazzistas internacionais lhe prestaram no Free Jazz, em São Paulo, escrevi a seu respeito: "Com o perdão de outros que ficam na geladeira, estamos diante do maior brasileiro vivo". Tom leu e achou graça, mas disse que não estava fazendo planos imediatos de morrer, porque ainda tinha "filhos para criar e muito trabalho pela frente". Era como se, para ele, "Garota de Ipanema", "Samba do avião", "Inútil paisagem", "Wave", "Águas de março" e as centenas de outras não tivessem existido. E, de certa forma, era isso mesmo: ele se sentia devedor de todas as canções que ainda não tivera tempo de compor. O que não sabíamos é que já não havia tempo para muita coisa — porque, naquele Free Jazz, Tom estava a apenas um ano de sua morte.

Apesar de atleta na juventude, ele sempre tivera saúde frágil, fragilidade agravada por bebida demais e cuidados de menos. Durante muitos anos, isso não fez diferença: Tom tinha tanta vida para tirar de dentro de si que parecia imortal. Tinha vida também para dar, como ao voltar a ser pai depois dos cinquenta. Mas, nos últimos anos, os mais íntimos sentiam que o barco começava a navegar com dificuldade. E, então, foi tudo de repente: os primeiros sintomas de distúrbios circulatórios, o câncer na bexiga, a iminência da morte, a ida para a cirurgia em Nova York e sua terrível e impressionante última noite, num quarto do hospital Mount Sinai, com Tom lutando para respirar, cercado por enfermeiros incompetentes, até o enfarte estrondoso e mortal. O sofrimento desses minutos finais, como presenciado por seu filho Paulo Jobim e narrado por Helena, compõe algumas das páginas mais tristes da língua portuguesa nos últimos anos.

Helena perdera seu irmão. Mas, naquela noite de 8 de dezembro de 1994, todos ficamos órfãos do homem que, certa vez, chamou a si próprio de "um aprendiz de ternuras".

Muitos momentos mágicos

É o mistério profundo, é o queira ou não queira

Noite em Manhattan e Tom Jobim estava sozinho ao balcão de um botequim, tomando um uísque. Era sua primeira visita a Nova York — na verdade, a primeira vez que saíra do Brasil em 36 anos de vida, completados naquele dia, 25 de janeiro de 1963.

Dois meses antes, em novembro de 1962, ele, João Gilberto, Luiz Bonfá, Agostinho dos Santos, Carlinhos Lyra, Sérgio Mendes e outros tinham se apresentado no Carnegie Hall. O concerto fora caótico, mas, ao contrário do que saíra na imprensa brasileira, não abalara o alto conceito em que os americanos tinham a Bossa Nova. Os colegas já haviam voltado para o Rio, mas ele, João Gilberto e Bonfá tinham ficado em Nova York. No seu caso, havia uma razão forte: cantores, músicos, arranjadores, gravadoras e editoras estavam loucos por suas canções. Em todo lugar por onde passasse, ouvia "Off-key" ("Desafinado") e "One note samba" ("Samba de uma nota só") — só que gravadas pelos gringos, com arranjos quadrados, harmonias alteradas e bateria com pandeiro. Por sorte, ele próprio estava gravando um LP para o produtor Creed Taylor e pondo as coisas no lugar. Mas, naquele momento, Tom Jobim estava ali, sozinho, no balcão. Na verdade, estava se sentindo o sujeito mais sozinho do mundo.

Um senhor parecido com Fredric March, cabelos grisalhos e despenteados, vestindo um terno de tweed cinza, meio puído nas mangas, entrou no botequim. Reconheceu Tom e foi falar com ele. Era Alec Wilder, um compositor. Tom nunca ouvira falar dele. Se tivesse ouvido, saberia que Alec Wilder era uma espécie de guru — sabe de quem? — de Frank Sinatra. E não apenas de Sinatra, mas de Mabel Mercer, Bobby Short, Hugh Shannon e outros cantores classudos. O público não o conhecia, embora algumas de suas canções fossem populares nos melhores círculos: "I'll be around", "Trouble is a man", "It's so peaceful in the country". Mas Alec Wilder era um misto de modéstia e orgulho. Seria incapaz de caititu ar suas canções — nem tentava, porque elas eram muito sofisticadas para ter apelo comercial. Dez anos depois, ele escreveria um livro maravilhoso, *American popular song — 1900-1950*, em que analisava com admiração centenas de canções americanas e deixava de fora as suas. E ele próprio era um sujeito difícil: solteirão, sem filhos, nunca tivera um lar. Passara a vida em hotéis — naquela época morava no histórico Algonquin, onde tinha todos os serviços à sua disposição, praticamente sem pagar. O pessoal do Algonquin adorava hospedá-lo, porque Alec fazia bem o gênero do hotel: grande artista, mas excêntrico e não dava bola para dinheiro. Quando chegava de porre, os ascensoristas o conduziam ao apartamento, vestiam-lhe o pijama e o punham para dormir.

Mas, enfim, Alec Wilder percebeu que Tom estava triste e perguntou-lhe o que havia. Tom, que era de fazer amizades instantâneas, contou-lhe que aquele era o dia de seu aniversário e ele estava sozinho em Nova York, longe de sua família no Rio. Passara o dia trabalhando no estúdio e não conseguira falar com o pessoal. Wilder ouviu aquilo, deu-lhe uns tapinhas nas costas e pediu licença para ir dar um telefonema. "Volto já", disse a Tom.

Wilder tirou várias moedas do bolso e foi à cabine telefônica do botequim. Ainda nem se sonhava com DDI, donde ele pediu à telefonista que chamasse "Informações — Rio de Janeiro", conseguisse o número de Antonio Carlos Jobim e ligasse para lá. Em Ipanema, do outro lado do Atlântico, atendeu Thereza, mulher de Tom. Wilder disse: "Sra. Jobim, meu nome é Alec Wilder e a senhora não me conhece. Estou no botequim assim-assado, em Nova York, com seu marido. Hoje é aniversário dele e ele está triste porque não conseguiu falar consigo. Por favor, ligue para ele aqui. O telefone é tal, tal, tal. Boa noite".

Wilder voltou para a mesa, pediu um uísque e fingiu puxar conversa com Tom. Algum tempo depois, gritaram lá de dentro: "Telefone para sr. Jobim". Tom não entendeu — ninguém sabia que ele estava ali. Ainda olhou para os lados, achando que podia haver outro Jobim no recinto. Como ninguém se apresentou, foi à cabine e atendeu. Falou por vários minutos e, quando voltou à mesa, com lágrimas nos olhos, encontrou Wilder rindo. Tom não podia saber, mas, naquele dia, o de seus 36 anos, ainda estava apenas começando sua viagem rumo aos corações do planeta.

Quase trinta anos depois, eu estava com Tom em sua linda casa no alto do Jardim Botânico, de onde se via Ipanema, a Lagoa, as montanhas e, quase ao alcance da mão, o Cristo. Falávamos de compositores americanos pouco conhecidos e mencionei o nome de Alec Wilder. Os olhos de Tom brilharam e ele me narrou essa história. Depois me disse que era a primeira vez que a contava — porque, até então, ninguém lhe falara em Alec Wilder. Fiquei me perguntando se, com seu jeito de ser e com sua vasta quilometragem pelo mundo, quantas passagens como essa Tom não teria guardadas dentro de si.

A partir de 1988, estive muitas vezes com ele, no Rio, em São Paulo e, uma vez, num inverno americano, em Nova York. Nessa, levou-me a almoçar em seu restaurante favorito, o Oyster Bar do hotel Plaza, defronte ao Central Park. Tom estava sem beber, o que significa que não passou do terceiro uísque. Comportava-se como se estivesse na churrascaria Plataforma, no Rio — chamava os garçons pelo nome e eles conheciam os seus gostos e preferências. Na saída, demos uma volta pelo parque e ele foi citando árvores e flores por seus nomes em inglês, latim e português. Era um voraz leitor de dicionários (tinha dezenas em casa, de tudo que se imagine) e gostava de saber a origem das palavras.

Músicos, em geral, só se interessam por notas e acordes, e Tom era um músico completo, o maior de todos. Mas havia nele uma alma de escritor, talvez herdada de seu pai, que era poeta. Sabia de cor muita coisa de Drummond e Bandeira e, em certa época, teve uma intensa fase Guimarães Rosa. Seus letristas sempre foram de primeira: Vinicius, Dolores Duran, Billy Blanco, Chico Buarque, Paulo César Pinheiro, gente para quem a ferramenta das palavras não tinha segredos. Com eles e mais a leitura de seus heróis literários, Tom dominou também a técnica do verso. Não é por acaso que muitas de suas maiores canções tenham letras suas, com verdadeiros achados imagéticos e sonoros: "Corcovado" ("Quero a vida sempre assim/ Com você perto de mim/ Até o apagar da velha chama"), "Fotografia" ("E uma grande lua saiu do mar/ Parece que esse bar já vai fechar"), "Wave" ("O resto é mar/ É tudo que eu não sei contar"), "Águas de março" ("É madeira de vento/ Tombo da ribanceira/ É o mistério profundo/ É o queira ou não queira"), "Lígia" ("Esqueci no piano/ As bobagens de amor/ Que eu queria dizer"), "Luiza" ("Rua, espada nua/ Boia no céu, imensa e amarela/ Tão redonda lua") e tantas outras. Simples ou requintadas, eram sempre funcionais, acompanhando a variedade de estilos e gêneros em que ele se aventurou musicalmente.

Cansado de ver suas letras ou as de seus parceiros vertidas para o inglês por americanos incompetentes (e de vê-los ficando com a parte do leão, em termos de direitos autorais nos Estados Unidos), ele próprio passou a fazê-las bilíngues. E, com isso, deu mais um motivo a que os espíritos de porco resmungassem que era "americanizado" — o que, acredite ou não, era considerado, nos anos 60 e 70, um grande defeito por aqui. Os espíritos de porco reclamaram mais ainda quando, na década de 80, Tom cedeu "Águas de março" por seis meses para tema de uma campanha mundial da Coca-Cola. Acusaram-no de ter vendido "Águas de março" para o imperialismo. "Mas como?", justificou-se. "Que eu saiba, o negócio da Coca-Cola é vender refresco, não é comprar música. Eu pensava que os brasileiros gostassem de Coca-Cola. Se fosse para a Praianinha, podia?" No futuro, ele brincaria com a coisa, dizendo ao apresentar a música, "E, agora, aquela canção que me foi inspirada por um refrigerante...".

Mas, na época de "Águas de março", Tom estava vivendo um período de grande amargura no Brasil. Praticamente nenhuma gravadora nacional queria saber dele, alegando que seus discos "não vendiam". Ninguém o convidava para fazer shows. Jornalistas zombavam de sua obsessão pela preservação das praias,

Escolas de samba ▶

Tom e a Mangueira
juntam seus requintes
para o Carnaval

das florestas e das cidades. E, volta e meia, algum crítico tentava enxergar plágios em sua obra, quase sempre de alguma canção americana — ainda tentam. Tom era obrigado a apresentar-se e gravar seus discos nos Estados Unidos, onde (não é estranho?) ninguém jamais o acusou de copiar ninguém. Depois que esses discos eram gravados lá, aí, sim, saíam aqui, a custo zero, pelas filiais brasileiras que os tinham recusado pouco antes.

Mas ele nunca esmoreceu ou desistiu do Brasil. A partir dos anos 80, começou a passar no Rio todo o tempo que podia. Acordava muito cedo (nunca depois de seis da manhã) e ficava horas ao piano, solitário, compondo, trabalhando numa canção durante meses antes de dá-la como pronta. Mas não abria mão de rotinas diárias: ao meio-dia, com a jornada cumprida, ia para a Plataforma, onde almoçava e queimava o resto do dia com os amigos. Vendo-o ali, divertindo-se, era fácil chamá-lo de preguiçoso — mas quantos conheciam seus hábitos?

O trabalho rendeu frutos porque, lá pelo fim daquela década, o Brasil, deslumbrado, despertou para Tom Jobim. Aos poucos, ele foi se tornando uma — como se diz mesmo? — unanimidade nacional. Como se tivessem acabado de descobri-lo, as gravadoras passaram a disputá-lo. Agências de propaganda o solicitavam a estrelar comerciais (fez vários, até de cartão de crédito, e ninguém mais estrilou). Com sua Banda Nova, voltou a fazer shows, alguns inesquecíveis. Um deles foi no ginásio do Ibirapuera, em São Paulo, em janeiro de 1990, no aniversário da cidade e o seu próprio, de 63 anos. Em meio à interpretação de, creio, "Luiza", as luzes do ginásio se apagaram. Não apenas as do palco, mas as das arquibancadas, dos camarotes, todas — breu absoluto. Numa situação dessas, qualquer coisa pode acontecer, inclusive o pânico. Mas Tom e seus meninos não vacilaram nem por uma semifusa. Os microfones não foram afetados e eles continuaram a cantar e tocar. A beleza e a suavidade da música acalmaram a multidão. Ao fim do número, veio a ovação — e as luzes voltaram. Foi mágico.

Algo mais mágico ainda aconteceu no Arpoador, em plena praia, no verão de 1992, para uma multidão maravilhada por aquelas canções que eram, na verdade, a cara do Rio. Tom começou a cantar "Samba do avião", acompanhado pelos milhares de pessoas na areia: "Minha alma canta/ Vejo o Rio de Janeiro...". Pois não é que, naquele exato momento, um aviãozinho da Ponte Aérea sobrevoou a praia, mais baixo que de costume e piscando luzes coloridas? Ninguém poderia ter produzido aquilo. Coincidência? Não: feitiço, mesmo.

Naquele mesmo verão, a Mangueira resolvera fazer de Tom o seu enredo para o Carnaval do ano seguinte. A ideia nascera em São Paulo e saíra da cabeça de Oswaldo Martins, o homem da Mangueira na Pauliceia. Oswaldo me procurou, perguntando se eu intermediaria um encontro da escola com Tom — precisavam de sua permissão para homenageá-lo. Apenas por curiosidade, perguntei a Oswaldo: "O que mais a Mangueira vai querer do Tom?". E ele: "Nada. Só a permissão". Insisti: "Nem um sambinha-enredo? Nem um show na quadra da escola? Nem a presença dele no desfile?". E Oswaldo: "Nada".

Naquela época, Tom estava sendo "homenageado" em todos os cantos do Brasil. Ele me contara que era rara a semana em que uma universidade ou instituição não quisesse dar-lhe um diploma ou coisa do gênero — em troca, naturalmente, de que se apresentasse de graça com sua banda. Eram homenagens marotas, mas que Tom não conseguia recusar. Cantei a pedra para Oswaldo: "Bem, sabendo que a Mangueira não espera nada dele, aposto que Tom vai querer fazer um samba, desfilar e participar de tudo. Ele não resiste". Não deu outra. O contato foi feito, Tom recebeu a Mangueira em sua casa e se empolgou. Sem que ninguém lhe pedisse, fez aquele belo samba ("Piano na Mangueira", com letra de Chico Buarque), foi à quadra de ensaios e, claro, desfilou com a escola, empoleirado numa alegoria a seis metros do chão e morrendo de medo de despencar lá de cima. A Mangueira não ganhou o Carnaval, mas foi um

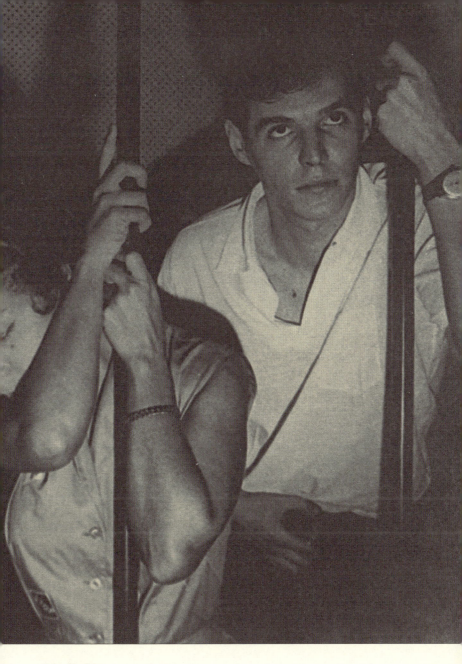

Modinha

Vinicius, Elizeth e Tom
gravam o seminal
Canção do amor demais

grande momento da cultura brasileira: o compositor mais requintado já produzido por este país sendo homenageado pela gente do povo que forma a escola de samba. Tom sabia o alcance disso: requintado ele era, mas sempre quis que sua música fosse entendida por todos.

Tom morreu no dia 8 de dezembro de 1994 e, depois de muitas idas e vindas, o aeroporto do Galeão ganhou o seu nome — logo ele, que não gostava de avião. Será que Tom gostaria disso? Não gostou quando mudaram o nome da rua Montenegro, em Ipanema, para Vinicius de Moraes: "Hoje os carros passam por cima e os cachorros fazem xixi no Vinicius", ele disse a seu parceiro americano, Gene Lees. E como fica a letra de "Samba do avião" na parte que se refere ao Galeão? Bem, Os Cariocas passaram a cantar: "Dentro de mais um minuto/ Estaremos no Tom Jobim".

Tudo bem. Mas não existe um amigo de Tom que não trocasse todo o reconhecimento universal que ele tem recebido desde então pela alegria de tê-lo por perto, sempre disponível, em suas mesas cativas na Plataforma ou na Cobal, andando pelas ruas, entrando em peixarias, comprando o jornal na banca, conversando com o homem da farmácia, passeando pelo Jardim Botânico, cuidando do Rio, falando com todo mundo, conversando fiado. Formidavelmente vivo, como ele era.

Quase inconsciente do fato de ser Tom Jobim.

O umbigo musical do Brasil

Um abraço no tempo entre Tom e Noel

O médico que trouxe Tom Jobim ao mundo em 1927 foi o mesmo que, dezessete anos antes, fizera o parto de Noel Rosa. Chamava-se dr. José Rodrigues da Graça Mello. Se você quer saber, não foi uma coincidência. Tom nasceu na Tijuca; Noel, em Vila Isabel. Os bairros são vizinhos, e o dr. Graça Mello era o médico das boas famílias da região, como as de Tom e Noel. O parto de Noel foi problemático, a ponto de ter-lhe rendido o maxilar fraturado. O de Tom não poderia ter sido mais perfeito.

Mas houve mais do que um médico a ligar Tom Jobim não apenas a Noel, mas a todos os grandes nomes da música brasileira nesses quinhentos anos. Houve um umbigo — um gigantesco cordão que permitiu a Tom absorver toda uma rica placenta musical, alimentar-se dela e dar à luz uma obra que a sintetizava. Como compositor, arranjador, intérprete, produtor e até como frequentador de botequins, ele bebeu de uma multidão que o precedeu, agregou vivos e mortos à sua obra e carregou nos ombros uma história inteira, além da que ele próprio escreveu.

É só estudar seu currículo e suas amizades, admirações e parcerias. Tom — ironicamente, o homem da Bossa Nova, o modernizador absoluto, o artista que deu um alcance internacional à nova música brasileira — era um ardente cultor do passado. Sem ser primordialmente um intérprete (na verdade, era antes um compositor), foi sempre generoso em ceder espaço em seus discos para os clássicos de seus maiores — como se não tivesse uma obra inteira com que se ocupar. E nunca se cansou de dizer que só acreditava no novo de quem também soubesse fazer o velho.

A exemplo de outros fundadores da música brasileira — Chiquinha Gonzaga, Ernesto Nazareth, Freire Júnior, Sinhô, Ary Barroso, Alcyr Pires Vermelho, Custódio Mesquita, Vadico, Johnny Alf, João Donato, Newton Mendonça —, Tom era um compositor do piano, não do violão. Ary era um dos compositores favoritos de Tom Jobim e sua admiração por Tom era recíproca. Os dois tinham vários amores em comum, entre os quais o piano, o uísque e o Brasil inzoneiro, com suas luas merencórias e seus coqueiros que dão coco. Cerca de 1960, quando uma certa turma estava atacando a Bossa Nova como "pouco brasileira", Ary (que iria à jugular de quem duvidasse de seu nacionalismo musical) saiu para defendê-la. Tom, em contrapartida, dizia que Ary sempre fora "bossa nova" — ou seja, sempre fora moderno. Dele, Tom gravou "Na batucada da vida" (duas vezes), "Pra machucar meu coração" e "Aquarela do Brasil" — esta, com uma ginga e uma sensualidade quase épicas num tempo, cerca de 1970, em que o alvo dos ataques passara a ser Ary e a ordem, então, era menosprezar seus sambas-exaltação como "patrioteiros".

Mas Tom era também um homem do violão, como o demonstra seu amor por Dorival Caymmi, de quem foi tão próximo. Tom via nele um irmão mais velho e fez com que os laços entre suas famílias se estreitassem e seus filhos crescessem juntos. De Caymmi, gravou "Maracangalha", "Saudade da Bahia", "Milagre", "O bem do mar" e outras. Ouvindo-os em 1964, no disco que fizeram para a Elenco, *Caymmi visita Tom*, é fácil perceber o quanto tinham em comum, além da paixão pelo mar e pelas pescarias — tinham a música. Caymmi poderia ter feito "Fotografia"; Tom poderia ter feito "Marina".

Tom gravou Pixinguinha ("Carinhoso"), que admirava como músico, compositor e bebum, e nunca negou que o choro foi uma de suas influências — confira o quanto de choro não está contido em "Chega de saudade", a canção inaugural da Bossa Nova. Tom era também ligado à música dos bailes fuleiros de Carnaval, o que se nota ao ouvir a ênfase que dava em seus arranjos ao mais carnavalesco dos instrumentos de sopro, o trombone — e não foi por acaso que, com Miúcha e Chico Buarque, gravou "A turma do funil", de Mirabeau, sucesso do Carnaval de 1956. Falando em trombone, acrescente-lhe a flauta, outro instrumento que Tom privilegiava em seus arranjos, e você terá a espinha dorsal do (tão brasileiro) "conjunto regional" do passado.

E Villa-Lobos, evidente, era uma de suas obsessões. Tão intensa que, nos últimos anos, Tom estava ficando parecido com ele. (Quando puder, confira: em algumas fotos, o mesmo olhar de vilão de filme expressionista alemão, o mesmo charuto, os mesmos bastos cabelos.) Que eu saiba, os dois só se encontraram uma vez, no apartamento do maestro, na rua Araújo Porto Alegre, na Cidade. Foi quando Villa, trabalhando em meio a uma barafunda de gente falando alto e com o rádio ligado, disse-lhe que aquilo não o incomodava nem um pouco: "O ouvido de dentro não tem nada a ver com o ouvido de fora". Por causa de Villa, Tom fez uma "Modinha" (em parceria com Vinicius, gravada por Elizeth Cardoso em *Canção do amor demais*), que já foi favoravelmente comparada à do mestre.

Tom passava horas conversando com garçons, pescadores, mata-mosquitos, poetas — não discriminava ninguém. Mas, para falar de música a valer jogo de campeonato, seus interlocutores ideais eram os arranjadores: homens como Radamés Gnatalli e Leo Peracchi, que, em relação à música do Brasil, enxergavam a floresta, as árvores e as folhas. Quando Tom os conheceu no começo dos anos 50, Gnatalli e Peracchi já eram milionários do voo em estações de rádio e estúdios de gravação, mas, para pagar o aluguel, continuavam tendo de trabalhar com toda espécie de ritmos e artistas, finos e grossos. Quinze minutos de conversa com eles seriam capazes de fornecer sustento musical para uma vida, e Tom privou com ambos durante décadas. Radamés, ele homenageou duas vezes (em "Radamés y Pelé" e "Meu amigo Radamés"). E sou testemunha do enternecimento em sua voz ao pronunciar o nome de Leo Peracchi.

O próprio Tom, em começo de carreira, tivera uma experiência como a deles — de quebrar pedra e, às vezes, achar ouro. Como funcionário de uma editora musical, a Euterpe, vivia de passar para a pauta os sambas feitos em caixa de fósforos pelos sambistas que não sabiam escrever música. Depois, como arranjador e maestro de gravadoras, gravou uma infinidade de discos acompanhando cantores que iam de Emilinha Borba a Dick Farney, na Continental, e de Dalva de Oliveira a Orlando Silva, na Odeon. Tudo isso lhe serviu como um *five-finger exercise*, que lhe permitiria, no futuro, passear pela música brasileira como se ela fosse uma aleia do Jardim Botânico. Esse passeio se comprova nos muitos gêneros perdidos que explorou, principalmente as valsas: "Eu te amo", "Luiza", "Querida", "Valsa de Porto das Caixas" — coisas lindas, com sabor de Eduardo Souto e Freire Júnior. Talvez fosse sua maneira de visitar o Brasil de 1910, o Brasil de seus avós maternos, os Brasileiro de Almeida.

Para um homem tão associado ao mar, era impressionante a ligação de Tom com o mundo rural — resultado de suas muitas expedições ao mato, em jovem, para piar inhambus e matá-los à traição. Sim, foi essa a imagem que ele usou ao descobrir, consternado, que não podia fazer aquilo. Ali nasceu o homem que adotaria a natureza como sua segunda pele e que, em música e letra, inventaria um mundo habitado por botos que se casavam com sereias, caranguejos que conversavam com arraias, passarinhos que o tiro feria e não matava, tico-ticos passeando no molhado, patos pretos, jerebas e matitas perês. *Matita Perê* (o disco contendo "Águas de março") tinha ecos de dois sertanejos literários: o Guimarães Rosa de *Sagarana* e o Mário Palmério de *Vila dos Confins*.

Qual região do país Tom não visitou musicalmente? Nem o Norte e o Nordeste, que ele conhecia pouco, lhe escaparam: o baião está presente, subliminar, em boa parte de *Stone flower*; o xaxado, explicitamente, em "A violeira"; e até um gênero do folclore nordestino, o rojão, ao intercalar o refrão de "Do Pilar", de Jararaca, na sua fabulosa "O boto". Muitas dessas coisas, tão enraizadas no Brasil, tiveram de ser gravadas por Tom nos Estados Unidos — porque ninguém queria bancá-las por aqui. Se alguém construiu uma obra mais amplamente "brasileira", estou para ver. Nascido de uma família de olhos azuis, era como se, ao ver a luz, Tom tivesse pedido ao dr. Graça Mello para não separá-lo da placenta e do cordão — porque iria precisar deles para continuar se alimentando de Brasil.

Noel Rosa, naturalmente, não viveu para ouvir "Três apitos" e "João Ninguém", que Tom também gravou. Foi pena, porque ele iria adorar (e o dr. Graça Mello também). E poucos sabem quão perto esteve Tom de gravar um disco inteiro com os sambas de Noel. Foi em 1991. A ideia partira do produtor Almir Chediak, que estava preparando um songbook de Noel para seu selo Lumiar, do qual Tom participaria em algumas faixas.

Uma noite, naquele ano, fui com Chediak à casa de Tom para apreciar os trabalhos. Enquanto os dois confabulavam num canto, falando de coisas esotéricas como cifras e acordes, dediquei-me a algo que há muito queria fazer ali: registrar cada item da barafunda de objetos sobre o tampo de seu piano de trabalho (ele tinha outro na sala, de cauda, para o que desse e viesse). Puxei a bic e o bloco e, vasculhando com os olhos cada centímetro cúbico do piano, anotei: partituras, songbooks, um lápis, uma borracha, quatro caixas de charutos, um canivete suíço, uma espátula, uma lupa, uma flauta, um frasco de drágeas de Maracugina (sic), uma caixa de fósforos, três pares de oclinhos de Tom Jobim, um desenho (de Batman) do seu neto, um globo terrestre, uma caixa de lenços Klin, um cinzeiro tamanho cânion, um metrônomo, um tablete de chocolate, três dicionários abertos numa inesperada letra K, uma enciclopédia sobre pássaros e, que estranho, até uma maraca, instrumento que já se supunha extinto. Em primeiro plano, recém-publicado, o livro

Noel Rosa — Uma biografia, de João Máximo e Carlos Didier. Vencendo a confusão, emergia da estante do piano a partitura de um samba de Noel, "Três apitos". Sem dúvida, Antonio Carlos Jobim, homem ocupado em dois ou três continentes, estava fazendo o dever de casa.

Os dois voltaram e Tom sentou-se ao piano. "Quando o apito/ Da fábrica de tecidos/ Vem ferir os meus ouvidos/ Eu me lembro de você...", ele começou a cantar. Parou e comentou: "Seria maravilhoso ter Noel aqui ao lado, perto do piano. Ele dominava o básico — algumas posições do violão — e, com esse mínimo, produzia coisas espetaculares. Não era nada intuitivo, sabia o que estava fazendo. Mas um piano tem mil notas, é uma fábrica, como a fábrica do 'Três apitos'. Parece que, no começo, Noel andou se interessando pelo piano. Mas essa vida dissipada atrapalha a criação, não é?".

Ele devia saber o que estava dizendo. Nos últimos tempos, vira uma legião de seus amigos caindo como moscas, afogados em uísque: seu parceiro Vinicius, o poeta Paulo Mendes Campos, o cronista Carlinhos Oliveira e meia Ipanema de seu tempo. Ele próprio, pouco antes, recebera uma carta em que seu fígado pedia demissão, com o que resolvera afastar-se por uns tempos do que chamava de "os espíritos da Escócia", contentando-se com o popular diurético. Por aqueles dias, seus amigos estavam às gargalhadas, porque a Brahma esquecera o histórico cervejeiro Tom e convidara João Gilberto para estrelar um comercial — logo João Gilberto, que havia quarenta anos não tomava uma gota do produto. Perguntei-lhe sobre isso e Tom preferiu ser superior. "Há muita coisa para fazer e a vida é pouco", sentenciou. "*Ars longa, vita brevis*, já diziam os antigos."

Uma das coisas a fazer era o trabalho sobre Noel, pelo qual Tom parecia apaixonado. Para ele, era uma nova velha paixão — uma história de amor que, de sua parte, começara muito antes, mas que fora interrompida e só então estava sendo retomada. Pena que tivesse de ser *in absentia* de um dos protagonistas

— porque Noel morrera aos 27 anos, em 1937, quando Tom tinha apenas dez. Se as coisas tivessem sido diferentes, os dois poderiam perfeitamente ter se encontrado em alguma esquina dos anos 50, quando Noel estaria com pouco mais de quarenta anos e os dois frequentariam os mesmos botequins no centro da cidade, quem sabe o Vilariño ou o Pardellas.

Tom dedilhou a frase musical de "Três apitos" que contém os versos "Você que atende ao apito/ De uma chaminé de barro/ Por que não atende ao grito/ Tão aflito/ Da buzina do meu carro?", e se deixou ficar nestas últimas palavras, repetindo as notas ao piano.

"Ora, vejam só", exclamou, como se acabasse de fazer uma descoberta. "É aquela sequencinha melódica das buzinas de antigamente! O Noel era danado. Esses versos de 'Três apitos', por exemplo: 'Você no inverno/ Sem meias vai pro trabalho/ Não faz fé em agasalho/ Nem no frio você crê./ Mas você é mesmo/ Artigo que não se imita/ Quando a fábrica apita/ Faz *réclame* de você'. Essa moça que vai sem meias pro trabalho é uma moça pobre, não pode comprar um agasalho. Mas tem aquela beleza, aquele fogo das moças simples, o que levou Noel a dizer que ela merecia um *réclame*. E era isso mesmo. *Réclame* é como se chamava antigamente um anúncio, um comercial. Até se dizia de certas moças: 'Bonita como um anúncio'. É uma celebração da beleza, uma celebração da mulher — o que era raro na música brasileira. Na maioria das letras daquele tempo, antes da Bossa Nova, a mulher era sempre uma bandida, uma traidora. Mas, com Noel, isso não acontecia, porque ele gostava das mulheres."

Com as partituras de Noel à sua frente, Tom se entusiasmou. A primeira foi "Três apitos", que ele achou, a princípio, a maior coisa de Noel. Mas então se encantou por "João Ninguém" (aquele que "Não trabalha e é dos tais/ Que joga sem ter vintém/ E fuma Liberty Ovais") — e o máximo, para ele, passou a ser "João Ninguém". Nas horas seguintes, foi ficando sucessivamente siderado por "Fita amarela", "Não tem tradução", "Feitio de oração", "Pra esquecer" e "O X do problema". Ao repassar as canções e recordar as letras, desandou a descobrir harmonias que não se sabia tão belas e a inventar outras que, se pudesse (ou soubesse), talvez o próprio Noel tivesse criado.

A ideia estava evoluindo. Começara com Tom gravando algumas faixas num songbook. Depois Tom já iria gravar um disco inteiro de Noel. Agora Chediak lhe oferecia uma letra que Noel deixara inédita — na verdade, a última que escrevera, datada de cinco dias antes de sua morte, chamada "Chuva de vento" — para ele musicar. Cáspite! Uma parceria Tom & Noel! Para Chediak, seria como servir de parteiro para uma dupla entre os maiores gênios musicais já nascidos sob céus brasileiros.

Mas Tom via com cuidado o desafio de encarnar Noel. Escolheu um Monte Cristo de uma caixa de charutos, acendeu-o lentamente e voltou ao piano.

"Não sei...", fingiu hesitar, entre rolos de fumaça. "Se pelo menos Noel estivesse aqui... Essas coisas são sérias. O Paulinho Mendes Campos achava Noel o maior compositor brasileiro de todos os tempos. Paulinho era muito meu amigo, não posso desapontá-lo." (*Risos.*)

Mas, enquanto tergiversava, ele se traiu: começou um novo, belíssimo e elaborado desenho musical no piano, o qual, quando terminou, desaguou com a maior naturalidade em "João Ninguém" — uma introdução natural à melodia de Noel, que era como se sempre tivesse feito parte da canção e que, claro, nunca tinha feito, até Tom inventá-la naquele momento.

Nas anotações de Noel, descobertas por João Máximo e Carlos Didier, consta a indicação de que "Chuva de vento" seria uma embolada — um estilo musical ingênuo, originário do litoral nordestino, com andamento rapidinho e texto cômico ou satírico. "Quem nunca viu/ Chuva de vento a fantasia/ Vá a Caxambu de dia/ Domingo de carnaval./ Chuva de vento/ Só essa de Caxambu!/ Domingo chove chuchu/ E venta água mineral" — eis como começava a longa letra deixada por Noel, cheia de referências mineiras, interioranas. O que esse tipo de música tinha a ver com Jobim, o homem que, em suas primeiras parcerias com Newton Mendonça, Vinicius ou consigo próprio, parecia o compositor mais urbano, carioca e nova-iorquino que este país poderia produzir?

Tudo a ver. Aquele era o mesmo Jobim encantado pela tradição musical brasileira, o homem dos sambas, choros, marchinhas, valsas, serestas, modinhas, baiões, xaxados, rojões e que fizera disso tudo "bossa nova", o seguidor atento de Villa-Lobos, Radamés, Leo Peracchi, Pixinguinha, Ary, Caymmi — e, por que não, também de Noel?

É que, com Noel, parecia diferente. Nos tempos de combate, a Bossa Nova nunca proclamara uma filiação específica com o sambista de Vila Isabel — talvez por Noel já não existir e pela grande proximidade física de Tom e João Gilberto com Ary e Caymmi. Os quatro eram companheiros de noitadas na Fiorentina, a célebre cantina do Leme. Trabalharam juntos e se estimavam o suficiente até para falar mal uns dos outros pelas costas sem ninguém ficar ofendido. Além disso, um dos grandes talentos de Noel era de pouco uso na Bossa Nova: a letra narrativa, que contava uma história, com começo, meio, fim e uma moral nítida, categórica. As letras da Bossa Nova, ao contrário, eram uma montagem de imagens, de ideias abstratas, com mais clima do que trama, ou mesmo sem trama nenhuma. Ary e Caymmi, como letristas, eram outros que já faziam assim — daí, também, a maior afinidade com estes.

Como se não bastasse, os inimigos da Bossa Nova viviam brandindo contra ela o "purismo" sambístico de Noel, como se fossem proprietários dele. Criou-se uma animosidade artificial e boba, a fazer crer que a Bossa Nova "não gostava" de Noel. A tal ponto que, quando Chico Buarque estourou em 1966, com "Olê, olá", "Pedro pedreiro" e "A banda" (com suas magníficas letras narrativas, que contavam histórias), os intrigantes o elegeram "o novo Noel" e tentaram fazer dele uma "resposta" à

Bossa Nova. Devem ter ficado estomagados quando, logo depois, Chico tornou-se parceiro de Tom e ele próprio compôs várias "bossas novas".

Na verdade, a Bossa Nova tinha, sem saber, uma dívida impagável para com Noel: seu próprio nome de batismo. Sabia-se que Noel usara a palavra "bossa" em seu samba "Coisas nossas", de 1930, no verso que dizia, "O samba, a prontidão e outras bossas/ São nossas coisas, são coisas nossas". Mas não havia a consciência de que, quando Noel a empregara para significar um jeito especial de fazer alguma coisa, provavelmente era a primeira vez que isso acontecia na música popular — não há registro anterior a Noel de uso da palavra bossa com esse sentido. Ele a adaptara de uma teoria que ouvira nos poucos meses que passara na Faculdade Nacional de Medicina, no Rio. A teoria, hoje ultrapassada, era a frenologia, segundo a qual as bossas frontais e occipitais do crânio determinavam a vocação ou capacidade de cada um para fazer isto ou aquilo. Segundo Noel em "Coisas nossas", o brasileiro teria "bossa" para, entre outras coisas, fazer samba e não saber ganhar dinheiro.

Com o sucesso de "Coisas nossas", o povo incorporou ao vernáculo a palavra bossa com esse sentido. A começar pelos músicos, que passaram a se referir a quem cantava "diferente" (como Luiz Barbosa, Vassourinha, Ciro Monteiro) como sambistas "de bossa". Nos anos 50, a expressão já estava tão aceita e esvaziada que, para designar algo realmente diferente, teria de ser uma "bossa nova". Em 1958, o grupo que acompanharia Sylvinha Telles num show no Grupo Universitário Hebraico, no Rio, foi apresentado como sendo "uma turma bossa nova". Não de Bossa Nova, apenas bossa nova — porque cantava e tocava "diferente", à João Gilberto. Ronaldo Bôscoli (ideólogo, letrista e membro viril da turma) gostou da expressão e passou a aplicá-la para designar a nova música. E o resto é História.

Em 1991, a Bossa Nova já era tão História quanto Noel Rosa — o rock estava devastando a música brasileira e ninguém mais perdia tempo em discutir a suposta incompatibilidade entre um e outro. Naquele mesmo ano, João Gilberto deitara uma ponte entre os dois universos ao gravar o puríssimo Noel de "Feitiço da Vila" em seu disco *João*. E agora seria Jobim a dar um longo abraço no passado para estreitar Noel. Um disco inteiro, com doze ou quatorze faixas, juntando o modernista de Vila Isabel e o sertanejo de Ipanema, poderia ter sido o resultado desse abraço.

Mas não foi. Tom gravou apenas "Três apitos" e "João Ninguém". Complicações com outra gravadora a que ele estava vinculado impediram que o resto do disco fosse feito (e abortaram um segundo disco que ele planejava gravar para Chediak, cantando Ary Barroso, para o qual até já escolhera o repertório). A música para "Chuva de vento" também não chegou a ser feita.

Que pena. Seria o arremate perfeito aos partos do dr. Graça Mello.

Dois gênios com tanto em comum — e em incomum

Des/encontros entre Gershwin e Jobim

Assim como aconteceu com Noel, o destino também não permitiu que Tom conhecesse George Gershwin. Quando Gershwin morreu em Beverly Hills, em 1937, consagradíssimo, antes dos 39 anos, Tom tinha apenas dez e era um moleque de praia em Ipanema, com outros interesses que não música. Mas, se Gershwin tivesse sobrevivido, eles poderiam perfeitamente ter se encontrado no futuro porque, quando Tom — já devidamente investido em suas funções de Antonio Carlos Jobim — foi a Nova York pela primeira vez, em 1962, Gershwin teria apenas 64 anos. E, nessa viagem, Tom conheceu colegas de Gershwin, até mais velhos.

Um encontro entre eles teria sido sensacional, porque ambos tinham um grande senso de humor. George, claro, não falava português e o inglês de Tom ainda era de ginásio (depois falaria muito bem). Mas os dois se entenderiam por alguma linguagem exclusiva, corriqueira entre criadores como eles: um piano para cada um e ninguém arrancaria a plateia dali — mesmo porque os dois, ao contrário de outros compositores, não precisavam de estímulo para tocar. E eles teriam muito sobre o que falar.

Em jovem, George lutara boxe; Tom, capoeira. Fora do piano, Gershwin pintava, Tom desenhava. George já trocara os cigarros pelos charutos; Tom também faria isso um dia. E havia o incrível fato de que ambos aprenderam piano por acaso. O pai de George comprara um para que Ira, seu irmão mais velho, estudasse. Mas Ira queria ser poeta e não se interessou pelo instrumento. Então, George abriu o piano e saiu tocando. Com Tom, a mesma coisa: sua mãe alugara um piano para que Helena, sua irmã mais nova, estudasse. Mas Helena queria ser escritora e quem se fascinou pelo instrumento foi Tom. E ainda há quem duvide que o destino existe e funciona full-time.

Mais itens para o bate-papo. Ao compor, George e Tom mantinham um pé na sala, outro na rua, dois territórios em que transitavam no dia a dia (nenhum dos dois era músico de gabinete). Ambos fundiram traços da cultura negra urbana e rural com a tradição clássica europeia, do que resultou uma terceira força. Gershwin injetou jazz e blues nessa tradição para fazer *Rhapsody in blue* e *Porgy and Bess* e, da tradição clássica, tirou elementos para enriquecer suas canções "populares". Quanto a Jobim, não se limitou ao nível do mar: subiu o morro para fazer *Orfeu da Conceição*, universalizou o samba ao vesti-lo com roupagens "clássicas" (no que resultou a Bossa Nova) e, em sua fase madura, inverteu o processo: partiu da Bossa Nova para experimentações com ritmos do folclore e do interior brasileiro. Gershwin e Jobim, cada qual à sua maneira, usaram sua sofisticação musical para transformar a matéria bruta do "povo" em produtos acabados e de valor permanente.

Mas os dois sabiam que era bom morder a língua ao se pronunciar a palavra "povo" — George, como pianista, era descendente (e contemporâneo) direto do pianista negro James P. Johnson, que podia ser tudo, menos primitivo; e Tom nunca escondeu sua admiração pelas soluções harmônicas que escutava em sambistas "simples", como Nelson Cavaquinho, com quem batia longos papos à porta das boates nas madrugadas de Copacabana.

Nessa hipotética conversa entre George e Tom, sabe-se lá quantas horas eles não levariam falando de suas paixões profundas, os franceses Ravel e Debussy, de quem beberam tanta inspiração. Uma das primeiras tentativas de Gershwin na música de concerto, *Lullaby*, de 1919, era toda feita em cima da *Danse profane*, de Debussy. Tom também cita *La plus que lente* e *Rêverie*, de Debussy, em "Chovendo na roseira". Mas a coisa podia ter duas mãos: Gershwin vivia citando Ravel, até que um dia o próprio Ravel, no *Concerto em sol* (1931), homenageou Gershwin, usando aquelas notas blues que este empregara no seu *Concerto em fá* (1925). Gershwin e Jobim viviam num universo sonoro comum, o qual permitia a Tom citar a si mesmo em sua gravação de "Fascinating rhythm", de George e Ira. E, sabendo-se como ele era — capaz de tirar "An American in Paris" das buzinas dos táxis de Paris —, George nunca citou Tom somente porque morreu antes.

Gershwin e Jobim construíram um grande edifício musical e, em vida, sabiam disso — nada de falsas modéstias entre eles. Deixaram entre quatrocentas e quinhentas canções por cabeça, das quais pelo menos cem de cada um sobreviveram ao último século e sobreviverão a este — não é possível discutir com "The man I love", "Embraceable you", "A foggy day", "But not for me", "Love is here to stay". Ou com "Chega de saudade", "Insensatez", "Samba do avião", "Wave", "Águas de março". Os dois acreditavam que a música devia promover o amor, não o ódio, e tinham um profundo respeito pela beleza. Se isso lhe parece piegas, compare a obra de ambos com a realidade musical contemporânea, em que grande parte da música produzida nos Estados Unidos e no Brasil parece especializar-se em reproduzir o horror, a agressividade e o rancor. Gershwin e Jobim descreviam sentimentos, mas não eram panfletários oportunistas dos próprios recalques.

Tudo isso é exato — mas, aí, cessam as afinidades. Mesmo seguindo linhas paralelas, havia entre eles diferenças de origem histórica e social que, no futuro, determinariam muita coisa. George era filho de imigrantes pobres em Nova York; Tom era um menino de classe média do Rio. Os pais de George eram analfabetos; a mãe de Tom era professora e o pai, escritor. George teve de começar a trabalhar muito cedo; Tom não precisava ter pressa. Tom abriu um piano pela primeira vez aos treze anos; pouco mais velho do que isso, George já era um veterano ao piano das lojas de partituras de Nova York, tocando música alheia para os fregueses. Quando George morreu, antes de completar 39 anos, já era viajado e mundialmente famoso; quanto a Tom, tinha quase 36 quando saiu do Brasil pela primeira vez, para tentar começar uma carreira internacional. George começou cedo e morreu cedo; Tom começou tarde e, mesmo tendo morrido aos quase 68 anos, em 1994, ainda tinha toda uma obra pela frente.

Mas a principal diferença entre eles é aquela que, de certa forma, reflete a diferença entre os Estados Unidos e o Brasil. A carreira de Gershwin é não apenas a história da música popular americana na primeira metade do século, como também traça um duro paralelo com as possibilidades de um compositor popular no Brasil, mesmo que este fosse um Tom Jobim.

Quando George decidiu viver do piano, já encontrou um "sistema" (em português, *establishment*) à sua espera. Na Nova York do começo do século xx, existiam centenas de editoras musicais, grandes e pequenas, despejando novas canções para alimentar os pianos domésticos — e estes existiam à razão de quase um piano por família. Muito antes de os discos venderem 1 milhão de cópias, o que só passou a acontecer nos anos 20, havia nos Estados Unidos canções que vendiam 1 milhão de partituras — uma delas, "Hindustan", de Oliver Wallace, em 1918, na qual Gershwin se basearia para compor "Swanee", em 1919. Para um jovem americano daquele tempo, já era possível ficar rico com direitos autorais, principalmente depois que o compositor Victor Herbert, autor de inúmeras operetas, liderara a campanha que levara à criação da primeira sociedade arrecadadora desses direitos, a Ascap.

O jovem Gershwin começara como um dos humildes pianistas que passavam o dia ao teclado das lojas de música, martelando as novidades para os clientes. Mas, em pouco tempo, antes dos vinte anos, já trocara essa função pela de compositor, indo mostrar suas canções em Tin Pan Alley, um quarteirão da rua 28 Oeste, em Manhattan, onde se concentravam as editoras, gravadoras e agências de artistas. Com um talento às vésperas do gênio, não demorou muito para que suas canções fossem "colocadas" em revistas musicais, como os *Escândalos de George White* e, em menos tempo ainda, ele fosse chamado a escrever o escore inteiro dessas revistas. Daí para um musical de verdade na Broadway era um passo — que ele deu aos 25 anos, em 1924, com *Lady, be good!*, estrelado pelos irmãos Adele e Fred Astaire. A mesma idade, aliás, com que sua *Rhapsody in blue* seria apresentada pela primeira vez.

Para se ter uma ideia da riqueza do panorama musical de Nova York na juventude de Gershwin, basta dizer que, apenas na noite de 26 de dezembro de 1927, onze novos musicais estrearam na Broadway — e que, naquela semana, os nomes de George e Ira Gershwin estavam na marquise de três teatros, com *Rosalie, Funny face* e *Strike up the band*. Para que não se pense que o território estava à sua disposição, é bom lembrar que a concorrência na época consistia de Irving Berlin, Vincent Youmans e as duplas Jerome Kern & Oscar Hammerstein e Richard Rogers & Lorenz Hart (Cole Porter ainda não aparecera no horizonte). Mas havia mercado para todo mundo: as canções da Broadway e de Tin Pan Alley, que já seriam suficientes para enriquecer qualquer compositor de talento, logo iriam alimentar os musicais de Hollywood e o monstruoso mercado americano de discos.

Para isso existia o "sistema". Mas o importante é que, nos anos 20 e 30, Gershwin e seus colegas ficaram milionários sem precisar abastardar sua arte ou rebaixá-la ao gosto musical da patuleia. Ao contrário: com seu rigor e bom gosto, elevaram a expectativa de gosto do público médio. Na verdade, eles educaram esse público. Nunca a música popular foi de tão alta qualidade e a música de alta qualidade foi tão popular.

No Brasil, nunca tivemos nem sombra de um "sistema". Quando Tom Jobim abriu o piano naquela famosa primeira vez, aos treze anos, em 1940, a cena musical brasileira eram o rádio, o teatro de revista e o Carnaval — tudo precário, baseado em sambas roubados, cachês aviltantes ou direitos autorais quase inexistentes. Um disco de sucesso vendia mil exemplares (ainda não se dizia "cópias"). Aos 21 anos, em 1948, quando se tornou um profissional do piano, seu único caminho eram as boates de Copacabana — tinha de tocar em quatro ou cinco delas na mesma madrugada. Tom só viu sua primeira canção gravada aos 26 anos, sem repercussão, e, não fosse a sorte de ter ido trabalhar como arranjador em gravadoras (a Continental e, depois, a Odeon), seu destino seria o anonimato. Por estar dentro de uma gravadora, aos 27 anos pôde fazer (com Billy Blanco) a *Sinfonia do Rio de Janeiro*, depois (com Vinicius) o escore de *Orfeu* e, em 1958, consagrar-se finalmente com a Bossa Nova — mas, então, já tinha 31 anos.

O primeiro avião ele só tomou aos 32 anos (para Brasília, a convite de Juscelino, para compor com Vinicius a *Sinfonia da*

Alvorada). O primeiro voo para o exterior, como se disse, foi a dois meses de completar 36 anos (para Nova York, em novembro de 1962, para a noite da Bossa Nova no Carnegie Hall). O primeiro disco com o seu nome (mesmo assim, instrumental), ele só o gravou em março de 1963 — e, não por acaso, nos Estados Unidos, produzido por Creed Taylor para a Verve. E só foi cantar em disco pela primeira vez em 1964, com quase 38 anos — também nos Estados Unidos.

Praticamente com essa mesma idade, George Gershwin já estava morrendo, com status mundial de lenda. Morreu o homem, mas sua obra continuou viva: nunca houve uma escassez de Gershwin na América. Suas canções seguiram respirando no repertório das orquestras e dos cantores; a Broadway não parou de oferecer revivals de seus musicais; *Porgy and Bess* foi incorporada ao repertório da ópera; e Hollywood fez inúmeros filmes com histórias que apenas serviam de pretexto para a sequência de canções (como *Sinfonia de Paris*, de Vincente Minnelli, em 1951, e *Cinderela em Paris*, de Stanley Donen, 1957). Nos anos 80, conseguiu-se o que parecia impossível: a reconstrução em CD dos escores de seus musicais da Broadway dos anos 20 e 30, como *Oh, Kay!*, *Strike up the band*, *Of thee I sing* ou *Girl crazy*, que nunca tinham sido gravados por causa das limitações técnicas da época. Reconstrução mesmo, a partir dos arranjos originais com que foram executados no teatro e com o mesmo número de vozes e instrumentos, só que, agora, em 24 canais — ou seja, era como se ouvíssemos esses escores exatamente como suas plateias os ouviram naqueles tempos idos.

Por que isso foi possível? Porque ninguém jogou fora as partituras, as listas de músicos e as fotos da época. Os americanos devem raciocinar assim: se uma coisa pôde ser vendida uma vez, por que não vendê-la mais vezes? Donde, de dez em dez anos, eles nos vendem todo o seu passado mais uma vez.

No Brasil, pensamos diferente. Noel Rosa, que morreu em 1937, passou os dez anos seguintes abandonado e só foi "redescoberto" quando Aracy de Almeida voltou a gravá-lo, já quase em 1950. Custódio Mesquita, morto em 1945, continua até hoje solidamente esquecido. E, se não nos cuidarmos, a obra do próprio Ary Barroso, morto em 1964, ficará reduzida a um ou dois sambas. Nossos cantores não têm a tradição de visitar o repertório deixado pelos antigos. E não vamos falar de Villa-Lobos, cujas peças deixaram de ser executadas em seu país assim que ele morreu.

Tom Jobim é o primeiro caso de um compositor brasileiro cuja obra continua viva e atuante depois da morte do autor.

Como ele mesmo dizia, o Brasil não é para principiantes.

2
Do barquinho ao banquinho

É sol, é sal, é sul

A onda que se ergueu no mar

No tempo de Noel Rosa, palmeira do Mangue não crescia na areia de Copacabana e um sambista que se prezasse passava um ano inteiro sem ver um raio de sol. São versos do próprio Noel, refletindo a geografia da música popular nos anos 30 — que, tematicamente, ia da Zona Norte a, no máximo, a Glória (e esta, mesmo assim, pelo refrão do choro "Na Glória", de Raul de Barros). As histórias contadas pelos sambas não se passavam em Ipanema ou no Leblon, nem tinham por quê. Era uma música de pés secos, e a cultura da praia chegava, quando muito, a algumas marchinhas de Carnaval. Somente em 1946, com o fechamento dos cassinos e a abertura das boates, todas em Copacabana, é que a música popular começou a descobrir a Zona Sul — "Copacabana", de João de Barro e Alberto Ribeiro, daquele mesmo ano, pode ter sido a canção pioneira.

O advento das boates expandiu os limites físicos da música, levando-a para perto do mar, mas subjugou-a ritmicamente e como que a amordaçou. Os cassinos eram o palco dos grandes shows, das orquestras que tocavam alto, das atrações nacionais e internacionais. Já as boates eram intimistas, muitas vezes à base de crooner e pequeno conjunto, sem falar nos inferninhos, que só podiam se dar ao luxo de um trio de piano, bateria e cantor. Algumas boates mais ricas, como o Meia-Noite, do Copacabana Palace, ainda produziam shows elaborados, mas mesmo elas, muito antes das três e cinco da madrugada, revertiam ao formato caixa-de-música (que era, afinal, o sentido da própria expressão *boîte de nuit*).

Nessas condições, a música teria de mudar. E mudou — do espetacular para o "sofisticado", do oba-oba para o confessional. Não era uma mudança ruim. Anos antes, em Nova York, as boates também tinham substituído os speakeasies. Só que, lá, a possibilidade de se prestar mais atenção à música levou à valorização das letras de Cole Porter, Lorenz Hart, Ira Gershwin, com sua rica variedade de temas (porque eram canções feitas para a Broadway e apenas transplantadas para as boates). Aqui, a música "de boate" (na verdade, o samba-canção) tornou-se um gênero em si, sob medida para aquelas quatro paredes onde o sol jamais penetrou: paixões impossíveis, solidão, traições, desenganos. Nenhum amor podia ter final feliz.

As mulheres de que falavam as letras eram fatais, vamps, traidoras, que deixavam os homens na mão e os condenavam à orgia e à dissolução. Seria fácil concluir que essas mulheres deviam ser parecidas com as que frequentavam as boates na vida real. Mas, no caso destas, talvez fossem os homens que as viam assim. Na verdade, eram mulheres apenas mais independentes do que a patroa que o sujeito deixava em casa. E sofriam tanto quanto os homens em matéria de abandono e desilusão. Não esquecer que algumas das grandes canções daquele período (e que punham o homem como o vilão, o ingrato, nada confiável) foram escritas por duas mulheres: Maysa e Dolores Duran.

Seja como for, o *leitmotiv* da boate era a dor de cotovelo. Risque o meu nome do teu caderno, que não mereço o inferno do nosso amor fracassado. Ninguém me ama, ninguém me quer, ninguém me chama de meu amor. Se eu morresse amanhã de manhã, não faria falta a ninguém. Sofro calado na solidão, guardo comigo a memória do seu vulto em vão. De cigarro em cigarro etc. Era uma música de penumbra e fumaça, tanto quanto o cenário — mas, pensando bem, o que mais as pessoas iriam querer ouvir (supondo que ainda estivessem ouvindo) depois do oitavo uísque?

Note que, quando se diz que essas canções eram lúgubres, isso não é uma crítica. Eram músicas bonitas, bem-feitas e de ascendência ilustre: "Risque" (1952) era de Ary Barroso; "Ninguém me ama" (1953), de Antonio Maria (e, por sua especial deferência, de Fernando Lobo); "Se eu morresse amanhã" (1953), também de Maria, grande cultor do gênero; "Solidão" (1954), de... Antonio Carlos Jobim e Alcides Fernandes; "De cigarro em cigarro" (1953), de Luiz Bonfá. Suas intérpretes eram cantoras completas e modernas, como Linda Batista, Doris Monteiro, Dolores Duran, Mariza (depois Gata Mansa) e a rainha indisputada do samba-canção, Nora Ney. Os pianistas que as acompanhavam podiam ser Tom Jobim, Newton Mendonça, Johnny Alf, João Donato, Ribamar, Sérgio Ricardo. Ou seja: muitas vezes, era grande música. Mas que o ambiente da boate exigia canções claustrofóbicas, exigia.

Tom, que, como seu parceiro Newton, fez o périplo dos pianos da madrugada nos primeiros anos 50 e compôs várias canções de fossa, chamava a boate de "cubo de trevas". Sua família temia que, por passar a noite tocando, bebendo, fumando e ouvindo lamúrias naqueles *huis-clos* de Copacabana, ele acabasse tuberculoso. Em meados da década, Tom conseguiu dar o salto de que Newton nunca foi capaz: literalmente trocar a noite pelo dia e continuar trabalhando com música, mas em horários mais salubres — em editoras, gravadoras, estações de rádio. Numa dessas, em parceria com Dolores Duran, Tom fez uma canção que terminava gloriosamente com os versos, *"Me dê a mão/ Vamos sair pra ver o sol"*.

"Estrada do sol", de 1957, ainda não era a Bossa Nova. Mas seus versos finais pareciam simbolizar um estado de espírito que já vigorava numa geração emergente: a de Carlos Lyra, Ronaldo Bôscoli, Sylvinha Telles, Roberto Menescal, Luiz Eça, Nara Leão, Alayde Costa, Chico Feitosa, os irmãos Castro Neves, vários deles sem idade para frequentar as boates onde se dava aquele sofrimento. E, mesmo que pudessem frequentá-las, não se empolgavam com a música noturna, soturna e úmida que se tocava nelas. Eram jovens, atléticos, radicalmente voltados para o mar, a praia e o verão. E, somente porque isso já fazia parte do seu sistema respiratório, promoveram a grande transformação: ensolararam a música brasileira.

O mar, para eles, era um estilo de vida, não apenas uma rima para "amar". Roberto Menescal, por exemplo, era campeão de caça submarina. Seu parceiro Ronaldo Bôscoli ficava na retaguarda — na areia, vigilante quanto ao conteúdo dos maiôs. Menescal era o líder de uma turma que saía do Rio toda sexta à noite, de carro ou de ônibus, rumo às praias selvagens de Cabo Frio, como Arraial do Cabo, Rio das Ostras e Búzios — esta, pelo menos sete anos pré-Brigitte Bardot. Outros desse grupo rotativo, além de Bôscoli, eram o pianista Luizinho Eça, o violonista Candinho, o cantor Normando Santos, o compositor Chico Feitosa, o baterista dos Garotos da Lua, Toninho Botelho (o qual, certa vez, levou o conjunto vocal inteiro), o fotógrafo Chico Pereira. Quase todos mergulhavam com Menescal, mas, para caçar os cações e xereletes nas grandes profundidades, ele só convocava os equipados com guelras: seus amigos estudantes Arduino Colasanti, Jomico Azulay e Gilberto Laport, que só faltavam ter escamas. A partir de certa época, as namoradas foram incorporadas: Iara, de Menescal; Nara (Leão), de Bôscoli; Lenita, de Luizinho. Já era quase o estado-maior da futura Bossa Nova, o que fazia com que, depois do dia no mar, do banho de água salobra na cabana alugada e do peixe na brasa no restaurante rústico (com matéria-prima fornecida por eles), a noite acabasse em violão, na praia, à luz das estrelas. No dia seguinte, bem cedo, outra jornada de sol e sal e, à noite, mais música.

Nessas expedições, que se prolongaram por anos, cristalizou-se o que seria o grande tema da Bossa Nova: o mar. Ela já nasceu de janelas abertas para o Atlântico, com letras douradas de verão. Quase todas as canções de Menescal e Bôscoli foram feitas em cima de situações que eles viveram naqueles fins de semana. Você escolhe: "O barquinho" ("Dia de luz, festa de sol/ E um barquinho a deslizar/ No macio azul do mar// Tudo é verão e o amor se faz/ Num barquinho pelo mar/ Que desliza sem parar"); "Nós e o mar" ("Lá se vai mais um dia assim/ E a vontade que não tem mais fim, esse sol/ É viver, ver chegar ao fim/ Essa onda que cresceu, morreu aos seus pés"); "Ah! Se eu pudesse" ("Ah! Se eu pudesse, toda poesia/ Ah! Se eu pudesse, sempre aquele dia/ Ah! Se eu pudesse te buscar serena/ Eu juro, pegaria sua mão pequena/ E juntos, vendo o mar/ Dizendo aquilo tudo, quase sem falar"); "Você" ("Você, um beijo bom de sal/ Você, de cada tarde vã/ Virá/ Sorrindo de manhã"); a caymmesca, hemingwayana "A morte de um deus de sal" ("Dizem que um peixe de prata/ Brigou demais pra não morrer/ Então/ João lutou/ Barco virou/ Mar levou./ Mar pra João/ Era irmão/ Era o céu, era o pão./ Sim, morreu João/ João do mar/ Deus quem quis levar/ Quis levar pro fim/ Um deus do mar/ Que outro deus matou/ Quis pescar, pescou/ Mas não voltou"); e aquele que talvez seja o único samba-exaltação da Bossa Nova, "Rio", com seus jogos de palavras e imagens gritantes ("Rio, serras de veludo/ Sorrio pro meu Rio que sorri de tudo/ Que é dourado quase todo dia/ E alegre como a luz./ Rio é mar/ Eterno se fazer amar/ O meu Rio é lua/ Amiga, branca e nua./ É sol, é sal, é sul/ São mãos se descobrindo em tanto azul").

De 1957 a 1964, para a maioria de seus participantes, a Bossa Nova foi um grande verão de banquinhos, joelhos e violões, à beira-mar ou em mar alto. É verdade que as boates continuaram existindo e a própria Bossa Nova foi trabalhar nelas. Mas o ferrolho da música popular fora quebrado. Esta agora abrangia todo o território, as quatro estações e uma postura mais viril e afirmativa: eu SEI que vou te amar, por toda a minha vida eu VOU te amar, e VAMOS DEIXAR desse negócio de você viver sem mim porque eu SOU MAIS você e eu. Em boates

Peixes de briga

Toninho Botelho
e Menescal (no alto);
os casais Iara/Menescal
e Bôscoli/Nara (dir.);
Menescal, Luizinho Eça
e um amigo (abaixo)
com os troféus de
vários verões

Música com pinças

Bôscoli e Menescal
(com Nara no fusca
de capota arriada)
a caminho das
praias selvagens
de Cabo Frio — o mar
não era só uma rima
para amar

como o Bottle's, o Little Club, o Zum-Zum, não havia clima para ninguém-me-amas. Que desamor resistiria à graça e à leveza de Sylvinha Telles ou ao impacto sonoro do Sexteto Bossa-Rio de Sérgio Mendes? A música da noite passou a valer por si, não mais para afogar mágoas.

Também por causa da Bossa Nova, a mulher de que falavam as letras da música popular se transformou — para melhor. Deixou de ser a amante madura e calculista, com pinta artificial no queixo e olheiras de traição, e rejuvenesceu. Passou a ser a garota, a namorada, a moça da praia, o *avião* que voava da areia para os braços do rapaz (você quase podia sentir a penugem sobre a pele dourada). Esse novo espécime na paisagem feminina existia — e foi a Bossa Nova que a cantou.

Por algum tempo, a Bossa Nova rejuvenesceu até a mais implacável dama da noite: Maysa. Na capa de seu disco *Barquinho*, ela aparece radiante ao sol, num barco na enseada de Botafogo, cercada por Luizinho Eça, Bebeto e Helcio Milito (o Tamba Trio), Menescal e Luiz Carlos Vinhas. Aliás, muitas capas de discos da Bossa Nova seguiram o caminho do mar. Na capa de *A grande bossa dos Cariocas*, os próprios estão a bordo do *Atrevida*, um iate que, um dia, provavelmente merecerá um livro. Na de *Pardon my English*, o Quarteto em Cy está em Copacabana, exibindo as pipas comemorativas do Quarto Centenário do Rio. E, nas de seus discos para a Elenco, Menescal aparece vestido de mergulhador, surfista e até de aqualouco, em fotos de seu companheiro de pescaria Chico Pereira — por sinal, o fotógrafo de nove entre dez capas clássicas da Bossa Nova.

Menescal e Bôscoli falaram tanto do mar que, em certo momento, no trágico ano de 1964, alguns compositores recolheram a esteira, o bronzeador e o guarda-sol, e decretaram que a Bossa Nova, em vez de se preocupar tanto com a areia, devia cuidar da terra. Da terra do Nordeste, evidentemente. Como falar do mar num país em que havia a seca? E para que falar de amor se o povo passava fome? Subitamente, era preciso mostrar que o Brasil era um país tão feio quanto os outros. Nascia a música "participante" — embora muitos daqueles que passaram a falar do sertão só o conhecessem de filme de cangaceiro. Fato esse que foi imortalmente gozado por Marcos e Paulo Sérgio Valle em "A resposta" ("Falar de terra na areia do Arpoador/ Quem pelo pobre na vida não faz um favor/ Falar de morro morando de frente pro mar/ Não vai fazer ninguém melhorar"). Marcos e Paulo Sérgio, que, naquela época, passavam mais tempo de pé sobre pranchas do que em terra firme, preferiam falar do que conheciam, como em "Samba de verão" ("Ela vem, sempre vem/ Esse mar no olhar/ E vai ver, tem que ser/ Nunca tem quem amar") e "Os grilos" ("Se você quiser morar na praia, vem/ Um automóvel tem/ Cabeleireiro tem/ E vira gente bem/ Copacabana tem, biriba à noite tem/ E, quando a Lua vem, jantar no Iate/ Vem, eu faço o que você quiser/ Se você for minha até morrer, mulher").

Menescal, Bôscoli e os irmãos Valle levaram a fama, mas, na verdade, ninguém falou tanto de mar na Bossa Nova quanto Tom Jobim. E com motivo. Tom costumava dizer que, quando jovem, era um peixe: ia a nado do Arpoador ao Leme, assobiando e deixando os peixes de verdade para trás. Com toda essa milhagem marítima, é fantástico que tenha escrito canções tão doces. Ele e os outros. Uma das primeiras canções de Tom, em parceria com Billy Blanco, já era "Teresa da praia", aquela que foi deixada "Aos beijos do sol/ E abraços do mar". Juntos, Tom e Billy fizeram também a "Sinfonia do Rio de Janeiro", toda uma ode à "montanha, o sol e o mar". E Billy, sozinho, descreveu um domingo de sonho em "Domingo azul": "É o sol, é o céu, é o mar/ Na manhã cheia de azul/ É Zezé deslizando no esqui/ Por aqui, por ali, a marola já vem/ Tudo bom, tudo bem, saltou".

Mas o verdadeiro cantor do mar foi Tom. Às vezes, ele o associava à solidão, como em "Inútil paisagem", em parceria com Aloysio de Oliveira: "Mas pra que/ Pra que tanto céu, pra que tanto mar, pra quê?/ De que serve esta onda que quebra/ E o vento da tarde/ De que serve a tarde?/ Inútil paisagem". Ou em "Praias desertas", só dele: "As praias desertas continuam/ Esperando por você". Por sorte, nem sempre a paisagem era inútil ou deserta, como em "Fotografia": "Eu, você, nós dois/ Sozinhos neste bar à meia-luz/ E uma grande lua/ Saiu do mar/ Parece que este bar já vai fechar/ E há sempre uma canção para contar/ Aquela velha história de um desejo/ Que todas as canções têm pra contar/ E veio aquele beijo/ Aquele beijo". Ou em "Wave": "Agora eu já sei/ Da onda que se ergueu no mar/ E das estrelas que esquecemos de contar". O mar sempre presente, mesmo quando visto de cima, como em "Samba do avião": "Rio de sol, de céu e de mar/ Dentro de mais um minuto estaremos no Galeão".

Presente desde sempre, com seu grande parceiro e colega de adolescência em Ipanema, Newton Mendonça, como em "Domingo azul do mar": "Quando eu vi/ No seu olhar, sorrindo para mim/ Neste domingo azul do mar/ Eu percebi que nada terminou" — uma letra quase à Paulo Mendes Campos, autor de um belo livro de poesia com o mesmo título. Depois, quando Tom se juntou a Vinicius, você podia quase sentir a maresia, como em "Chega de saudade": "Mas, se ela voltar/ Se ela voltar, que coisa linda/ Que coisa louca/ Pois há menos peixinhos a nadar no mar/ Do que os beijinhos que eu darei na sua boca". É verdade que Vinicius tinha uma ideia mais contemplativa do mar. O que ele gostava mesmo era de ficar no bunker, o botequim, observando o movimento a caminho ou de volta da areia e de que fez o retrato definitivo em "Garota de Ipanema": "Olha que coisa mais linda, mais cheia de graça/ É ela menina, que vem e que passa/ Num doce balanço, caminho do mar". Poeta oficial, Vinicius tinha liberdade para ver o mar com olhos mais utilitários do que líricos, como em "Arrastão", com Edu Lobo: "Ê, tem jangada no mar/ Ê, iei, iei/ Hoje tem arrastão/ Ê, todo mundo pescar/ Chega de sombra, João". Nas poucas vezes em que alguém o flagrou na areia propriamente dita, foi na companhia de Toquinho, em "Tarde em Itapoã": "Um velho calção de banho/ O dia pra vadiar/ Um mar que não tem tamanho/ E um arco-íris no ar./ É bom/ Passar uma tarde em Itapoã/ Ao sol que arde em Itapoã/ Ouvindo o mar de Itapoã".

Agora você já sabe: nos primórdios, a Bossa Nova foi a onda que se ergueu no mar e banhou a música popular de um otimismo e luminosidade de que ela estava precisando desesperadamente. Uns mais, outros menos, todos os seus compositores, letristas e intérpretes extraíram do mar a inspiração para essas canções que resistem ao tempo e ao mercado.

Todos? Quase todos. E aí é que está a ironia: seu supremo cantor sempre foi pálido como gesso, passa décadas sem sair ao sol, ninguém jamais o viu de calção e há dúvidas até sobre se sabe nadar — João Gilberto.

Houve uma vez dois verões

1964/65 — Bossa & Brigitte em Búzios

O DC-8 vindo de Paris pousou no Galeão às 5h10 da manhã, mas Brigitte Bardot (casaco preto, vestido claro, peruca preta) só apareceu na porta do avião meia hora depois. Estava assustada, e com razão: na pista, cercando o aparelho, quase duzentos repórteres, fotógrafos e cinegrafistas a esperavam salivando.

Não era apenas a primeira visita de Brigitte ao Brasil — aos 29 anos, era a primeira vez que ela saía da Europa. Desde que se tornara o símbolo sexual do planeta com o filme de Roger Vadim, *E Deus... criou a mulher*, em 1956, passara por outras experiências aterrorizantes em Roma, Londres e Madri. Mas, agora, estávamos em 1964 (mais exatamente, no dia 7 de janeiro) e era de se esperar que, depois de tanto tempo, o planeta já tivesse se acostumado a ela. Por que todo aquele charivari?

Bem, o planeta talvez tivesse se acostumado. Não — por enquanto — o Rio.

Saindo do nada, o fusca do advogado Afraninho Nabuco surgiu de repente na pista, quase fazendo um strike com os jornalistas, e parou bem perto da escadinha da Panair. Só então Brigitte (trazendo, num braço, uma frasqueira; no outro, seu "noivo brasileiro", Bob Zagury) atreveu-se a descer. Os dois entraram no carro e, em instantes, azularam do aeroporto por uma saída VIP. Para trás ficaram os duzentos jornalistas, oito malas da estrela, um violão, o carimbo no passaporte e a apresentação do atestado de vacina. Esnobadas em sua autoridade, a Polícia Marítima e a Saúde dos Portos sentiram-se pisadas nos calos. Retiveram as malas e o violão e ameaçaram criar um caso internacional recambiando Brigitte para a França. Felizmente ficaram na ameaça: o Ministério da Justiça interveio e, à tarde, funcionários dos dois órgãos foram ao apartamento onde ela se refugiara. Carimbaram seu passaporte, conferiram a vacina e ganharam autógrafos; as malas e o violão foram liberados. O comando da Base Aérea do Galeão é que continuou tiririca: não se conformava com a invasão da pista pelo carro de Afraninho Nabuco.

Como combinado, Afraninho, amigo de Zagury, levara Brigitte e o noivo para seu apartamento na avenida Atlântica, na altura da rua República do Peru, em Copacabana. A imprensa chegou logo depois e armou o circo diante do edifício. E, então, começou a longa vigília.

Pelas 72 horas seguintes, Brigitte ficou sitiada no apartamento, vigiada por um exército de jornalistas, passantes, desocupados e banhistas — todos de pescoço esticado, olhando para as janelas dos últimos andares. A PM destacou dois choques para garantir o local, o que só fez aumentar a aglomeração. Houve um engarrafamento gigante na orla, que se prolongou pelas ruas internas de Copacabana e se refletiu em Botafogo, Ipanema e Lagoa. Meio pela farra, meio por motivo justo (quem não queria ver a mulher que era o sinônimo do sexo?), o Rio parara por causa de Brigitte. Já no segundo dia, a azáfama mereceu um irritado editorial de *O Globo*, intitulado "Deixem Brigitte em paz!" (embora os repórteres e fotógrafos do próprio vespertino não arredassem pé de seus postos).

O cerco teve lances de ira e humor. Um correspondente da agência France Press no Rio, indignado com o furor profissional de seus colegas, despachou uma matéria para Paris em que taxava os jornalistas brasileiros de "macacos". O telegrama saiu na imprensa europeia e, no dia seguinte, assim que o identificaram diante do prédio, o francês foi surrado para deixar de ser besta. E, em tempo recorde, o lendário desenhista Carlos Zéfiro produziu um "catecismo" (que se podia comprar clandestinamente numa banca a poucos metros dali), mostrando Brigitte ilhada no terraço do edifício e sendo salva pelo Super-Homem — o qual a resgatava da malta e fazia furibundo sexo com ela em pleno voo.

Mesmo de madrugada, quando a multidão ia para casa dormir, a imprensa continuava no lugar — porque aquelas eram justamente as horas em que Brigitte poderia tentar sair escondida. Mas ela nem chegava à janela. Moradores dos prédios vizinhos divertiam-se com a cena e mandavam sanduíches, bebidas e gelo para os jornalistas. Um restaurante próximo ofereceu-lhes um churrasco; outro providenciou mesas e cadeiras, para que eles pudessem comer com conforto. Quem não estava gostando eram os moradores do prédio de Afraninho, que já não podiam entrar ou sair sem ser assolados pela multidão. Chegaram até a ensaiar um movimento para expulsar Brigitte, Zagury e Afraninho. Mas a razão prevaleceu e o protesto morreu numa reunião extra do condomínio.

Com tudo aquilo, o cerco poderia durar semanas. Não adiantavam as ameaças de Brigitte, transmitidas por Zagury, de que, se a imprensa não saísse dali, ela voltaria para Paris. Seu argumento era o de que viera ao Brasil para descansar, que sempre lhe haviam dito que o Rio era a cidade mais linda do mundo e que, se tivesse paz, pretendia ficar de três a quatro meses por aqui. Sempre por Zagury, os jornalistas propuseram um acordo: se ela lhes concedesse uma entrevista com fotos, eles lhe dariam sossego. Zagury negociou a proposta com Brigitte e ela aceitou.

E foi assim que, no quarto dia, a polícia interditou parte da avenida Atlântica e ruas adjacentes para que Brigitte, protegida pela radiopatrulha, cruzasse a pé os dois quarteirões que a separavam do Copacabana Palace, onde se daria a entrevista. Não adiantou muito. À visão do aparato policial, centenas de banhistas acorreram e transformaram a caminhada de Brigitte num glorioso cortejo de fiu-fius. Exceto isso, ninguém a incomodou e ela chegou salva ao Copa, onde a esperava a maior concentração de repórteres e fotógrafos na história do hotel.

E Brigitte não os desapontou. De vestido verde e braços tentadoramente à mostra, sentou-se na amurada, com o oceano Atlântico às suas costas, e posou para as mais de cem câmeras. Agitou os longos cabelos louros, fez sua deliciosa boquinha de Brigitte, cruzou e descruzou as pernas, respondeu às perguntas mais heterodoxas ("O Bob é Flamengo. E você?" Ela, toda coquete: "A partir de agora, eu também sou"), beijou o noivo a pedidos e negou que sua vinda ao Rio tivesse a ver com o lançamento de um Club Méditerranée em Cabo Frio. Uma hora depois, ao encerrar a coletiva, Brigitte disse à massa: "Devo entender que, a partir de agora, os senhores não me perseguirão e que me deixarão passear e aproveitar a liberdade?". Ouviu-se um uníssono de *oui-ouis*, ela se retirou — *si charmante* — e, acredite ou não, a imprensa cumpriu o trato.

Bem, mais ou menos.

Até os anos 60, quando se sabia que um casal fazia sexo sem casamento, dizia-se que eram "noivos". Por isso, a imprensa chamava Bob Zagury de o "noivo brasileiro" de Brigitte Bardot, embora ele não fosse nem uma coisa nem outra. Nascido em

Casablanca, no Marrocos francês, era judeu franco-marroquino. Mas se, tecnicamente, não podia ser chamado de brasileiro, Bob era carioca — desde que chegara por aqui em meados dos anos 50, com pouco mais de vinte anos, e abafara.

Em pouco tempo adaptara-se ao Rio, dominara a língua e se tornara um dos garotões mais populares de Copacabana: era safo, boa-pinta, carismático e exímio dançarino — craque em chá-chá-chá, twist e hully-gully na pista da boate Black Horse. Seu apartamento no Lido logo ficaria lendário. E, como se não bastasse, chegara a jogar basquete pelo Flamengo. Mas seu jogo favorito era outro — pôquer —, e ele não o praticava por esporte: era jogador profissional. Era também um homem do mar: fazia caça submarina, tinha amigos em toda parte e esses amigos tinham barcos — sempre a convite, podia zarpar à hora que quisesse para um fim de semana em Angra ou um cruzeiro na Martinica. Mas Bob era, principalmente, um *homme à femmes*: antes de conhecer Brigitte, no verão europeu de 1963, em Cannes, já deixara no Rio uma fieira de corações partidos, mulheres cobiçadas e experientes, algumas da alta sociedade. Mas seus amigos, que já o conheciam de antigas pescarias, sabiam que nunca houvera um peixão como Brigitte.

Brigitte, por sua vez, também já estava no quinto marido ou "noivo". Por ordem de entrada em cena, eles tinham sido Vadim (que a descobrira aos quatorze anos e fizera dela uma estrela), o ator Jean-Louis Trintignant (seu galã em *E Deus... criou a mulher*), o cantor Sacha Distel, o também ator Jacques Charrier (com quem ela tivera um filho, Nicholas) e mais um ator, Sami Frey. Marido mesmo, o único para valer (e de quem se divorciara) fora Vadim; com os outros ela tivera relações comparativamente longas, de um a dois anos.

E, se não pareciam tão longas, eram intensas. Nos anos 60, podia-se apenas fantasiar sobre o que Brigitte Bardot fazia todas as noites, mas o mundo inteiro sabia quando estava apaixonada — os jornais percebiam quando cada um daqueles homens estava sendo evaporado de cena e substituído por outro. Dois anos antes, num dia pra lá de bonjour tristesse, tentara o suicídio tomando comprimidos e cortando os pulsos — tentativa baldada por um clister e um band-aid.

O moralismo vigente a considerava promíscua, mas não havia homem que não a desejasse ou mulher que não a invejasse. Em 1963, quando o novo titular de seu coração (e corpo) passou a ser Bob Zagury, o Brasil, que estava ganhando títulos mundiais no futebol, no tênis, no boxe e até no Miss Universo, acrescentou mais essa vitória às nossas cores.

Como seus antecessores, Bob praticamente instalou-se em La Madrague, a casa de Brigitte numa praia de difícil acesso em Saint-Tropez. Mas (exceto pelo maduro Vadim, que já estava descartado como amante), Bob levava uma vantagem sobre todos eles: com a mesma idade de Brigitte, e apesar de seu jeito aéreo e alegre, ele era um homem vivido e seguro — Trintignant e Charrier, por exemplo, tinham de ausentar-se com frequência de La Madrague para fazer... o serviço militar. E, ao contrário destes, que tentaram introduzi-la nos mistérios da música clássica, Bob apresentou-a ao samba e à Bossa Nova.

Era fatal: Brigitte apaixonou-se pelo ritmo brasileiro e, de repente, em La Madrague só se ouviam "Chega de saudade" e "Maria Ninguém", com João Gilberto, "Mas que nada", com Jorge Ben, "Garota de Ipanema", com o Tamba Trio, "Samba do avião", com Os Cariocas, e outros hits nacionais da época. Brigitte incorporou essas canções ao seu repertório e, naquele mesmo ano de 1963, gravou "Maria Ninguém" — em português, até fazendo razoavelmente os erres. Trocar o cinema pela música era um sonho que ela alimentava.

Brigitte era, já então, a antiestrela. Detestara fazer quase todos os seus filmes, incluindo os que haviam consolidado sua fama: *Vingança de mulher*, 1957, de Vadim; *Vida privada*, 1961, de Louis Malle; *O repouso do guerreiro*, 1962, também de Vadim; *O desprezo*, 1963, de Jean-Luc Godard. E nem queria ouvir falar de

Hollywood, que a atazanava com propostas. O único filme que lhe dera algum prazer fora *A verdade*, de Henri-Georges Clouzot, em 1960. Em fins de 1963, estava saturada pelas filmagens de *Malícias do amor*, de Edouard Molinaro, em que contracenara com Anthony Perkins, e só pensava em paz e sossego. Queria ir com Bob para uma praia em que pudessem ficar sozinhos, incógnitos, descalços, tocando violão, fazendo amor e comendo peixe à beira-mar, talvez nesta ordem. Foi então que ele lhe propôs vir ao Rio.

O fusca bordô de Bob, levando violão, maracas, querosene (para as lamparinas), latas de conservas, água mineral e outros produtos de primeira necessidade em Búzios, cortou a estrada de terra. A ponte Rio–Niterói não existia e as alternativas eram atravessar a baía com o carro no ferry-boat (impensável: se descobrissem que Brigitte Bardot estava a bordo, o barco seria capaz de virar) ou dar uma enorme volta por Magé, que foi o que eles fizeram. Era longe, mas mais perto do que o Éden e tão paradisíaco quanto.

Em 1964, Armação dos Búzios (Búzios, para os íntimos) era apenas um colar de praias, ilhas e enseadas, não muito diferente dos tempos em que era um porto de piratas e baleeiros, três ou quatro séculos antes. Não tinha água encanada, luz ou telefone. O comércio resumia-se a uma birosca, onde se comprava pão, e a uma humilde peixaria. Tudo mais vinha de Cabo Frio, de que Búzios era distrito. A população fixa era de trezentas pessoas, todas vivendo da pesca. Uma ou outra família do Rio (quase sempre estrangeira) começava a estabelecer-se, alugando ou comprando casinhas de pescadores, mas ainda nada que perturbasse o encanto selvagem do lugar.

Bob e Brigitte alugaram o sítio de um funcionário da Cruz Vermelha Internacional, o russo Muravief Apostol, na praia da Armação. Com eles estava a escultural francesa Ghislène, amiga de Brigitte e dona da boate Chez Félix, em Saint-Tropez, e que se enrabichou por Arduino Colasanti, amigo de Bob e também presente. O outro casal era formado por Jom Tob (Jomico) Azulay e sua namorada, a dinamarquesa Chris. Arduino e Jomico eram colegas de caça submarina de Bob, e este era, na verdade, o grande motivo da expedição a Búzios: a pesca de mergulho. Os três saíam para o mar todos os dias de manhã, em busca dos pargos, vermelhos e cações, e deixavam as moças em casa, jogando *crapaud*.

Para Brigitte, estava ótimo: o que ela menos queria era agitação, gente em volta, fotógrafos chatos. Era o alto verão e não se via um turista no horizonte. Os próprios jornalistas tinham se tornado uma abstração — e a presença de um fotógrafo no grupo, Denis Albanese, não a incomodava, porque era amigo de Bob (e seria o único a tirar fotos "autorizadas").

Pelos três meses seguintes (fins de janeiro, os meses de fevereiro e março inteiros e boa parte de abril de 1964), o sol de Búzios pertenceu a Brigitte Bardot. Ali ela encontrou o paraíso que já não podia desfrutar nem em Saint-Tropez.

Ia à praia com um livro (*O segundo sexo*, de Simone de Beauvoir, que estava lendo com certo atraso), cochilava na areia ou caía n'água (que ela depois classificaria de "um mar de champanhe azul"). Às vezes, passeava pelas proximidades, entre flamboyants e buganvílias, calçada de tamancos portugueses, de madeira, ou brincava com um gato, que chamou de Moumoume. Andava a cavalo ou de charrete, ia de bote à ilha Rasa e comia as pitangas que lhe eram colhidas por Geraldo, então com doze anos, filho do administrador do sítio de Muravief. Muitos anos depois, Geraldo contaria ao *Peru Molhado* ("o maior jornal de Búzios") que Brigitte fazia xixi no mato, ajudava a puxar as redes dos pescadores e sentava-se no armazém de seu tio Ceceu para cantar e tocar violão com eles. E que usava só "um vestidinho curtinho e nada de calcinha".

Mas seus trajes oficiais eram mesmo o pareô (então novidade absoluta no Brasil) e, claro, o biquíni, cuja parte de cima tirava quando já estava na água e repunha ao sair do mar. Nenhum puritanismo nisso, mas também nenhuma vontade de chocar. Os três casais eram bem resolvidos. Eram pessoas viajadas, civilizadas e contentes pela companhia umas das outras. Além disso, Brigitte estava apaixonada por Bob, Ghislène por Arduino e Chris por Jomico. O fato de que, no quarto ao lado, a mulher que fazia amor com o amigo era o maior mito sexual do cinema não tirava o sono dos outros dois. Havia um clima tácito de *E Deus... criou a mulher* naquele verão em Búzios — para Arduino e Jomico, era como se eles estivessem dentro do filme.

De vez em quando, o elenco era enriquecido por uns poucos residentes ou visitantes. Uma casa que eles gostavam de visitar era a do empresário José Carlos Laport, ligado à exploração de petróleo, e de sua mulher, Nelly, na praia dos Ossos. José Carlos nunca vira um filme da atriz e mal sabia quem ela era (desde que se tornara proibido fumar nos cinemas, anos antes, deixara de frequentá-los). Os filhos adolescentes do casal (Mônica, Paulo, Pedro e Patrícia) estavam com eles, o que dava ao ambiente um total ar família. Para Brigitte, era perfeito. Ela e Chris costumavam ir para a casa de Nelly e, numa daquelas tardes imensas, Brigitte resolveu tirar uma soneca. Todos os quartos estavam ocupados e o único lugar vago era na cama de Pedro, que também cochilava. Brigitte aninhou-se ao seu lado e dormiu. Donde Pedro, que tinha doze anos e era proibido pela lei de assistir aos filmes da atriz (impróprios para menores de dezoito), pôde jactar-se, no futuro, de já ter "dormido" com Brigitte Bardot.

Tudo absolutamente informal. A própria casa era uma antiga salga de peixe, que só aos poucos fora se tornando uma casa. Uma noite inesquecível foi aquela em que Nelly reuniu a turma para um jantar (sopa de cebola e filé de badejo à parisiense), que, como era inevitável, terminou em música e dança: o cônsul argentino no Rio, Ramón Avellaneda, tocava violão, e Brigitte fazia a batida da Bossa Nova com uma colher de pau sobre o tampo da mesa. Quando alguém assumia as maracas, o

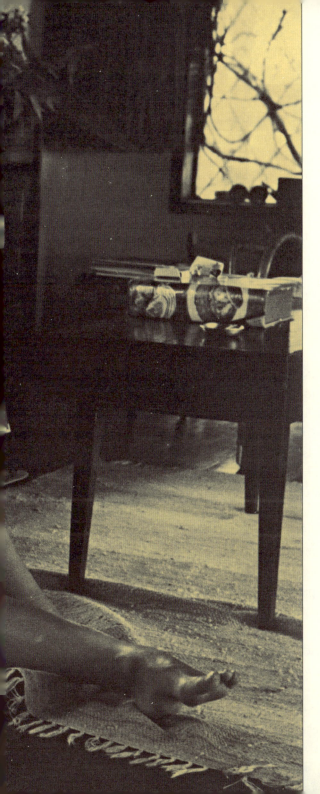

Maria Ninguém

Brigitte (com Zagury) recolheu-se em Búzios para um verão ao som da Bossa Nova

ritmo mudava para chá-chá-chá. O coro era formado por Celso Quintela, Ricardo Figueiredo Lima e a bailarina Tatiana Leskova, além de um estudante peruano que dava a nota destoante: não acreditava que estava diante de Brigitte Bardot.

A casa de Avellaneda e de sua mulher, Marcella, na rua das Pedras, era outra favorita. Nela, em noite diferente, a dança foi esquentada por um casal chegado do Rio, Serginho Bernardes e Noelza Guimarães, ele de sunga, ela de pareô e ambos com dezenove anos, que dançaram um dos maiores chá-chá-chás de todos os tempos. Não se cogitava de drogas — bebia-se vinho, champanhe ou guaraná. Também não se falava de cinema e, apesar das agitações então correntes no Rio e em Brasília, muito menos de política. O ano era 1964, não se esqueça. Ninguém desconfiava que, dali a poucos dias, em 31 de março, a história do Brasil sofreria uma brusca transformação.

Também indiferentes à agitação, altos escalões do poder teriam convidado Brigitte a ir "conhecer Brasília". O convite partira do Iate Clube da nova capital, mas todos imaginavam quem estava mais interessado na visita: o presidente João Goulart, um dos nossos governantes mais competentes — nesse setor. Mas, se o convite chegou às mãos de Brigitte, ela não o atendeu. E, em poucos dias, o próprio Jango já não estaria em Brasília para recebê-la.

Na passagem de 31 de março para 1º de abril (a noite e o dia do golpe militar), Brigitte estava no Rio. Mas a movimentação no Forte de Copacabana, que ela podia ver da janela, não lhe dizia nada. Consta que, ao ser perguntada sobre o que estava achando da "revolução brasileira", teoricamente sem um tiro, ela teria dito: "Adorable!".

Sim, porque Brigitte não ficou o tempo todo em Búzios. Às vezes, de surpresa, a trupe vinha ao Rio para reabastecer-se. Já então sem o assédio da imprensa, ela podia andar pela cidade quase sem ser incomodada.

Em termos: certo dia, Jomico Azulay levou-a para comprar imagens barrocas numa loja de antiguidades na rua Francisco Sá, em Copacabana. A loja ficava numa galeria e, quando se espalhou que Brigitte estava no território, a galeria ferveu. A custo, Jomico conseguiu tirá-la de lá. Mas deixara de ser incomum vê-la jantando com Bob no Le Bistro ou dançando no Black Horse. Foi quando nasceu uma das grandes piadas cariocas da época: a do garotão, na boate, dizendo com ar de tédio, "Ih, lá vem a chata da Brigitte de novo!".

Outros não eram tão blasés. Uma das grandes noites de Brigitte no Rio foi no apartamento de Lenita e Luizinho Eça, um térreo na rua Visconde de Albuquerque, no Leblon, a poucos metros da praia. Ali estavam nomes ilustres da Bossa Nova, entre os quais o Tamba Trio completo (Luizinho, Helcio Milito e Bebeto), Vinicius de Moraes, Luiz Bonfá, Wanda Sá, seu namorado Edu Lobo, Dori Caymmi, Oscar Castro Neves, o produtor Roberto Quartin — e Zagury, que, àquela altura, já merecia uma medalha da Bossa Nova.

Em condições normais, bastava haver duas vozes no recinto para que Luizinho as juntasse e delas extraísse música. Pois ali havia muitas vozes, violões, piano, contrabaixo, flauta, a tamba (a bateria envenenada de Helcio) e um estoque de canções frescas: "Só danço samba", "Consolação", "Tristeza de nós dois". Durante toda a noite, Brigitte foi submetida a uma sessão de Bossa Nova que confirmava tudo que Bob lhe contara: no Rio, as pessoas se reuniam em apartamentos à beira-mar e canta-

> Estrela na espuma ▶
> Para Brigitte, Búzios era "um mar
> de champanhe azul", longe
> dos fotógrafos — bem, mais ou menos

vam até o sol nascer. Em meio à noite profunda, no entanto, a música se transferiu para a praia — foram todos para a areia, de roupa e tudo, descalços, e, em plena madrugada, caíram na água morna e então limpíssima do Leblon. Há quem se lembre de Brigitte tirando a roupa e entrando nua no mar — mas pode ter sido uma miragem à luz da lua.

Poucos dias depois, a cena se repetiu e quase com os mesmos protagonistas. Mas em outro cenário: a casa de Tom Jobim, na rua Barão da Torre, em Ipanema — e sem a presença de Zagury. Tom deu a Brigitte o tratamento completo: falou francês, foi para o piano e tocou de "Água de beber" a "Vivo sonhando", com toques impressionistas para impressionar a moça. Segundo Roberto Quartin, que também estava lá, a plateia, pressentindo um clima, foi saindo de fininho e, no fim, só restavam Tom, Brigitte e ele. Quartin preparou-se para também azular, mas Tom insistiu para que ele ficasse. "Eu vou levar a Brigitte em casa, em Copacabana, e já volto", garantiu. Quartin recostou-se no sofá e planejou cochilar, na certeza de uma longa espera. Mas, quinze minutos depois, Tom já estava de volta.

E, antes que Quartin fizesse qualquer pergunta, foi logo se explicando: "Sabe, Roberto, essas coisas são muito delicadas. Você tem de tirar a roupa, suar muito, dar prazer à mulher e depois botar a roupa de novo. Aí, pega o carro, volta pra casa, mente pra sua mulher — e a troco de quê? Não dá".

A *saison* Bossa Nova de Brigitte ainda não terminara. Quase às vésperas de seu embarque, Odette Lara ofereceu-lhe um jantar em seu apartamento no Lido — na verdade, o ex-apartamento de Bob, que Odette alugara quando ele voltara para a França. A comida, tipicamente brasileira, foi preparada por Serginho, massagista de Odette e de nove em dez atrizes da época. Ao redor da mesa, Nara Leão, Dorival Caymmi, Carlinhos Lyra, Vinicius de Moraes e, senhor absoluto de seus instintos, Tom Jobim. Nos sofás, prontos para entrar em ação, vários violões — todos cantaram, inclusive ela. Se Brigitte descobrira o Brasil por causa da Bossa Nova, a Bossa Nova não a deixara na mão. De manhã cedinho, na praia, com o sol raiando às suas costas, no morro da Babilônia, Brigitte já era parte da paisagem.

Quatro dias depois, 28 de abril, sem direito a manchete e já reduzida a uma notinha no pé das primeiras páginas, tomou o avião da Panair de volta para Paris. Levava 1200 kg de excesso de bagagem: Bob, discos, berimbaus, tamborins, arpões, caniços, pedras semipreciosas, artesanato a granel e as indefectíveis imagens barrocas. Embarcou feliz, prometendo voltar no verão seguinte.

E, oito meses depois, ainda em 1964, voltou mesmo.

Só que, dessa vez, não foi a mesma coisa. Chegou no dia 18 de dezembro e livrou-se logo da imprensa, com uma entrevista no Copa e uma frase simpática: "O Rio vai fazer quatrocentos anos. Eu tenho trinta. Tantos anos nos separam, mas eu o amo".

Bob e Brigitte se instalaram no apartamento de um amigo dele, também no Lido, onde Jorge Ben foi visitá-la para cantar-lhe "Mas que nada" ao vivo e ensinar-lhe novas músicas. Correu o boato de que ela estrelaria uma remontagem de *Pobre menina rica*, de Carlinhos Lyra e Vinicius de Moraes, no papel criado dois anos antes pela estreante Nara. Mas era só boato. No dia seguinte, Bob já a levara para Búzios, dessa vez para a casa de Ramón Avellaneda, que, àquela altura, podia se considerar mais buziano do que argentino. Infelizmente, do ponto de vista de Brigitte, Búzios é que estava deixando de ser Búzios.

E tudo no espaço de apenas dois verões. Em vez de ignorá-la, como ela gostaria, a cidade agora queria cumulá-la de honrarias. A câmara municipal de Cabo Frio concedeu-lhe o título de "cidadã cabo-friense". A prefeitura, com uma licença especial da Câmara dos Vereadores, doou-lhe um terreno em Búzios para que, num espaço de dez anos, ela construísse ali sua "casa brasileira". Só faltaram organizar uma *bravade*, como as de Saint-Tropez, em sua homenagem. Mas Brigitte não compareceu à cerimônia do diploma, nem à da doação (sobre esta última, passou uma procuração para seu amigo Jomico Azulay, para que resolvesse tudo por ela). Começava a temer que fizessem com Búzios o que, por sua causa, se fizera com Saint-Tropez.

Mas era inevitável. Menos de um ano depois de sua primeira visita, Búzios ficara famosa por ser o "refúgio secreto de Brigitte Bardot". Já chegavam os primeiros grupos que, na ânsia de ver a estrela, apaixonavam-se pelo lugar. E Brigitte, *elle-même*, não tinha mais sossego: as pessoas postavam-se diante da casa de Ramón, tentando espiá-la pela janela, ou se empoleiravam nos telhados vizinhos da casa de Nelly para vigiá-la. Chegaram também os fotógrafos das revistas nacionais e estrangeiras, na esperança de flagrá-la, digamos, mais à vontade. Uma foto em particular irritou-a tanto que ela resolveu ir embora: mostrava-a caminhando numa estrada ao lado de uma porca.

Nada contra a porca, que nem pedira para posar, mas pela invasão de sua tranquilidade. Mesmo porque Brigitte já ensaiava sua depois histórica preocupação com os animais: na véspera daquele Natal, impedira que a cozinheira de Ramón matasse o peru comprado para a ocasião e de que ficara amiga. Por sua causa, o peru foi poupado e a ceia na casa dos Avellanedas consistiu de singelos ovos mexidos.

Brigitte e Bob voltaram para o Rio poucos dias antes do Ano-Novo. Ele a levou a uma sessão de macumba no subúrbio, da qual ela saiu tão abalada com o sacrifício das galinhas pretas que, no réveillon propriamente dito, não quis descer à praia para ver a festa das flores para Iemanjá. Uma semana depois, foi embora, rumo à Cidade do México, para filmar *Viva Maria!*, de Louis Malle, ao lado de Jeanne Moreau. E, dessa vez, até o excesso de bagagem foi mixo: apenas trinta quilos.

Bob foi com ela e ainda velejou lindamente por mais de um ano no seu coração. Mas, no verão europeu de 1966, em Saint-

-Tropez, percebeu que estava se transformando rapidamente num ectoplasma — Brigitte conhecera o playboy alemão Gunther Sachs von Opel e já o elegera o novo homem de sua vida. Só que, em matéria de amor, a incurável Brigitte tinha mais que sete vidas: Gunther era o sétimo homem na sua galeria e não seria, de forma alguma, o último.

Não foi só o fim de um namoro, mas o fim de uma era. Apesar dos esforços de Jomico, o terreno de Búzios se perdeu porque Brigitte nunca quis saber dele, nem para pagar os impostos, e também nunca mais voltou. Bob Zagury continuou na Europa, vivendo outras peripécias, mas nenhuma tão espetacular quanto sua aventura bardotiana.

E Búzios, por muitos anos, carregou a fama de ter sido, por dois verões, o paraíso de Brigitte. O que foi sua glória — e sua perdição.

3
Misturas finas

Das bananas ao "Desafinado" e além

Nós produzimos a música; eles vendem os discos

Não, não foi um caso de toma-lá-um-Bing Crosby por dá-cá-uma-Carmen Miranda. Ou de um Frank Sinatra por um Tom Jobim. Na verdade, foram muitos bings por uma carmen e muitos franks por um jobim — assim como foram sabe-se quantos cadilaques por um cafezinho. Mas a história das relações entre as músicas americana e brasileira no século XX não seguiu à risca o desequilíbrio que sempre marcou a balança comercial entre o Brasil e os Estados Unidos. Foi um pouquinho melhor. Comparativamente, vendemos-lhes muito mais música do que castanha-do-pará ou babaçu.

Claro que, nesse período, o Brasil comprou mil vezes mais música americana do que os Estados Unidos compraram música brasileira. Mas quem não comprou montanhas de música americana desde 1910? Em contrapartida, se os americanos consumiram uma música popular que não a própria, qual terá sido? Não foram as *chansons* francesas, nem as canções napolitanas, nem os tangos argentinos, embora todos tivessem sua voga em algum período. (Nesse caso, durante a Primeira Guerra, esteve também o nosso maxixe, sucesso do dançarino Duque em Paris, onde o casal dançante Vernon e Irene Castle o aprendeu e levou para uma breve, mas sacudida, carreira nos Estados Unidos.) E nem mesmo a música do Caribe, embora, pelo que se via no cinema, sua presença no cenário parecesse maciça — em termos de consumo, mesmo alguns de seus maiores nomes, como os Lecuona Cuban Boys e Perez Prado, raramente escaparam aos guetos hispânicos em Nova York e Los Angeles, e não sei de nenhum cantor americano importante que tenha gravado "Siboney" ou "Patricia".

Se houve uma música que tisnou a carapaça musical americana, foi a brasileira, nas suas diversas encarnações. Nenhum outro país penetrou no mercado americano com um pacote tão completo: canções (que tanto chegaram às paradas como se tornaram *standards*), compositores, arranjadores, maestros, cantores, conjuntos, instrumentistas isolados e até instrumentos (de percussão, mas, mesmo assim, instrumentos). Não foi — ou não tem sido — uma performance menor. Mas, se isso aconteceu, o século já ia pelo meio e a grande responsável atende pelas iniciais de Bossa Nova. Até ela entrar em cena, estávamos tomando o maior prejuízo no troca-troca.

Tom Jobim costumava dizer que só havia três músicas populares características do século: a americana, a brasileira e a cubana. "O resto é valsa", ele acrescentava, despachando esse resto para o século XIX. E o que as músicas americana, brasileira e cubana sempre tiveram em comum? A presença do negro. Séculos de batuque no coração da África foram condensados pelos escravos nos porões dos negreiros. Assim que os sobreviventes desembarcaram no Novo Mundo, começou o romance entre seus ritmos mágicos e a loura tradição musical europeia instalada nas colônias. Um romance envergonhado, reprimido e, por mais de duzentos anos, quase secreto, mas que, em fins da Primeira Guerra, resultou nas fabulosas formas mestiças que conhecemos como o jazz, o samba, o bolero, a rumba. Todos primos, mesmo que distantes. E, como parentes, passíveis de certo determinismo biológico.

Os americanos podiam não saber, mas, em termos criativos, a música popular produzida no Brasil correu paralela à dos Estados Unidos durante boa parte do século — tão de perto que as duas chegaram a roçar-se e, em alguns casos, com primazia para a música brasileira. Por exemplo, quando se gravou o primeiro disco de jazz ("Livery stable blues", pela Original Dixieland Jass [sic] Band, uma banda branca de New Orleans, no dia 26 de fevereiro de 1917), era Carnaval no Rio e o povo já estava cantando o primeiro samba de sucesso, "Pelo telefone", gravado pelo cantor Baiano quase três meses antes. Não só isso, como já fazia três anos que se gravavam no Brasil discos com "samba" no selo. É verdade que nenhuma das duas músicas se parecia muito com o jazz e o samba a que depois nos acostumaríamos: "Livery stable blues" ainda era quase um ragtime, com os instrumentos imitando sons de animais, e "Pelo telefone" não era muito diferente dos maxixes vigentes. Ambos só foram ouvidos em sua época e hoje têm tanto interesse quanto o primeiro machado de pedra. Mas estabeleceram os rumos que os dois países seguiriam: a música americana conservaria um sotaque "jazzístico" por décadas, e a brasileira, um sotaque "sambístico" por mais tempo ainda.

Sempre houve mais identidade entre esses sotaques do que entre quaisquer outros, mas, prevalecendo-se da colossal diferença de tamanho entre os dois mercados, a música americana influenciou a brasileira em todas as fases. Começou com a introdução dos discos no começo do século — por causa deles, o gosto do brasileiro quanto à música estrangeira mudou. Das lindas canções francesas que ouvíamos na nossa *belle époque*, como "Amoureuse", "Fascination" e "Frou-frou", fomos passando, ano a ano, para os sucessos americanos trazidos pelos discos. No fim da Primeira Guerra, o que se ouvia por aqui já era "Hindustan", "Poor butterfly", "The sheik of Araby" e "Yes, we have no bananas". Os jovens do Rio nos anos 20 dançavam o shimmy, o charleston e o black bottom tanto quanto seus contemporâneos de Nova York. E qualquer pequeno conjunto brasileiro que tivesse bateria e saxofone era chamado de jazz-band, inclusive os brasileiríssimos Oito Batutas, comandados por Pixinguinha, mesmo que tocassem choros, maxixes e sambas.

Mas, ao contrário do que aconteceu na maioria dos países, que tiveram o seu mercado interno esmagado, a presença da música americana não impediu que a música brasileira se firmasse artística e comercialmente dentro de casa. E olhe que, em 1927, os americanos vieram com o cinema falado e logo começariam a produzir os filmes musicais — se você fosse Francisco Alves, imagine-se competindo com Al Jolson, Bing Crosby e Fred Astaire lançando uma canção atrás da outra. Mas o Brasil fez a coisa certa: cada novidade americana que desabava por aqui era assimilada e adaptada pelos nossos artistas de forma criativa e original. Exemplos abundam. Em fins dos anos 20, os primeiros foxtrotes entraram na receita das primeiras marchinhas de Carnaval (nada de estranho nisso, já que ambos tiveram as mesmas avós: as marchas militares). Ao mesmo tempo, assim como Jerome Kern, Vincent Youmans e George Gershwin já tinham começado a suavizar a violenta música dançante americana, também a delicadeza dos sambistas do bairro carioca do Estácio, como Bide, Marçal, Ismael Silva e Newton Bastos, amaciou o desajeitado samba amaxixado que ainda se fazia. E o advento da gravação elétrica nos Estados Unidos, em 1925, que permitiu que surgisse lá uma multidão de cantores "sem voz", tornaria possível que no Brasil, três anos depois, surgisse Mario Reis.

Mario foi um dos responsáveis pelo fato de que, segundo Jairo Severiano e Zuza Homem de Mello em seu livro *A canção no tempo — 85 anos de músicas brasileiras, vol. 1: 1901-1957*, os sambas e marchinhas ocupassem cinquenta por cento do mercado de música gravada no Brasil entre 1931 e 1940 — uma façanha, sabendo-se que esse período coincidiu com o do apogeu criativo da canção americana. E isso não se deveu a nenhum nacionalismo barato. Aconteceu apenas que a variedade, a beleza e a alegria da música brasileira naquele tempo atendiam plenamente às necessidades do mercado. Não por acaso, aquela seria depois chamada de a "época de ouro" da nossa música popular.

Os americanos nem precisavam ocupar o mercado para nos influenciar. Não sei, por exemplo, se Orlando Silva, o maior cantor brasileiro de 1935 a 1942, teria surgido se nos Estados Unidos não existisse Bing Crosby. Crosby foi o primeiro cantor "com voz" a saber usar o microfone — o primeiro a provar que a nova tecnologia não fora inventada para captar vozes até então imperceptíveis, mas para realçar as qualidades de uma voz emitida com naturalidade. No Brasil, ninguém entendeu isso melhor que Orlando Silva. E foi também com naturalidade que duplas de jovens compositores dos anos 30, como Custódio Mesquita & Mario Lago e J. Cascata & Leonel Azevedo, começaram a compor foxes e canções de andamento "americano", mas de sabor absolutamente brasileiro, como "Nada além", "Lábios que beijei", "Naná" — ideais para a voz de Orlando. Esses foxes já eram uma fusion, mas nunca vi um historiador de música brasileira questionar sua "brasilidade". Quanto a Orlando Silva, hoje já é possível arriscar que, naqueles sete anos, ele foi o melhor cantor popular do mundo — melhor até mesmo do que Bing. Mas, então, nosso velho complexo de inferioridade jamais permitiria que disséssemos isso ao mundo.

Não que os Estados Unidos estivessem alheios ao que se passava por aqui. Em 1939, quando farejaram o flerte do ditador Getúlio Vargas com o nazismo, desencadearam uma política de aproximação cultural (a "boa vizinhança") incluindo rodar filmes que se passavam no Brasil, tratar os nativos de forma um pouco menos ofensiva e importar alguns dos nossos intérpretes e ritmos "exóticos". Por acaso, Carmen Miranda foi a primeira a ir, naquele mesmo ano — mas, se houve uma política deliberada na sua importação pelos americanos, seu sucesso inicial na Broadway e, em seguida, em Hollywood se deu pelos seus grandes méritos. Por causa dela e da "boa vizinhança", os americanos pareceram por algum tempo interessar-se pelo samba,

Jazz-band

Em 1922, os Oito Batutas de Pixinguinha tinham saxofone (ele próprio) e bateria — já era a influência americana

Quindins de iaiá

Hollywood levou Carmen (com Edward Everett Horton em *Entre a loura e a morena*) para fins cômicos e "exóticos"

o choro, a marchinha e o baião. "Na Baixa do Sapateiro" e "Os quindins de iaiá", de Ary Barroso; "Tico-tico no fubá", de Zequinha de Abreu; "Carinhoso", de Pixinguinha; "Baião" ("Eu vou mostrar pra vocês..."), de Luiz Gonzaga e Humberto Teixeira; e até "Mamãe, eu quero", de Jararaca e Vicente Paiva, todas essas canções tão brasileiras apareceram em musicais da Metro e da Fox ou nos desenhos de Walt Disney. Claro que, no percurso entre o Rio e Hollywood, algum americano errava a mão e os sambas, choros e baiões podiam transformar-se em congas, beguines e rumbas, para fazer jus aos cenários que mostravam bigodudos de sombrero e mulheres com vestidos de babados, todos gemendo "ai, ai!". Ainda levaria tempo para que o Brasil deixasse de ser a capital de Buenos Aires.

O que os americanos estavam comprando não era bem a música, mas um "clima", um espírito folclórico, "tropical", que evocasse praias, coqueiros, bananeiras, sacos de café e rapazes de camisa listrada e chapéu de palhinha, para combinar com os colares e turbantes hortifrútis de Carmen Miranda. A querida Carmen, que era uma grande artista, não tinha culpa dessa caricatura. Seus filmes eram deliciosos, no mais glorioso tecnicolor, e Hollywood fazia com ela o mesmo que fazia com os artistas cubanos e mexicanos. Para os americanos, Carmen podia até cantar "Chattanooga choo-choo" em português — não fazia diferença porque, para eles, era tudo a mesma coisa. O que eles queriam, musicalmente, era a matéria-prima rítmica, a ser transformada nos produtos industrializados (discos, filmes) que nos eram vendidos de volta. Também na música, estávamos vendendo borracha e comprando pneu.

Pensando bem, por que não seria assim? O que o Brasil ("um país essencialmente agrícola", como era então definido nos nossos livros de ginásio) tinha para oferecer de diferente? Era mesmo um país agrário, provinciano, com oitenta por cento da população vivendo na roça. A industrialização estava começando, mas seus efeitos só se fariam sentir dali a algum tempo, quando começassem os grandes fluxos migratórios e se criassem mais centros urbanos fora do eixo Rio-São Paulo. Em plenos anos 40, ninguém podia reclamar de que a música que nos representava no exterior fosse equivalente a um cacho de bananas. Mas o fato é que se reclamava: o Brasil não se limitava àquela antologia de estereótipos, repetida filme após filme (não entendíamos que os americanos faziam aquilo com todo mundo, inclusive os ingleses e os franceses). O fato é que Carmen sofreu por aqui uma violenta campanha popular, em que era acusada de estar "desmoralizando" o Brasil com os papéis caricaturais que a obrigavam a fazer. Por causa disso, magoadíssima, passou quatorze anos seguidos longe do país.

Mas, então, ainda que dentro desse espírito, houve "Aquarela do Brasil". Composto em 1939 e lançado por Francisco Alves, o samba-exaltação de Ary Barroso ganhou letra em inglês de S. K. Russell e, com o título simplificado para "Brazil", foi apresentado no filme de Walt Disney *Alô, amigos*, em 1942. Bing Crosby cantou-o no rádio, as orquestras de Eddy Duchin e Jimmy Dorsey o gravaram quase ao mesmo tempo e "Brazil" tornou-se um sucesso internacional durante a Segunda Guerra — na verdade, quase a trilha sonora da guerra. Nesse caso, os americanos não compraram somente o ritmo. Compraram também a exuberante melodia de Ary, com suas ricas harmonias e, claro, aquele ritmo ondulante, oleoso e sensual. Em pouco tempo, "Brazil" teve tantas gravações nos Estados Unidos que, até hoje, na Europa, há quem pense que se trata de uma música americana (o próprio filme de Terry Gilliam, em 1985, *Brazil — O filme*, só tem esse nome para diferenciá-lo de "Brazil" — a canção).

Os americanos importaram o próprio Ary Barroso em 1944 e lhe encomendaram escores para filmes de Hollywood. Ary vivia indo e voltando, passando meses de cada vez, com direito a bangalô particular nos estúdios e a ser apresentado às estrelas do cinema. Fez música para um filme baratinho da Republic, que saiu, e para um musical de luxo da Fox, que não saiu. Mas, com toda a repercussão de "Brazil" (ampliada pelo também formidável sucesso de "Baía", aliás "Na Baixa do Sapateiro"), Ary preferiu voltar para casa, virando as costas a uma carreira internacional. Segundo a lenda, foi por uma boa causa: nos Estados Unidos, não havia o Flamengo. Mas a verdade devia estar além: sem falar inglês, sem poder controlar o resultado final de seus sambas na tela e sem paciência para aturar os métodos de trabalho dos americanos, ele tinha mesmo de voltar. Pelo menos, aproveitou para extrair os dentes e fazer uma impecável dentadura com um dentista americano.

Se alguém por aqui ainda alimentava a ilusão de "fazer a América", o caso de Carmen Miranda deve tê-los desestimulado — se nem ela, que era poderosa, estava a salvo da execração, o que seria deles? Mas, mesmo que estivessem a fim, será que muitos conseguiriam? Pandeiristas e ritmistas em geral sempre arranjavam emprego por lá, mas, para os cantores, era mais difícil. Dick Farney, que fora tentar a vida nos Estados Unidos em 1946, voltaria para o Rio dois anos depois. E olhe que Dick tinha tudo a seu favor: boa-pinta, cantava bem em inglês, tocava um piano jazzístico, já fora de contrato assinado com uma gravadora (a Majestic) e chegara a ser uma atração fixa em programas de rádio em Nova York. Mas, se quisesse vencer de verdade, teria de esforçar-se ainda mais — e Dick era de uma fina família carioca, de algumas posses, e não tinha estômago ou temperamento para disputar a *rat race* do mercado americano. Supondo, no entanto, que tivesse persistido, sua vitória seria pessoal, não da música de seu país. Como aconteceu, por exemplo, com o único artista brasileiro daquela época a firmar-se nos Estados Unidos: o violonista Laurindo de Almeida. Laurindo tornar-se-ia um "nome", mas não por tocar música brasileira — consagrou-se em 1948 na orquestra de Stan Kenton e depois apareceu em vários filmes tocando swings e flamencos.

Se, até então, a penetração da música brasileira no mercado americano resumia-se a uma ou outra canção ou intérprete isolado, a influência da música americana sobre a nossa continuava a ser sutil e profunda. O mesmo Dick Farney foi um importante propulsor dessa influência ao gravar o samba-canção "Copacabana", em 1946, com um arranjo (de Radamés Gnatalli) que realçava a modernidade "americana" de suas harmonias. Como todo mundo, Dick era discípulo de Bing Crosby, mas sua interpretação de "Copacabana" já tinha toques do principal seguidor de Bing, o então moderníssimo Frank Sinatra. O outro grande cantor surgido junto com Dick, Lucio Alves, era considerado mais "brasileiro", por recusar-se a cantar versões de músicas americanas — mas, no fundo, Lucio era tão "americano" quanto Dick, com a revolucionária divisão que imprimia a sambas e serestas, inspirada pelos conjuntos vocais americanos que admirava. E mesmo Lucio morreria pela boca, nos anos 60, ao aceitar os argumentos de Aloysio de Oliveira para gravar na Odeon um LP inteiro de canções americanas, *Tio Sam... ba*, com versões do próprio Aloysio.

Nos anos 40 e 50, violonistas como Valzinho (autor de "Doce veneno") e Garoto, o acordeonista Chiquinho, o arranjador vocal Ismael Netto e muitos outros também viviam aplicando modernidades americanas a ritmos indiscutivelmente brasileiros. Não tinham como fazer diferente: eram músicos modernos, informados, inteligentes. Os conjuntos vocais brasileiros, então, nem se fala — os Anjos do Inferno, Os Cariocas, todos eram mestres em assimilar truques e bossas de seus colegas americanos. Só variava o motivo da admiração. Os Garotos da Lua, do qual João Gilberto foi um dos integrantes, nunca negaram sua admiração pelos saborosos vocais sussurrados do Page Cavanaugh Trio (para quem não liga o nome às figuras, são aqueles rapazes que acompanham Doris Day no filme *No, no, Nanette* [*Tea for two*], de 1950).

Não havia como escapar à influência americana. Tanto que até sambas e baiões se faziam a respeito, "protestando" contra ela, mas, simpática e marotamente, parodiando seus ritmos — "Boogie-woogie na favela", de Denis Brean (1945), "Adeus, América", de Geraldo Jacques e Haroldo Barbosa (1948) e "Chiclete com banana", de Jackson do Pandeiro (1953), foram apenas alguns do gênero. Era um protesto de araque, porque, exceto por uma minoria mais politizada, todo brasileiro admirava os Estados Unidos. Na cabeça do homem comum era John Wayne quem ganhara a guerra e, numa época em que isso era muito valorizado, tudo que eles fabricavam parecia mais "moderno": carros, geladeiras, *Seleções*, Coca-Cola, chicletes — puxa, até seus marinheiros sabiam sapatear. Nesse contexto, a música parecia um território comum, neutro, em que os dois sotaques, do jazz e do samba, transitavam à vontade. Como fazer um arranjo de cordas sem admirar Paul Weston ou Axel Stordahl? Como montar uma orquestra fora dos padrões das big bands? Sendo cantor, como ignorar Sinatra, Billy Eckstine, Nat "King" Cole, Ella Fitzgerald, Sarah Vaughan, Doris Day? (De passagem, quer saber os cantores favoritos de João Gilberto em 1951? Numa enquete promovida naquele ano pelo jornalista José Domingos Raffaelli entre os frequentadores das Lojas Murray, ele respondeu: Sinatra e Eckstine, Sarah e Doris.)

A própria música americana estava chegando a um acordo consigo mesma naqueles anos do pós-guerra. Todas as fases preparatórias já haviam passado: a das orquestrinhas canhestras de 1920 a 1935, com seus cantores efeminados ou humorísticos; a das orquestras de swing de 1935 a 1945, essencialmente dançantes, com breves interregnos românticos a cargo dos cantores; o levante desses cantores, que, a partir de 1942, abandonaram as orquestras para trabalhar por conta própria e começaram a estabelecer um enorme repertório de *standards*; a revolução do be-bop por volta de 1946, a princípio clandestina, mas que, ao assentar, entraria na corrente sanguínea da música comercial e influenciaria músicos e cantores; o cool jazz da Costa Oeste, que começava a *esfriar* a maneira de cantar e tocar; e, não menos importante, em 1948, a invenção do LP, que abriria novos horizontes para a música gravada, em termos de duração das faixas e qualidade de som. Quando tudo isso se estabilizou, por volta de 1950, resultou no que conheceríamos como "música americana" por muitos anos.

A música brasileira, à sua maneira, vivia um processo parecido. No imediato pós-guerra, todas as correntes, antigas e modernas, ainda coexistiam e se fertilizavam. O samba continuava a ser a música popular por excelência, mas começava a ser desafiado pela música mais bolerosa que se produzia nas boates, estas surgidas com o fechamento dos cassinos em 1946 — era a chegada do samba-canção. O Carnaval já não tinha a mesma força, mas o rádio estava no auge, com a incrível variedade de ritmos e estilos levados ao ar, ao vivo, principalmente pela Rádio Nacional. Além disso, o Brasil também queria "modernizar-se", o que incluía abrir-se para experiências e descobertas de fora, inclusive em música. E uma geração inteira de jovens instrumentistas, cantores e compositores começava a surgir. Podíamos não perceber, mas já vivíamos sob um estado de *pré-fusion*.

Em meados dos anos 50, no Rio, rapazes e moças como Johnny Alf, João Donato, Luiz Bonfá, Antonio Carlos Jobim, Newton Mendonça, Sylvinha Telles, Carlos Lyra e, não por último, João Gilberto, valeram-se de sua universalidade e sofisticação musical para criar a fusion definitiva: a Bossa Nova. A base era uma só: o velho e indestrutível samba, com todas as bossas acumuladas desde 1930, mas ritmicamente simplificado pelo gênio de João Gilberto. Ele conseguira sintetizar o que já se podia chamar de tradição moderna numa batida capaz de acomodar as mais complexas harmonias — que tanto podiam ser francesas, debussyanas, preferidas por Jobim, como as do jazz da Costa Oeste, kentonianas, adoradas pelos outros.

Foi tudo muito rápido: em 1958, o panorama era um; em 1959, outro. De posse da batida, Jobim começou a compor especialmente para ela e, em questão de meses, construiu um repertório capaz de alimentar um caminhão de intérpretes. Jazzistas americanos de passagem pelo Rio em 1960 ouviram Bossa Nova, levaram-na para os Estados Unidos e, em 1962, com a gravação de "Desafinado" pelo saxofonista Stan Getz e o guitarrista Charlie Byrd, a nova música produzida no Brasil inverteu as relações entre as músicas americana e brasileira.

Com a Bossa Nova, não se tratou apenas de uma esporádica incorporação de canções brasileiras ao repertório americano, como acontecera com "Aquarela do Brasil" ou "Mamãe, eu quero", mas de penetrar por todos os poros do mercado nos Estados Unidos. Em termos de canções, foi uma importação em massa. De Jobim, dúzias, mas também "Maria Ninguém", de Carlinhos Lyra; "Manhã de carnaval", "Samba de Orfeu" e, mais tarde, "The gentle rain", de Bonfá; "Samba de verão", "Seu encanto" e "Os grilos", de Marcos Valle; "Mas que nada", de Jorge Ben; "Razão de viver", de Eumir Deodato; "O cantador", de Dori Caymmi — impossível citar todas e, mais ainda, todos os grandes nomes da música americana que as gravaram. Até "O pato", dos obscuros Jaime Silva e Neuza Teixeira, teve gravações por Woody Herman, Jon Hendricks e os Hi-Los. Como se fosse assim: se João Gilberto gravou, era para gravar também.

Mas houve também muito abuso. A princípio, sem saber direito do que se tratava, os americanos viram a Bossa Nova como mais uma marca ou "produto". Qualquer conjunto de baile da Califórnia que gravasse um disco remotamente latino ou "brasileiro" pespegava o rótulo na capa, tentando aproveitar a onda. Arthur Murray, famoso por suas escolas de dança, inventou um canhestro "Do the Bossa Nova". E só não fizeram de Tom Jobim um novo *latin lover* por absoluta falta de jeito de Tom para o papel. Durante dois anos, 1961-62, a Bossa Nova correu o risco de seguir o destino histórico da música brasileira nos Estados Unidos: tornar-se um novo maxixe, uma simples *novelty*, uma mania a ser explorada enquanto desse e a ser trocada por outra quando esta se apresentasse. Teria sido assim — não fosse a força de sua música.

A partir do concerto do Carnegie Hall, em 1962, e, logo em seguida, da gravação do LP *Getz/Gilberto* (que fez de "Garota de Ipanema" uma coqueluche mundial e revelou Astrud Gilberto), uma grande quantidade de músicos brasileiros fixou-se nos Estados Unidos para trabalhar. E não eram apenas os pandeiristas e ritmistas de praxe, como no passado, mas compositores (Jobim, Lyra, Bonfá, Marcos Valle, Dori Caymmi), arranjadores (Eumir Deodato, Moacir Santos, Oscar Castro Neves), tecladistas (Sérgio Mendes, Luiz Eça, Walter Wanderley, Dom Salvador), violonistas (Rosinha de Valença), cantores (João Gilberto, Sylvinha Telles, Wanda Sá, o Quarteto em Cy) e muitos mais, inclusive a turma dos sopros e metais. (Sim, os bateristas também foram: Milton Banana, Edison Machado, Dom Um, Helcio Milito, João Palma, Airto Moreira.) Ou seja, gente capaz de dar o recado como ele devia ser dado — fazendo com que até os arranjadores do primeiro time, como Nelson Riddle, Johnny Mandel ou Marty Paich, diante da nova música, se submetessem aos seus cânones ao orquestrá-la. O Brasil finalmente exportava produtos acabados — não apenas matéria-prima.

A partir daí, mesmo que gravadas por americanos, as canções da Bossa Nova preservaram a delicadeza melódica e rítmica, a riqueza harmônica, a enorme dignidade. Em fins de 1966, quando, de Blossom Dearie a Peggy Lee, todos os grandes cantores já tinham feito um disco do gênero e se julgava que o *boom* passara, Sinatra chamou Tom para fazer o LP *Francis Albert Sinatra & Antonio Carlos Jobim* — e a Bossa Nova voltou mais uma vez para ficar por toda a vida. Só que, já então, como um gênero da... música americana.

Sim. A batida do violão e da bateria, a suavidade de suas cordas e até o seu jeito característico de cantar, tudo isso foi agregado ao *mainstream* musical dos Estados Unidos. A tal ponto que suas origens chegaram a ser esquecidas — principalmente porque, aqui, antes mesmo de 1966, já estávamos sob o pleno reinado dos festivais da canção e não queríamos saber mais dela. Arrancada de seu solo com raiz e tudo, não era surpreendente que, anos depois, muitos americanos de boa-fé jurassem que a Bossa Nova fora inventada por Henry Mancini ou Burt Bacharach. E por que não seria? Durante os anos 70 e 80, praticamente toda a Bossa Nova que se produziu no mundo foi gravada não no Brasil, que a desprezara, mas por artistas brasileiros e americanos — nos Estados Unidos.

A inversão de sinal nas relações artísticas se dera, mas nada mudara nas relações comerciais. Especialista em números, André Midani (em 1958, um dos responsáveis pela gravação de "Chega de saudade" por João Gilberto na Odeon e, depois, presidente mundial da gravadora WEA) estimou que, apenas de 1962 a 1969, a Bossa Nova rendeu — em valores de 1990 — quatro *bilhões* de dólares no mercado internacional. (Quanto não terá rendido de 1970 até hoje, já que os discos nunca saíram de catálogo? E quanto seria isso em valores de 2017?) Anyway, esse dinheiro foi pulverizado no exterior e dele só uma poeira chegou ao bolso de seus criadores.

Seja como for, as relações entre as músicas americana e brasileira tinham se alterado. Bossa Nova ou não, passara a haver brasileiros infiltrados no Sistema e interferindo diretamente no seu funcionamento nos anos 60 e 70. Sérgio Mendes, com o Brasil '66, e Deodato, com seu baião-pop de "Also sprach Zarathustra", seriam fenômenos internacionais, competindo com os Beatles e com o rock. Durante muito tempo, Astrud Gilberto foi uma cantora "americana" de sucesso, mesmo cantando frequentemente em português. E inúmeros jazzistas fizeram toda uma nova carreira em cima da música brasileira, como Clare

Fischer, Paul Winter, Bud Shank e a dupla Jackie & Roy, para não falar de Stan Getz.

Nos anos 80, os Estados Unidos abriram ainda mais o leque e incorporaram praticantes de outros credos que não a Bossa Nova, mas surgidos a partir dela, como Ivan Lins e Milton Nascimento, a pianista Eliane Elias, os percussionistas Paulinho da Costa e Naná Vasconcellos, as cantoras Flora Purim e Tania Maria — alguns dos quais ficaram famosos por lá e continuaram ignorados aqui. Voltando ao passado, os americanos descobriram o tropicalismo e, com o tempo, Caetano Veloso, Gilberto Gil, Gal Costa, Tom Zé e os Mutantes tornaram-se *household names* no *New York Times*. E, até pela diferença de qualidade entre o que nós e eles fizemos nos últimos vinte anos, não há mais limites para a penetração da música brasileira nos Estados Unidos. O fenômeno mais recente é Bebel Gilberto.

Mas, então, quando se julgava que a Bossa Nova original já cumprira seu papel e se tornara, no máximo, uma curiosidade histórica, algo aconteceu. De 1990 para cá, discos brasileiros que corriam risco de extinção em LP voltaram a circular nos Estados Unidos, na Europa e no Japão, em CD — e, com isso, uma geração novinha em folha finalmente pôde ir às origens, às raízes. E, no que foi, viu que elas estavam vivas. Hoje, não há disco de cantora americana, fora da zona roqueira, que não contenha Bossa Nova nos arranjos, na interpretação ou no repertório, nem que seja em uma faixa — cantoras como Karrin Allyson, Susannah McCorkle e outras chegaram a aprender português para cantá-la "no original".

Por dentro do Sistema ▶

Rubens Bassini, Tião Neto e Dom Um (ritmo), Karen Philipp e Leni Hall (vozes) e Sérgio Mendes (piano): era o Brasil '66

No exterior, o vasto catálogo clássico da Bossa Nova já foi quase todo transferido para CD. Seus antigos LPs (sabe, aqueles que você ainda tem em casa e vive pensando em jogar fora para desocupar espaço) são comprados nos sebos de Rio e São Paulo e leiloados por fortunas ou pirateados em CD fora do Brasil. Há até os que são lançados bonitinho, dentro da legalidade. Confirmou-se a tese do esperto americano Sidney Frey, promotor do concerto no Carnegie Hall naquele longínquo 1962: "Ainda vamos vender Bossa Nova para o Brasil".

Nesse ponto, não evoluímos muito. Continuamos produzindo a música — e eles vendendo os discos. Inclusive para nós.

Edmundo passava pasta de dente no pão

Mais ou menos o que eles fizeram com as letras da BN nos EUA

Tom Jobim dizia que o veículo ideal para se passear por Nova York era a maca. Mas, naquele ano de 1963, ele estava a bordo de um táxi, tentando convencer o letrista americano Norman Gimbel a conservar a palavra "Ipanema" na versão em inglês de "Garota de Ipanema".

Creed Taylor, produtor do disco que Tom iria gravar por aqueles dias com João Gilberto e Stan Getz, punha fé no potencial comercial da canção, desde que ela tivesse letra em inglês. A seu ver, o experiente Gimbel era o homem para a tarefa. A Bossa Nova ainda iria dever muito a Creed, mas, naquele caso, ele se enganara.

Gimbel não falava português e seu espanhol mal o salvaria de passar fome num restaurante mexicano. Não sabia patavina do Brasil, só conhecia o Rio de cartão-postal e nunca ouvira falar em Ipanema. Para ele, "Ipanima" soava como Ipana, que era uma popular marca de dentifrício americano. Tirando os outros por si, garantiu que ninguém nos Estados Unidos se interessaria por uma canção que falava de um lugar que nem se sabia onde ficava. Enquanto Tom tentava argumentar, o motorista do táxi (bem Nova York dos velhos tempos) meteu o nariz na conversa. Virou-se para trás e disse para Tom: "Mister, seu amigo tem razão. Quem já ouviu falar nessa Ipanima?".

Mas Jobim não arredou pé. O nome "Ipanema" precisava ficar. E não só na letra como no título — que tinha de ser "The girl from Ipanema". Insistiu tanto que Gimbel, para quem, no fundo, tanto fazia, deu de ombros e cedeu. O estrondoso sucesso da canção provou que Tom estava certo: se os americanos não sabiam onde ficava Ipanema, logo ficaram sabendo. Os americanos e grande elenco, porque em pouco tempo teríamos "La jeune fille de Ipanema", "La chica de Ipanema", "La ragazza de Ipanema", "Das Mädel von Ipanema", "Ipanema no mussumê", "Meisje van Ipanema", "Bachura me Ipanema", "Ipanémai lány" e outras garotas em outras tantas línguas. Nem assim Tom perdoou seu parceiro americano. A partir dali, passou a chamá-lo de "Norman Bengell" — piada que Norman Gimbel nunca entendeu.

Na verdade, Gimbel *não era* o homem para a tarefa. O que ele cometeu em "Garota de Ipanema" foi o que muitos versionistas em qualquer língua costumam fazer: quebrar o ritmo ou acelerar a melodia para ajustar a música aos novos versos. Na letra original de Vinicius de Moraes, as cinco primeiras sílabas do verso inicial ("Olha que coisa...") são reduzidas a três na versão de Gimbel ("Tall and tan..."), o que, de saída, arrasta a melodia em vez de sincopá-la e compromete o balanço da música. Mas como fazer Gimbel entender que aquele balanço era o dos quadris de alguma deusa dourada, com plena consciência de sua beleza e da doce tristeza que ela despertava nos homens? É só conferir as partituras da canção em cada língua: são diferentes, com muito menos notas na versão americana.

Estrago parecido, só que em massa, já havia sido feito pelo cantor e letrista Jon Hendricks em várias canções de Jobim assim que elas chegaram aos Estados Unidos em 1961. Até então, Hendricks era admirado por sua participação como cantor e "letrista" no trio vocal Lambert, Hendricks & Ross, craques do vocalese. Vocalese, você sabe: é a técnica de pôr palavras ou sons vocais em solos instrumentais de jazzistas. Hendricks já fizera isso com composições de Count Basie, Thelonious Monk, Benny Golson e, de fato, eles não tinham do que reclamar. Mas verter para o inglês letras que, no original, continham uma carga lírica e poética, era outra coisa — e Hendricks nunca soube escrever nada mais profundo do que "Oh, yeah!". Naquele ano, ele gravou um disco em "homenagem" a João Gilberto, comicamente intitulado *Salud!*, para o qual pôs "letras" em inglês em treze bossas novas da primeira fornada. Para isso, teve a cumplicidade, talvez bem-intencionada, de Laurindo de Almeida, solicitado a soprar-lhe o "significado" das letras originais.

Laurindo descreveu para Hendricks mais ou menos o que as letras "queriam dizer" (segundo o seu entendimento, claro) e Hendricks sentiu-se livre para criar em cima delas. A maior vítima foi "Chega de saudade", que, na sua versão, tornou-se "No more blues", embora "saudade" não signifique "tristeza". Na letra original de Vinicius, o personagem tem saudade da mulher amada. Na letra bocó de Hendricks, ele está tristinho porque vive longe de sua "terra natal", para a qual pretende voltar um dia. É engraçado imaginar os cariocas Tom e Vinicius suspirando pela casa da mãe em algum torrão interiorano.

Por diversos motivos, Hendricks, Gimbel e o mais prolífico de todos, Ray Gilbert, verteram para o inglês quase toda a Bossa Nova. Gimbel e Gilbert eram letristas do terceiro time, especialistas em versões de carregação para rumbas ou boleros. Nenhum dos dois jamais fora parceiro de um grande compositor americano. Suas letras para as canções da Bossa Nova eram feitas a partir de uma "ideia básica" do conteúdo original, que lhes era passada pelo próprio (e ingênuo) compositor ou por algum transeunte que soubesse um pouco de português. Não admira que ignorassem as nuances, o humor e os jogos de palavras, substituindo-os por platitudes como "In my loneliness/ When you're gone and I'm all by myself/ And I need your caress/ I just think of you" — aguada versão de Gimbel para "Quem acreditou/ No amor, no sorriso e na flor/ Então sonhou, sonhou/ E perdeu a paz", em "Meditação", de Tom e Newton Mendonça.

Ao converter "Inútil paisagem", de Tom e Aloysio de Oliveira, em "Useless landscape", Ray Gilbert praticou a façanha de reduzir a vastidão marítima da canção a um gélido cenário alpino: "Mas pra quê/ Pra que tanto céu/ Pra que tanto mar/ Pra quê?" tornou-se "There's no use/ Of a moonlight glow/ Or the peaks where winter snows". E por aí vai. Aliás, nunca entendi por que Tom aceitou Gilbert como seu versionista nos Estados Unidos — se vivia citando "I make my money with bananas" (que Gilbert e Aloysio tinham feito para Carmen Miranda nos anos 40) como o tipo de visão do Brasil que ele repudiava.

O melhor versionista americano da Bossa Nova foi Gene Lees, responsável por "Corcovado" ("Quiet night of quiet stars"), "Se todos fossem iguais a você" ("Someone to light up my life"), "Samba do avião" ("Song of the jet") e poucas mais. Podiam não ter a riqueza dos originais, mas passavam uma ideia equivalente e, mais importante, não alteravam a música — cada sílaba de Lees caía exatamente sobre a composição.

Tom, Carlinhos Lyra, Marcos Valle, Dori Caymmi e as demais vítimas nunca tiveram a glória de ver suas canções em inglês pelos letristas ainda vivos e de primeira linha que eles admiravam, como Johnny Mercer, Sammy Cahn e a dupla Alan e Marilyn Bergman — e que os admiravam em troca. Uma incompatibilidade entre a BMI e a Ascap (as associações de compositores a que os dois grupos pertenciam) impediu essas parcerias. Mesmo assim, pela força das melodias, muitas canções da Bossa

Nova tornaram-se *standards* nos Estados Unidos. Quantas outras não teriam se beneficiado de versões menos primárias?

Mas, pensando bem, o tratamento de segunda a que foi submetida a Bossa Nova pode ter sido apenas uma vingança por todos os maus-tratos que a música americana também sofreu no Brasil no século. De 1930 a 2000, milhares de canções nascidas nos Estados Unidos circularam em português e foram gravadas pelos maiores nomes da música brasileira. Mas que canções eram essas e quem fazia as versões?

Não, não eram as canções nascidas na Broadway, da autoria de ilustres como Cole Porter, Irving Berlin, George e Ira Gershwin, Richard Rodgers e Lorenz Hart. Eram as canções oriundas dos dois escalões inferiores: as feitas para os filmes de Hollywood e, num patamar ainda mais baixo, as avulsas, produzidas em Tin Pan Alley, como se chamava a zona de Manhattan onde se concentravam as editoras musicais, as lojas de partituras (com um piano em cada cubículo) e as gravadoras — uma zona infestada de profissionais e amadores caitituando canções. A música americana sempre reconheceu essa hierarquia: de cima para baixo, Broadway, Hollywood e Tin Pan Alley. Não queria dizer que os escalões menores não produzissem grandes canções (na verdade, o hit parade saía justamente deles), mas as canções feitas para o teatro — com letras ajustadas à trama da peça, longas introduções e imagens sofisticadas — é que eram as melhores, mais nobres e complexas, que ficariam para sempre. Os antigos versionistas brasileiros, sabiamente, mantinham distância delas.

O critério para uma canção americana ganhar versão em português era comercial: bastava ter ficado famosa em algum filme ou ter sido gravada por um cantor ou orquestra de sucesso. O grosso desse material eram os foxes, que aqui se tornavam sambas-canções, sambas, marchinhas ou continuavam como foxes mesmo. E quais eram os versionistas? Cada época teve os seus profissionais. Nos anos 30 e 40, eram Eduardo Souto, Silvino

Neto, Ewaldo Ruy e, ocasionalmente, João de Barro e Lamartine Babo, além dos recordistas absolutos, Oswaldo Santiago e Haroldo Barbosa. Nos anos 50, Aloysio de Oliveira. Nos anos 60, Fred Jorge e Rossini Pinto, especialistas em Beatles e iê-iê-iês. Todos sabiam um mínimo de inglês, embora, se fossem falá-lo, talvez escorregassem no verbo tó bé. Exceto por Aloysio, que fazia versões meio de farra, os versionistas só queriam pegar carona numa melodia de sucesso e vender discos — o que conseguiam.

Exemplos de versões bem realizadas e de sucesso no Brasil foram "Dançando com lágrimas nos olhos" ("Dancing with tears in my eyes"), 1931, de Joe Burke e Al Dubin, por Lamartine Babo; "Céu cor-de-rosa" ("Indian Summer"), 1943, de Victor Herbert e também Al Dubin, por Haroldo Barbosa; "Há muito tempo atrás" ("It's been a long, long time"), 1946, de Jule Styne e Sammy Cahn, por Oswaldo Santiago; e "Luzes da ribalta" ("Limelight"), 1953, de Charles Chaplin, por Antonio Almeida e João de Barro (lembra-se? "Para que chorar o que passou?/ Despertar perdidas ilusões...").

Acredite ou não, tais versões eram até melhores que as letras originais — porque essas não eram grande coisa e, principalmente, porque seus versionistas brasileiros eram letristas competentes em português. Nenhum deles precisava de mais do que um inglês de ginásio para captar a ideia da letra e produzir uma canção "brasileira" de boa qualidade.

Havia também os casos de versões disfarçadas, como a do foxtrote "Nobody's sweetheart", um tema originalmente mais instrumental que vocal, ao qual, em 1933, Noel Rosa sapecou uma ótima letra a pedido de seu irmão Hélio e transformou em "Você só... mente". Noel e Hélio a assinaram e os autores originais, Ernie Erdman e Gus Kahn, foram evaporados dos créditos. Mas esse tipo de apropriação também era feito pela matriz. A (para nós) sagrada "Carinhoso", por exemplo, ganhou uma medíocre versão em inglês, "Love is like this", no filme *Romance carioca* (*Nancy goes to Rio*), de 1949. Era a música que, cantada por Jane Powell, encerrava o filme — e, nos créditos, nem sombra de referência a Pixinguinha e João de Barro. Para todos os efeitos, era uma canção de Fred Spielman, Earl Brent e (sempre ele) Ray Gilbert, que aparecem na tela como os autores das músicas.

Talvez por ter morado muitos anos nos Estados Unidos, como acompanhante e namorado de Carmen Miranda, o carioca Aloysio de Oliveira tivesse uma visão mais liberal em relação a versões. Sabia que não eram para valer. Por isso, pegava, digamos, a famosa "Chattanooga choo-choo", de Harry Warren e Mack Gordon, e fazia com ela o seguinte: "Vou explicar o que é/ O Chattanooga choo-choo/ Choo-choo é um trem/ Que vai me levar perto de alguém/ [...]/ Você pega o trem na Pennsylvania Station/ Às três horas e tal/ Pouco a pouco vai saindo da capital/ Toma um cafezinho, tira uma pestana/ E come ham and eggs lá em Carolaina/ [...]/ Vou encontrar com certo alguém/ Que lá me espera na estação/ Um certo alguém/ I used to call funny face/ Porque tem cara de Spencer Tracy". E quer saber? O original não tem essa graça.

Aloysio massacrou vários outros *standards* americanos, sempre com resultado hilariante. "On the sunny side of the street", de Jimmy McHugh e Dorothy Fields, ficou assim: "Ninguém pode lá morar/ Isso é rua que se habite?/ [...]/ É uma coisa de amargar/ De perder o apetite/ Mas agora que eu casei/ Com a sobrinha da Judite/ Venha e me visite/ Lá no sunny side of the street". Na (para os nova-iorquinos) também sagrada "Manhattan", de Rodgers e Hart, Aloysio ousou transformar "The great big city's a wondrous toy/ Just made for a girl and boy/ We'll turn Manhattan/ Into an isle of joy" em "Parece às vezes com Niterói/ Nos sonhos de gal and boy/ E assim Manhattan/ Se torna an isle of joy". Era tão debochado que só rindo mesmo — e tão pouco para valer que Aloysio, ao gravar várias vezes esse material, sempre o fez com os amigos, como o Bando da Lua, Lucio Alves e o Quarteto em Cy. Nunca esperou ganhar dinheiro com elas.

Mas, numa dessas, sem querer, Aloysio achou petróleo. Sua genial versão de "In the mood", de Joe Garland, que ele transformou em "Edmundo", foi sensacionalmente gravada como samba por Elza Soares e estourou: "Edmundo nunca sabe bem o que faz/ Ele é um sujeito distraído demais/ [...]/ Na manhã seguinte depois de levantar/ Encheu a banheira para um banho tomar/ Foi para a cozinha e fritou o roupão/ E a água da banheira ele mexeu com a colher/ Depois de passar pasta de dente no pão/ Foi se lavar na xícara de café". Como noventa e nove por cento dos fãs brasileiros (e americanos) de "In the mood" nunca souberam que o tema tinha uma letra em inglês (de Andy Razaf) e só a conheceram como um instrumental de Glenn Miller, ninguém se ofendeu.

Nos anos 80, quando todos os clássicos americanos pareciam sepultados pelo rock e raramente tocavam no rádio em qualquer língua, alguns letristas brasileiros produziram boas versões, no espírito de Aloysio: despretensiosas e divertidas, só que sem tanto deboche. Pacifico Mascarenhas fez de "How about you?", de Burton Lane e Ralph Freed, um delicioso "Eu gosto mais do Rio". Paulo Sérgio Valle converteu "Tea for two", de Vincent Youmans e Irving Caesar, em "Bobagens de amor". Nelson Motta transformou a linda "My foolish heart", de Victor Young e Ned Washington, numa igualmente linda "Descansa, coração" — que, numa triste coincidência, pode ter sido a última gravação de Nara Leão. Todas essas versões apenas usavam a melodia e o "clima" do original, mas as letras eram bem-feitas e sobreviveriam com qualquer melodia. Talvez seja essa a receita de uma boa versão — tão difícil de executar quanto a receita de um ladrão honesto.

Em tempos mais recentes, Carlos Rennó, Augusto de Campos e a dupla Zé Rodrix-Miguel Paiva resolveram nadar em águas perigosas e traduziram Cole Porter e Ira Gershwin. "Let's do it" tornou-se "Façamos", "You're the top" tornou-se "Você é o mel", "Embraceable you" tornou-se "Abraçável você"

— pelos títulos já se vê que ficaram muito engraçadas, não sei se de propósito. Mas a grande ousadia foi a de Cláudio Botelho, ao verter Stephen Sondheim, o maior compositor e letrista da Broadway nos últimos quarenta anos. Botelho foi também o mais bem-sucedido: suas versões para o escore de *Company*, o musical de Sondheim montado no Rio e em São Paulo em 2001, funcionaram muito bem no palco e parecem melhores ainda de se ouvir em disco. Aliás, foram elogiadas pelo próprio Sondheim, que assistiu ao espetáculo no Rio. Não que Sondheim soubesse português para avaliar as versões — mas, com seu ouvido de músico, certificou-se de que as sílabas caíam nas notas certas.

O que confirma a tese de que a melhor versão será, antes de tudo, funcional. Mas é uma tarefa tão ingrata quanto a de americanos que se disponham a passar para o inglês as letras de Caetano Veloso, Chico Buarque, Gilberto Gil.

O nosso Tom Jobim, cansado de ver suas canções morrendo afogadas nas mãos dos versionistas americanos, convenceu-se de que o único jeito de protegê-las era esmerar-se no inglês e ele próprio verter suas letras. E, em pelo menos uma delas, conseguiu o espelho perfeito: "Waters of March", toda feita em monossílabos e dissílabos, ficou tão espetacular quanto "Águas de março". Confira: "A float, a drift/ A flight, a wing/ A hawk, a quail/ The promise of spring/ And the river bank talks/ Of the waters of March/ It's the promise of life/ It's the joy in your heart" — para "É um passo, é uma ponte/ É um sapo, é uma rã/ É um resto de mato/ Na luz da manhã/ São as águas de março/ Fechando o verão/ É promessa de vida/ No seu coração".

A provar que letristas do porte de Tom Jobim só poderiam ser vertidos por outro Tom Jobim. Por sorte, havia dois Jobins num único Tom.

Garimpo nos sebos

Em busca das capas perdidas

Em qualquer sebo de discos, no Rio ou em São Paulo, a cena é infalível: abrindo espaço com os cotovelos, três ou quatro japoneses ou europeus folheiam ardentemente as gavetas de LPS usados de música brasileira, principalmente Bossa Nova. Os discos podem estar com o vinil esbranquiçado, como se tivessem sido tocados em vitrolas equipadas com pregos, não agulhas. Outros podem ostentar arranhões da largura e da profundidade de um cânion. E ainda outros abrigam prósperas colônias de fungos — embora os melhores sebos usem produtos para devolver ao disco usado um aspecto digno, para facilitar a desova. Mas esses compradores não estão preocupados com o estado dos discos. E nem é pela música contida neles que os compram. O que eles querem são as capas.

Não são simples colecionadores. São gente da indústria japonesa e européia do disco, tentando salvar o material gráfico dos LPS brasileiros que eles vão lançar em CD nos seus países.

Não é à toa que Tóquio é o paraíso de quem gosta de música brasileira. Graças às gravadoras japonesas, o catálogo internacional de discos originais da Bossa Nova em CD é monumental. Cite um nome (jobins e joão-gilbertos não vale). A conversa tem de começar por Nara Leão, Sylvinha Telles, João Donato, Carlos Lyra, Marcos Valle, Tamba Trio, Joyce, Milton Banana, Edu Lobo, Sérgio Mendes, Os Cariocas, o Quarteto em Cy — esses são apenas alguns dos artistas cuja obra os japoneses já lançaram completa ou quase, títulos e mais títulos de cada. Depois de soltar tudo que lhes parecia essencial, eles partiram para discos que você chamaria de cult, como os de Tita, Lennie Dale, Rosinha de Valença, Manfredo Fest, Mario Castro Neves, Silvio Cesar, Luiz Henrique, Sidney Miller e pode continuar citando, além

Memória gráfica

A arte das capas dos 78s (como a da Copacabana, acima) e dos LPs dez--polegadas (como a de Páez Torres, dir., no alto) e de doze (como a de Cesar Villela, dir.) em perigo de desaparecer

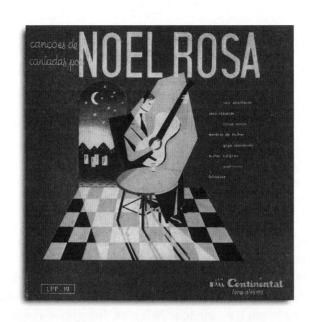

de coisas disputadas como o instrumental *À vontade mesmo*, do trombonista Raul de Souza, ou o quase vaporoso, de tão delicado, *Vagamente*, de Wanda Sá. Discos que as gravadoras brasileiras, proprietárias desses fonogramas, olimpicamente desprezam — ou desfiguram, canibalizando-os em coletâneas, que são o formato típico de um mercado pobre, grosseiro, pouco exigente.

Dirá você que, cult ou não, são grandes discos e é apenas natural que os japoneses se interessem por eles. Mas não é só à Bossa Nova que eles se dedicam. De Elizeth Cardoso a Guinga, passando pelo Tropicalismo, pela turma da Pilantragem (de Carlos Imperial e Wilson Simonal) e pelas trilhas de novelas dos anos 70, tudo que é música brasileira lhes interessa. Discos de que você já nem se lembrava que existiram saem no Japão em CD com a maior naturalidade. E em edições de deixar com água na boca um colecionador: faixas na íntegra e na ordem, capas e contracapas originais intactas e até os textos em português — do jeito que vieram ao mundo em LP. Mais incrível: tocam no rádio.

Esses relançamentos japoneses só são possíveis porque as gravadoras brasileiras, bem ou mal, preservaram as matrizes (embora, pelo visto, elas só lhes sirvam para serem cedidas para o exterior). Mas, mesmo tendo preservado as matrizes, as gravadoras nunca se preocuparam em preservar o material gráfico dos LPS — a "arte", em linguagem técnica. Não estou me referindo à "arte" original (os desenhos, óleos, aquarelas, fotos ou fotolitos que foram usados nas capas dos LPS), mas às próprias capas já impressas. É isso mesmo: nossas gravadoras simplesmente não dispõem da coleção dos discos que elas mesmas lançaram. É por isso que os japoneses varejam os sebos — para descobrir capas em bom estado, sem adulterações graves (bigodes, dentes pretos ou dedicatórias à Maricotinha), a fim de reproduzi-las e, com elas, vestir suas edições em CD.

Estamos falando de LPS, note bem — produtos dos anos 50 ou 60, o máximo em high-tech na época —, e não de discos de gramofone do tempo da Casa Edison. O descaso das gravadoras brasileiras em preservar sua memória gráfica não deve ter paralelo em nenhuma outra indústria no país. A Antarctica conserva os rótulos de todas as cervejas que já fabricou, assim como a Johnson & Johnson tem coleções de velhas embalagens de suas camisinhas. Mas, se as múlti que operam no país, como a Universal, a EMI e a Sony, quiserem relançar qualquer coisa produzida nos anos 50 e 60 por suas antepassadas no Brasil (respectivamente a Philips, a Odeon e a Columbia), com o material gráfico original, terão de pedir socorro aos colecionadores — ou às suas matrizes europeias e japonesas. É nestas que reside a memória gráfica da música popular brasileira.

Ironicamente, no dia em que as editoras descobrirem o filão dos livros sobre capas de LPs nacionais, como os que saem habitualmente lá fora, haverá surpresas — porque, em termos gráficos, muita coisa boa se fez por aqui. E desde muito cedo porque, depois do lançamento do LP nos Estados Unidos, em 1948, o Brasil foi o terceiro país a produzi-lo, antes da Inglaterra e atrás apenas da França. A façanha se deveu à brava gravadora Sinter e o ano era 1951. Os primeiros LPs eram os chamados "dez-polegadas": discos de vinil, teoricamente inquebráveis, com 25 cm de diâmetro e oito faixas (quatro de cada lado). Equivaliam a quatro dos antigos 78 rpm, que eram de cera, fáceis de quebrar, chiavam como um bife na chapa e tinham apenas uma música de três minutos em cada lado. E, ao contrário desses 78s, que vinham num envelope pardo com um buraco no meio (para se ler o nome da música e do artista no selo), os novos LPs eram muito mais atraentes: nasciam dentro de uma capa de papelão, trazendo na frente uma ilustração ou foto colorida, com o título e o nome do artista, e, atrás, textos sobre o conteúdo do disco.

A curta, mas gloriosa história dos dez-polegadas (nos Estados Unidos, de 1948 a 1954; no Brasil, de 1951 a 1958) já é uma saga em si. O designer carioca Egeu Laus, uma autoridade em grafismo de capas de discos, calcula que, nos sete anos de existência dos dez-polegadas por aqui, tenham sido prensados cerca de mil títulos brasileiros — muito pouco, se comparado à produção americana. E, quando se diz prensados, é porque, nos dois primeiros anos, os LPS brasileiros eram simples coletâneas de coisas já gravadas para sair nos 78s. Em 1953, com a popularização da matéria plástica e com a maior facilidade para se produzir toca-discos leves e baratos (em contraposição às caras e pesadas vitrolas que a RCA Victor despejava no mercado brasileiro), o LP começou a ficar viável e as demais gravadoras aderiram. A primeira foi a Odeon, seguida pela própria Victor, a Columbia, a Continental, a Copacabana, a Musidisc e outras menores. E só então alguns artistas passaram a ser convidados a "gravar um LP" — oito faixas, em vez de apenas duas.

Se o que distinguia os dez-polegadas fosse apenas o fato de conter mais faixas, sua única vantagem seria a de economizar espaço na prateleira. Mas a grande revolução deles foi outra. A sigla LP queria dizer *long-playing*, longa duração, permitindo que se gravassem coisas mais complexas, com faixas que transbordavam os três minutos convencionais. Donde, para o jazz e a música clássica, o LP era ideal. A música popular custou a acordar para essa possibilidade, mas, quando aconteceu, você pode imaginar o que ela representou para libertar os arranjadores, músicos e até cantores da ditadura dos três minutos. Um dos primeiros discos brasileiros do gênero foi a *Sinfonia do Rio de Janeiro*, de Billy Blanco e Tom Jobim, pela Continental, em 1954, com doze minutos de música sem interrupção em cada lado.

As capas com desenhos ou fotos também abriram todo um novo mercado de trabalho. A princípio, mais desenhos do que fotos porque, como eram discos de coletâneas, o tema predominava sobre os intérpretes. O *lettering* (título, intérpretes etc.) também era feito à mão, porque ainda não existiam aqui os catálogos de fotoletras. Segundo Egeu Laus, os primeiros capistas eram ilustradores que trabalhavam nas agências de propaganda e faziam freelances para as gravadoras. Infelizmente, só um número reduzido deles pode ser hoje identificado — porque seus nomes não apareciam nas capas.

Alguns eram estupendos, como o argentino Páez Torres, que prestava serviços para a Continental e criou a capa da *Sinfonia do Rio de Janeiro*, em que conseguiu harmonizar violão, calçada de Copacabana, areia, baldinho, guarda-sol, edifícios, montanhas e notas musicais. O mesmo Páez Torres desenhou a bela Lapa expressionista na capa do clássico *Canções de Noel Rosa cantadas por Noel Rosa*, a rua modernista (talvez o morro da Conceição) de *Canta Nora Ney* e o sambista retilíneo de *Brasil em ritmo de samba — Canta Jorge Goulart*. Outro pioneiro foi Paulo Brèves, autor de muitas capas da Sinter, entre as quais a de *O samba na voz do sambista*, com Ismael Silva, e a de *Carnaval da velha guarda*, com Pixinguinha — esta última mostrando um corso na Urca, com diabo, caveira e palhaço. Havia também o artista que se assinava apenas Rodolfo e produziu coisas boas para a Musidisc, como a capa do primeiro disco do Trio Surdina.

Detalhe: só sabemos que esses desenhistas foram os autores porque uma ou outra capa saiu assinada e pode-se ver o mesmo traço em outros discos da mesma gravadora. Por desatenção ou desprezo, as gravadoras não costumavam dar crédito aos capistas nem mesmo na contracapa (cujos textos eram quase sempre um blá-blá-blá, roubando espaço até para os nomes dos músicos que acompanhavam o cantor).

As exceções eram raras. Sabemos que o pintor ipanemense Raymundo Nogueira é o autor do palhaço na capa de outro importante dez-polegadas, *Músicas de "Orfeu da Conceição"*, da Odeon, porque Vinicius de Moraes se refere a ele no texto que escreveu para a contracapa. Mas de quem será a capa do *Roteiro de um boêmio* (deliciosamente grafado "bohêmio"), da Copacabana, em que Lupicínio Rodrigues canta a si próprio? Egeu Laus calcula que, dos cerca de mil dez-polegadas produzidos no Brasil, não mais que dez por cento tragam o nome do ilustrador, do fotógrafo ou do responsável pelo design.

As capas que mais saíam assinadas eram justamente as dos artistas que não precisavam de crédito, porque seu desenho seria identificável por qualquer um. Ninguém confundiria o Di Cavalcanti das primeiras edições de *Aracy canta Noel*, da Continental. Ou o grande Nássara, dublê de compositor e caricaturista, que fez capas para vários discos produzidos por Almirante na Sinter, entre os quais o hoje raríssimo *Polêmica Noel Rosa x Wilson Batista*. E o italiano Lan (recém-chegado ao Rio, mas, assim que pôs o pé na praça Mauá, entendeu tudo), que, também para a Sinter, ilustrou muitos discos de Pixinguinha. O *Canções praieiras*, de Dorival Caymmi, na Odeon, ostentava um desenho do próprio Caymmi. E houve ainda capas de Darcy Penteado, Thomaz Santa Rosa e de outros artistas reconhecidos.

(Pensamento de passagem: Em todos esses casos, se só os colecionadores preservaram as capas, que fim terão levado as artes originais? E, se isso parece não ter importância, nos Estados Unidos um original de David Stone Martin [capista do produtor Norman Granz na Verve e em outros selos que Granz criou nos anos 50] vale hoje mais dinheiro do que muita arte de galeria — sendo que nenhum dos originais de Stone Martin se perdeu.)

Em 1958, com quatro anos de atraso em relação aos Estados Unidos, os LPS dez-polegadas foram substituídos no Brasil pelos de doze polegadas (31 centímetros) de diâmetro, com seis faixas de cada lado — com os quais levamos uma vida feliz e realizada pelos mais de trinta anos seguintes (e que o vulgo passou a chamar de "vinil" depois que eles foram alijados de linha pelo CD). Foi só naquela transição, do dez para o doze-polegadas, que as gravadoras começaram a despertar para a ideia de uma relativa uniformidade no visual de seus discos e, com isso, passaram a dar crédito aos autores do layout — algumas chegaram até a ter um designer fixo.

As fotos substituíram quase completamente os desenhos e, por algum tempo, foi o apogeu das capas com paisagens e modelos. Norma Bengell, então um grande nome, posou para inúmeras até ter o direito de gravar o seu próprio LP, *Ooooooh! Norma*, na Odeon, em 1959, com o que finalmente estrelou a capa e o disco. E não apenas seu disco era surpreendente (ela sabia cantar!), como a capa era "diferente": sentada num banquinho invisível sobre fundo preto, Norma parecia estar nua e os *oo* do título se encadeavam como argolas, sendo que o *h* servia também como ponto de exclamação. Nos créditos, vinham os nomes dos profissionais que, desde 1957, eram responsáveis por noventa por cento das capas da Odeon: design de Cesar G. Villela e fotos de Francisco Pereira.

Com seu talento, Cesar Villela e Chico Pereira abriram os olhos da indústria. O Brasil já fabricava LPs havia anos, mas ainda não tínhamos por aqui uma cultura de "capa de disco". Aplicavam-se apenas os conceitos óbvios. Num disco de cantor ou cantora, punha-se a foto do intérprete (a não ser que este fosse muito feio, caso em que se voltava para o desenho). Num disco de orquestra, apelava-se para a paisagem ou para a modelo. Era raro haver uma integração entre o desenho ou foto e o resto da capa, que abusava do direito de asfixiar o comprador com um visual poluído: tipologias diferentes, textos rebarbativos, fios, firulas e toda espécie de adornos sem sentido. Mesmo as que usavam fotos ou ilustrações de artistas plásticos importantes não tinham um conceito gráfico, muito menos design. A capa não respirava, a chamada mensagem se perdia.

Em 1958, o carioca Cesar Villela tinha 28 anos e era o perfeito autodidata: nunca passara por uma escola de desenho. O que não o impediria de trabalhar em agências de publicidade (como a Standard Propaganda), no *Globo* (como ilustrador das crônicas de Elsie Lessa, Henrique Pongetti e outros) e na *Careta* (substituindo o insubstituível J. Carlos). Aloysio de Oliveira, diretor artístico da Odeon e que já o conhecia das rodas musicais, levou-o para a gravadora e o entregou a seu assistente André Midani, nominalmente responsável pelas capas dos quase cinquenta LPs nacionais e estrangeiros que a Odeon soltava *por mês*. Midani, que não entendia de capas e sabia disso, deu carta branca a Cesar. Este, por sua vez, chamou o fotógrafo Chico Pereira, seu ex-colega na Standard, e os dois formaram a dobradinha que iria mudar tudo.

Chico Pereira era uma das figuras mais fascinantes de seu tempo. Mais velho do que Cesar, suas paixões eram caça submarina, música e equipamento de gravação. Era companheiro de pescaria do jovem Roberto Menescal em Cabo Frio, donde alguns de seus amigos eram Ronaldo Bôscoli, Luizinho Eça, Carlos Lyra, a adolescente Nara Leão e outros que sonhavam com uma música "moderna". Boa parte da proto-história da Bossa Nova passou-se em seu apartamento em Copacabana, onde os garotos se reuniam para ouvir sua enorme coleção de LPs de jazz importados. Entre outras façanhas, Chico foi o autor intelectual de um encontro decisivo para a música popular, em 1957, ao insistir com seu velho amigo João Gilberto, então de volta da Bahia, para procurar Antonio Carlos Jobim em Ipanema e mostrar-lhe a nova batida de violão que tinha inventado. Foi também Chico quem apresentou Menescal, Luizinho, Bôscoli, Lyra e os outros a André Midani, do que resultou o primeiro núcleo da Bossa Nova numa gravadora. E foi, sem dúvida, o primeiro homem na Terra a gravar o gênero, em seu equipamento caseiro (depois gravaria também os primeiros shows de Bossa Nova nas faculdades). A fotografia, que lhe pagava as contas e o aluguel, pegava um quarto lugar fácil entre suas paixões.

Na Odeon, havia dinheiro para modelos, cenários, externas, cores. Cesar esboçava sua concepção da capa, explicava-a para Chico Pereira e dirigia as fotos. Para um disco chamado *Ary Caymmi/Dorival Barroso*, em que Ary Barroso interpretava Dorival Caymmi e vice-versa, Cesar brincou com a imagem pública dos dois, juntando na mesma foto Ary pescando (passatempo de Caymmi) e Caymmi com a camisa do Flamengo (time do qual Ary era o símbolo). Para os discos de Moreira da Silva, montou em estúdio um botequim da Lapa onde ele posava como o "malandro". Os de Elza Soares procuravam realçar seus swingantes contornos.

No geral, a Odeon era conservadora, com um cast de artistas tradicionais, como Dalva de Oliveira, Anysio Silva ou Tia Amélia, cujos fãs não admitiriam altas criatividades nas capas. Uma ideia de Cesar para uma capa de Dalva de Oliveira, formada apenas pelas iniciais da cantora (o *d* e o *o* lembrando seus olhos verdes), foi rejeitada pelo departamento de vendas sob a alegação de que ninguém iria "entender". Para Cesar, uma capa não era para ser "entendida", mas para chamar a atenção para o produto. Então, ao trabalhar com artistas convencionais, limitava-se a expurgar as capas de qualquer vestígio popularesco — com o que até as dos discos de Anysio Silva, com aquele repertório para lá de sentimental, eram surpreendentemente elegantes. Nem sempre dava tão certo. Um disco de orquestra, em que a modelo aparecia com os seios nus, vendeu bem no Rio, mas teve devoluções em Minas Gerais. O comprador dizia: "Gostei do disco, mas a patroa não quer essa capa lá em casa".

Na Odeon, havia dinheiro até para besteiras, entre as quais a ideia que Aloysio de Oliveira comprara de um designer japonês, de envolver as capas num envelope plástico costurado. Chamava-se estereoplástico e tornou a Odeon brasileira talvez a única gravadora do mundo a usar aquele tipo de embalagem (nem a matriz inglesa a adotou). Então Cesar resolveu aproveitar os recursos do estereoplástico. Para um disco do violonista Bola Sete, inventou uma capa composta de uma única bola preta impressa (a "bola sete") e outras seis bolas em cores diferentes, recortadas e soltas dentro do plástico — com o que nunca haveria duas capas iguais daquele disco. Deve ter sido a primeira capa "interativa" da História, se é que houve outra.

Certas inovações ficavam por conta das capas dos discos de Lucio Alves, Sylvinha Telles e João Gilberto, cantores de quem os executivos ingleses da Odeon não esperavam grande vendagem. Foi de Cesar, por exemplo, a atrevida capa solarizada de *O amor, o sorriso e a flor*, o segundo LP de João Gilberto (assim como já fora dele a do primeiro LP, *Chega de saudade*, no qual era mais conveniente não inventar muito). Mas, numa grande gravadora como a Odeon, qualquer ousadia era vista com suspeita.

Em 1961, Aloysio deixou a Odeon, passou pela Philips (levando a dupla com ele) e, em 1963, fundou a Elenco, seu minúsculo selo dedicado à Bossa Nova. Foi ali que Cesar e Chico tiveram carta branca para criar o estilo que se tornaria uma marca, não apenas da Elenco, mas da própria Bossa Nova — assim como o designer americano Reid Miles fizera na gravadora Blue Note, marcando o jazz dos anos 50.

Nada podia ser mais "básico" que as capas da Elenco. Eram sempre em preto e branco, com um simples detalhe em vermelho, e mostravam a foto do artista, bem expressiva, em alto-contraste sobre fundo branco. O *lettering* era criativo e equilibrado — Cesar usava fotoletras ou, às vezes, desenhava ele próprio as letras com nanquim. As contracapas eram um primor de simetria entre palavras e imagens, com muito espaço em branco, combinando com os textos enxutos de Aloysio (tão enxutos, aliás, que às vezes também omitiam o nome dos acompanhantes). Esse visual econômico lembrava a música que ia dentro — porque, também por orientação de Aloysio, as faixas tinham de ser curtas, por volta de dois minutos e, se possível, até menos (segundo ele, "para tocar no rádio"). Com isso, muitos discos da Elenco tinham no máximo 24 minutos de música gravada, o que era um contrassenso em relação às possibilidades do LP — mas, em compensação, marcaram a Bossa Nova como a música da concisão, da leveza e da simplicidade. E as capas de Cesar e Chico para a Elenco eram exatamente isso: limpas, objetivas, direto ao ponto.

Exemplos clássicos, entre outros, são *Nara* (o primeiro LP de Nara Leão), *Antonio Carlos Jobim* (aquele em que Tom olha para partituras sobrepostas), *Balançamba* (com Lucio Alves), *Vinicius & Odette Lara* (Vinicius no banquinho e o fabuloso perfil de Odette ao seu lado) e *A bossa nova de Roberto Menescal* (com Menescal, vestido de mergulhador, segurando um violão). Havia outro motivo para que as capas fossem tão "econômicas": a Elenco não tinha dinheiro. O próprio Cesar nunca recebeu um centavo pelo trabalho — fazia as capas por amizade a Aloysio e pelo que aqueles discos representavam. Só foi ganhar algum dinheiro com elas quarenta anos depois, quando os antigos LPs saíram em CD pela Polygram brasileira e japonesa.

Cesar estabeleceu a programação visual da Elenco, fez cerca de vinte capas (quase metade do acervo do selo) até 1964 e foi embora para os Estados Unidos. Seus sucessores no Rio, como Eddie Moyna e Rubens Richter, respeitaram seu padrão e deram continuidade à "cara" da gravadora — de tal forma que, numa parede de loja coberta por discos de todas as marcas, era possível reconhecer uma capa da Elenco mesmo que se estivesse do outro lado da rua. Elas marcaram tanto a Bossa Nova que a ideia do alto-contraste passou a ser adotada ou adaptada por outras gravadoras nos discos do gênero. Os primeiros LPs do Tamba Trio, na Philips, tinham capas de Paulo Brèves no estilo Cesar/Chico.

Ou, então, para fugir radicalmente a esse visual, outros selos criaram soluções próprias, como a Forma, de Roberto Quartin, com seus retratos a óleo dos artistas, ou a Odeon, com sua fartura de cores. Às vezes, mesmo as gravadoras que não se preocupavam com uma política de capas produziam algumas de alto nível, mas apenas porque o artista tinha um amigo designer. Foi o caso de dois LPs de Nara Leão na Philips, *Opinião de Nara* e *O canto livre de Nara*, em 1964 e 1965. O autor das fotos e dos layouts era o jornalista Janio de Freitas, que, cinco anos antes, fizera uma revolução gráfica no *Jornal do Brasil*. Ou *o Elizeth interpreta Vinicius*, na Copacabana, com foto de Humberto Franceschi e design de José Henrique Bello.

Os japoneses fazem muito bem em garimpar e dar uso a esse material. Afinal, alguém tem de fazer isso.

Altos e baixos cleros culturais

O que Sinhô via em Manuel Bandeira?

Se há duas coisas que o brasileiro adora matar são a Bossa Nova e o Carnaval. Já perdi a conta de quantas vezes fui convidado para os féretros. Pois vamos esquecer por um momento a primeira e nos concentrar no segundo.

O Carnaval carioca "morreu". Você ouviu isso em outros Carnavais e continuará a ouvir nos próximos. Mas, no Rio, essa frase é chapéu velho. Já foi dita em 1906, quando o Carnaval saiu da rua do Ouvidor e mudou-se para a recém-inaugurada avenida Central. Não se imaginava o Carnaval fora da Ouvidor — e, dois anos depois, a nova avenida atraiu quinhentas mil pessoas travando batalhas de confete, serpentina e lança-perfume. Foi dita de novo em 1919, às vésperas do que seria o maior Carnaval da história até então — aquele que sucedeu à gripe espanhola e esbugalhou para sempre os olhos do menino Nelson Rodrigues, à visão do umbigo de uma odalisca no corso. E mais uma vez se anunciou sua morte em fins dos anos 20, quando o "povo" dançando nas ruas fez a "elite" recuar para os bailes dos clubes e dos teatros. Mas foi ali que surgiram as escolas de samba. As quais, no futuro, atrairiam as elites de volta.

O Carnaval carioca existirá enquanto o Rio conservar a ligação direta entre seus "altos" e "baixos" cleros culturais — uma característica da cidade há pelo menos duzentos anos. Entre esses dois extratos formou-se um miolo, um meio, um cinturão de criatividade, riquíssimo e democrático, que, nesses últimos séculos, tem plasmado a verdadeira cultura do Rio.

No que se refere ao Carnaval, essa ligação já teve muitos momentos marcantes. O chiquérrimo Theatro Municipal, por exemplo, criado para a aristocracia operística em 1908, foi aberto aos bailes em 1932 e, até a década de 80, teve seus cristais sacudidos por multidões de furiosos foliões. Em 1960, Fernando Pamplona e Arlindo Rodrigues, cenógrafos do próprio Municipal, juntaram-se ao jovem Joãosinho Trinta, bailarino do teatro, e revolucionaram as escolas de samba com seu enredo *Zumbi dos Palmares* para o Salgueiro. Mas, antes disso, as escolas já contavam com a participação de artistas plásticos, folcloristas e até etnólogos. Hoje elas são objeto de teses acadêmicas (e, isso sim, pode ser um risco).

Nos anos 20, o poeta Manuel Bandeira era amigo do sambista Sinhô. O que o futuro autor de "Vou-me embora pra Pasárgada/ Lá sou amigo do rei" teria a conversar com o autor de "Quem pintou o amor foi um ceguinho/ Mas não disse a cor que ele tem"? Não se sabe, mas Bandeira via em Sinhô a "personificação mais típica, mais genuína e mais profunda" do carioca. O interessante seria saber o que Sinhô via em Bandeira. Seja o que for, Bandeira era-lhe grato porque, quando Sinhô morreu em 1930, o poeta foi ao seu velório, do qual deu uma minuciosa descrição, reproduzida por Hermano Vianna em seu livro *O mistério do samba* (1995). O mesmo livro, aliás, desencavou uma noite de violão e boemia no Rio, em 1928, protagonizada pelo antropólogo Gilberto Freyre, tendo como companheiros de farra o historiador Sérgio Buarque de Holanda, o jornalista Prudente de Morais Neto, o maestro Villa-Lobos e, ora, vejam só, os sambistas e chorões Pixinguinha, Donga e Patrício Teixeira.

Vianna observou que nenhum dos participantes "eruditos" deu maior importância em sua obra àquele encontro entre a "alta" e a "baixa" cultura — indício de que tais reuniões deviam ser "coisa banal, algo de todo dia". E deviam ser mesmo. No início dos anos 10, Donga, Pixinguinha e Heitor dos Prazeres moravam numa humilde "república" na rua do Riachuelo, onde eram visitados por Olegário Mariano, Hermes Fontes, Bastos Tigre, Emílio de Menezes, pesos pesados da poesia e da literatura, e por Afonso Arinos, o aristocrático autor de *Pelo sertão* e presidente da Academia Brasileira de Letras. Muitas vezes, Arinos levava todo mundo para sua casa na Praia de Botafogo. "Era um meio de literatos que apreciavam música e de músicos que apreciavam poesia", contou Donga, com a maior naturalidade. Aliás, poetas e escritores iam à casa da macumbeira Tia Ciata, onde estava sendo gerado o samba.

Villa-Lobos morou num bordel da Lapa, cujo piano usava para compor nas horas de menor movimento (mas sempre devia haver uma *francesa* por perto). Já Ernesto Nazareth, que foi um dos primeiros habitantes de Ipanema (aliás, da avenida Vieira Souto), era pobre e não tinha piano em casa. Só ganharia um em 1926, mas nem precisava: usava o de seu vizinho, o cientista Álvaro Alvim, introdutor da radiologia no Brasil, que morava no que é hoje a Casa de Cultura Laura Alvim, na mesma Vieira Souto. Mas esse conluio entre os músicos e a corte não era novidade: não tinha sido no Palácio do Catete, em 1914, que Chiquinha Gonzaga apresentara o fuleiríssimo corta-jaca para dona Nair de Teffé, mulher do presidente Hermes da Fonseca?

A história das relações entre a "alta" e a "baixa" cultura é, na verdade, a própria história do Rio. Rui Barbosa era amigo de Catulo da Paixão Cearense — pode-se quase ouvir o zunido dos egos rutilando. Rui, aliás, dizia-se leitor da revista infantil *Tico-Tico*. Os Oito Batutas animavam os saraus do milionário Arnaldo Guinle, que foi quem os levou para a Europa em 1923. Numa época em que sambista era sinônimo de marginal, Noel Rosa foi estudante de medicina (é verdade que um dos piores a ter passado pela faculdade e, felizmente, por pouco tempo — mas serviu para inspirar-lhe o samba "Coração"). Mario Reis, aos vinte anos, todo alinhado e catita, sentava-se no café do

Compadre, no Estácio, com o violento sambista Brancura. As domingueiras na casa do escritor Aníbal Machado podiam reunir altos franceses de passagem pelo Rio, como Albert Camus, com celebridades locais como Rubem Braga e Tônia Carrero e os bebuns mais desclassificados de Ipanema, todos ao som de uma escola de samba. O sambista negro Ataulpho Alves entrava todos os anos na lista dos "dez mais elegantes" de Ibrahim Sued. E Vinicius de Moraes, que se considerava "o branco mais preto do Brasil", dizia que não trocava um minuto com Ciro Monteiro por um dia inteiro com Guimarães Rosa.

Nos anos 50, o jovem e louro Tom Jobim subia o morro da Catacumba para compor com o sambista Alcides Fernandes, que vinha a ser marido da lavadeira de sua mãe. Ao contrário do que seria esperado acontecer, foi Alcides quem arranjou um emprego para Tom — numa editora musical, liberando-o das madrugadas ao piano das boates. Nara Leão aprendeu violão com Patrício Teixeira — o humilde e veterano Patrício, longe das glórias do passado com os Turunas da Mauriceia, vivia de dar aulas para adolescentes grã-finas como Nara. Com isso, começou-se a tirar o violão do seu contexto de boemia e malandragem da Lapa e dos morros, transferindo-o para as mãos das meninas da Zona Sul. Anos depois, Nara, estimulada por Carlinhos Lyra, convidaria a seu apartamento (o famoso apartamento de Copacabana) os sambistas do subúrbio, como Zé Kéti, Nelson Cavaquinho e Cartola, e seria fundamental para a "redescoberta" deles.

Talvez haja no Rio um maravilhoso determinismo histórico e geográfico, a fazer com que essa interpenetração cultural seja eterna. Donde se pode dizer que, quando o samba, o subúrbio, o morro, a praia, a esquina, o botequim e o carioca acabarem, aí, sim, o Carnaval carioca também acabará.

4
Microfone partido

Caprichos do destino

A dramática, trágica história de Orlando Silva

De 1935 a 1942, Orlando Silva foi o maior cantor brasileiro. Talvez o maior do mundo.

Não há nenhum ufanismo nessa afirmação. É só comparar os seus discos dessa fase com os da concorrência internacional no período: Bing Crosby nos Estados Unidos, Al Bowlly na Inglaterra, Charles Trenet na França — cantores que deram nuance e elegância à música popular e silenciaram aqueles tenores e barítonos de opereta que a infestavam. Cada qual em seu país, eles criaram um estilo suave e natural de cantar, influenciaram uma multidão de outros cantores, compositores, letristas e orquestradores e, em poucos anos, alteraram todo o rumo da música popular. Para muito melhor. No Brasil, quem cumpriu essa função foi Orlando Silva. E, se usasse chapéu, não precisaria tirá-lo para Crosby, Bowlly ou Trenet.

O resto do mundo, naturalmente, não sabia de Orlando — porque ele era um cantor de ritmos *exóticos*, numa língua ainda mais *exótica* e num mercado, como o brasileiro, que beirava a inexistência. Em outras condições, teria sido um ídolo em escala planetária. Mas, numa época de comunicações precárias e intercâmbio quase zero, terminou sendo o segredo mais bem guardado de seu tempo, limitado aos ouvidos do Brasil.

E, mesmo assim, esse segredo teve apenas sete anos de esplendor — de 1935 a 1942, na Victor. Dali em diante, foi outra história — porque, logo na primeira metade dos anos 40, algo aconteceu a Orlando que afetou cruelmente sua voz. O tenor cristalino, capaz de viajar dos graves aos agudos com incrível facilidade; o timbre de maciez e beleza imbatíveis; a naturalidade de seus *pianissimos*; a delicadeza quase feminina da entonação; o fôlego para entrelaçar frases e frases, como se as palavras respirassem por ele — tudo isso cedeu lugar, rapidamente, a um tom roufenho, cansado e sem cor, que seus perplexos adoradores custavam a reconhecer como de Orlando. Era dramático, porque nenhum cantor poderia ter sido mais adorado no Brasil do que Orlando Silva. E, principalmente, porque o próprio Orlando parecia não se dar conta de que já não era o mesmo Orlando da véspera.

E essa véspera fora mesmo a véspera. Em maio de 1942, quando gravou seus últimos discos da grande fase para a Victor, Orlando ainda era extraordinário. Passou os seis meses seguintes sem gravar. Quando reapareceu, já na Odeon, sua nova gravadora, em novembro daquele mesmo ano, era como se sua voz tivesse envelhecido anos. Não era ainda o fim (porque, em alguns discos, ele voltaria a soar como o Orlando de sempre), mas o declínio que se prenunciava parecia avassalador. E não se podia dizer que fosse a idade — porque aquele Orlando subitamente envelhecido acabara de completar 27 anos.

Qual seria a explicação?

Nas últimas décadas, os orlandianos trocaram diversas versões entre si. Falou-se em álcool, cocaína e, como não podia deixar de ser, em uma mulher por quem ele seria apaixonado e que não o amava em troca: a cantora e radioatriz Zezé Fonseca, da Rádio Nacional. Os três fatores (em diversas ordens) teriam sido os "culpados" pela sua queda da graça. Mas essas versões eram vagas, inconclusas e, sabe-se agora, injustas para com os envolvidos. Enquanto Orlando viveu — até o dia 7 de agosto de 1978, quando ele morreu aos 62 anos —, foi impossível apurar a verdade. Ele não tocava no assunto (na verdade, nunca admitiu que sua voz declinara) e seus amigos mais íntimos respeitavam esse sentimento.

Mas, agora, já há elementos para se determinar a monstruosa orquestração de fatores que liquidou uma das mais lindas carreiras da música brasileira. A droga que praticamente destruiu Orlando foi a morfina. O álcool foi uma decorrência passageira. E Zezé Fonseca não foi em absoluto uma vilã: longe de ser a responsável por tudo, ela tentou ajudá-lo a se salvar. E era ela a apaixonada por ele, não o contrário.

O Orlando que sai da história que se segue ganha uma inesperada e trágica dimensão humana.

Orlando gostava de dizer que seu pai, Celestino da Silva, limador da Central do Brasil e professor de violão, integrara o legendário conjunto de Pixinguinha, os Oito Batutas. Mas não foi bem assim. Quando Pixinguinha fundou os Oito Batutas em 1919, o pai de Orlando já morrera havia um ano, na gripe espanhola que quase devastou o Rio em 1918. Mas parece certo que, antes disso, Pixinguinha e seus amigos (alguns deles, futuros Batutas) realmente frequentavam a casa de Celestino no Engenho de Dentro, onde se praticava o esporte favorito do subúrbio carioca naqueles tempos: as rodas de choro. E, segundo relatos dos contemporâneos, Celestino era mesmo violonista exímio.

O pequeno Orlando, nascido naquela casa no dia 3 de outubro de 1915, já estava por ali quando os chorões se reuniam. É provável que várias vezes tenha tido o sono embalado por "Rosa", a canção favorita de sua mãe, que Pixinguinha compusera em 1917 como instrumental — e que Orlando gravaria vinte anos depois, com letra de um obscuro mecânico do Meyer chamado Otávio de Souza.

Orlando não chegou a conhecer seu pai. Afinal, estava com três anos quando ele morreu. Mas herdou seu temperamento musical porque, assim que teve idade para subir em árvores, era de cima delas que cantava para a vizinhança. Os galhos mais altos foram o seu primeiro *microfone*. Com a morte do marido, a mãe de Orlando, d. Balbina, se viu com três filhos pequenos e, como único rendimento, os trocados que ganhava como lavadeira. Anos depois, ela se casaria de novo (com o guarda municipal Júlio Nunes de Oliveira) e teria outros quatro filhos. Mas seu segundo marido também era pobre e morreria louco, na Casa de Saúde Dr. Eiras, quando Orlando tinha dezesseis anos.

Muito antes, Orlando já fora obrigado a deixar os estudos para trabalhar e completara apenas o primeiro ano — ou seja, mal aprendera a ler, escrever e contar. O dado é espantoso, considerando-se o rigor que ele futuramente teria na escolha de suas canções e na dicção perfeita ao cantar aquelas letras. E que letras: algumas, parecendo foragidas do Parnaso, falavam em "sândalos olentes", "seios alabastrinos" e "moreninhas liriais".

Na infância e na adolescência, Orlando foi entregador de marmitas, estafeta da Western, operário numa fábrica de cerâmica, aprendiz de sapateiro e, finalmente, entregador de encomendas da Casa Reunier, uma loja de artigos finos na rua do Ouvidor. Foi nesse emprego que, em agosto de 1932, aos dezesseis anos, ele sofreu o acidente que mudaria sua vida.

Jonas Vieira, amigo de Orlando e seu biógrafo em *O cantor das multidões*, reconstruiu a cena. Orlando, a caminho da Casa Reunier, tentou tomar um bonde em movimento na praça da República. Calculou mal o salto, caiu do estribo e sua perna esquerda ficou dentro do trilho. O carro-reboque vinha a toda e Orlando, num reflexo, ainda conseguiu puxar a perna — mas não a tempo de impedir que a roda atingisse de raspão, mas com violência, seus dedos do pé. Foi levado ao Pronto-Socorro (atual Hospital Souza Aguiar), na própria praça da República. Mas a demora em ser atendido fez com que seu pé inchasse e os dedos começassem a escurecer. Diante da suposta ameaça de gangrena, os médicos amputaram-lhe os quatro primeiros dedos e deixaram o corte aberto, sem pontos, para que a sangria impedisse que o resto da perna infeccionasse. A brutalidade da amputação foi apenas o prelúdio do inferno de Orlando: ele passou os quatro meses seguintes na enfermaria, com dores quase insuportáveis. Para aliviá-lo, os médicos aplicaram-lhe morfina.

Mas sua dependência dessa droga não começou ali. No hospital, a morfina deve ter-lhe sido administrada em doses controladas. Quando recebeu alta e foi liberado, perto do Natal daquele ano, a amputação cicatrizara e as dores haviam passado. Não há indícios de que, então, tenha continuado a usar morfina por conta própria. E nem ele, naquela época, teria acesso a ela fora do hospital ou dinheiro para comprá-la.

Orlando passou grande parte de 1933 em casa, de cama ou de muletas, ouvindo rádio e decorando as letras dos últimos sucessos que saíam nos jornais de modinhas. A música brasileira entrava na sua "época de ouro". O grande cantor ainda era Francisco Alves, o "Rei da Voz"; a curiosidade por Mario Reis começava a diminuir; e Silvio Caldas despontava como a nova sensação. Cantar, para Orlando, sempre fora como respirar — algo que ele fazia, grátis, dentro e fora do trabalho, para os colegas e amigos.

Mas o acidente custara-lhe a perda do emprego na Casa Reunier. Em fins de 1933, quando se sentiu seguro para sair à rua, calçou o pé amputado numa alpercata e foi trabalhar como trocador de ônibus — uma das poucas funções que podia desempenhar sentado. O que aconteceu depois tem um delicioso sabor de *belle époque* tropical: o jovem trocador da linha 84 cantando nos pontos finais do trajeto, do largo de Santa Rita, no Centro, ao Lins de Vasconcelos, no Meyer, e sendo estimulado pelos passageiros a tentar a sorte no rádio.

Essa era uma coisa a que, sozinho, o tímido Orlando nunca se atreveria. Mas, levado por seu irmão mais velho, Edmundo (também trocador), bateu às portas das poucas emissoras então existentes no Rio. E, naturalmente, mal o deixaram chegar perto do microfone: aos dezoito anos, mirrado, "moreno demais", cabelo em escadinha, vestido com o uniforme cáqui dos trocadores, coxo e com um dos pés numa alpercata, nem um louco diria que ali estava um potencial cantor das multidões.

O que, como sabemos, seria exatamente o que Orlando se tornaria.

Mas não sem antes ser reprovado no único programa de calouros de que o deixaram participar (o de Renato Murce, na Rádio Phillips) e de quase desistir de ser cantor. A grande chance aconteceu por acaso, em junho de 1934, quando o compositor Bororó (de "Curare" e de "Da cor do pecado") o ouviu, sem microfone, num corredor da Rádio Cajuti. Bororó empolgou-se com a voz de Orlando e, ao saber que ninguém se dispunha a escutá-lo, levou-o ao Café Nice, na Galeria Cruzeiro, para apresentá-lo ao homem mais influente do rádio, do disco e da música popular: Francisco Alves.

Chico Alves recebeu o garoto em sua mesa no Nice. Convidou-o a irem até seu carro, estacionado ali perto, e, marotamente, mandou-o cantar o repertório de Silvio Caldas. Orlando cantou "Mimi" e outras. Pois Chico também se entusiasmou por Orlando e, duas semanas depois, lançou-o em seu programa na Rádio Cajuti. A voz de Orlando fez o resto — e o resto é (como se diz mesmo?) História. Aos que sempre se perguntaram por que Chico Alves teria prestigiado um cantor que poderia ameaçá-lo, a resposta é que, além de sua conhecida generosidade para com os colegas, ele não temia ser desbancado do trono. Mas, por via das dúvidas, não custava lançar um cantor para enfrentar Silvio Caldas, que já corria em segundo.

Chico não podia adivinhar que, com a série de 152 gravações que faria na Victor a partir de janeiro de 1935, Orlando não apenas deixaria Silvio para trás, mas superaria o próprio "Rei da Voz" ao se tornar o maior fenômeno de popularidade da música brasileira.

Orlando surgiu no momento exato para os cantores do seu tipo. Naquela época, toda a música popular, inclusive nos Estados Unidos e na Europa, ainda estava se adaptando a uma tremenda novidade nas técnicas de gravação: a passagem da gravação mecânica para a elétrica. Em 1935, o microfone elétrico tinha menos de dez anos e só então começava a ficar visível — ou audível — a revolução que ele estava provocando.

O antecessor imediato desse microfone era um chifre de osso, dentro do qual cantores com pulmões de ópera tinham de, literalmente, berrar para que suas vozes fossem impressas na cera. O *bel canto* imperava nos anos 20 e, mesmo na música popular, cantava *bem* quem cantava alto. Parecia um concurso de foles. Nos Estados Unidos, eram John McCormack e Al Jolson; no Brasil, Vicente Celestino e Chico Alves. Essa ginástica sonora para se gravar um disco atingia também as orquestras: os músicos tinham quase de empoleirar-se uns sobre os outros para que seus sons fossem captados. Com isso, os instrumentos mais estridentes saíam em primeiro plano na gravação, asfixiando o cantor, que se via obrigado a botar os bofes para fora na tentativa de se fazer ouvir. Quando se apresentavam ao vivo, muitos cantores usavam megafone, como o dos mestres de cerimônia dos antigos circos. Nesse universo (ironicamente, ultra-acústico) não havia lugar para a sutileza, o charme, a suavidade.

Ao surgir em tão brutal contexto, por volta de 1926, o microfone mudou tudo. Com sua capacidade de captar e amplificar o som, exigia menos esforço dos intérpretes. Já não era preciso gritar para sair no disco. Cantar deixava de ser um suplício — ouvir, também. A música gravada conquistava uma naturalidade parecida com a da vida real quando se cantava num ambiente mais íntimo.

Mas não foi uma transição tão simples. Primeiro, houve o exagero oposto. Para explorar a novidade do microfone, os discos passaram dos gritos aos sussurros. Cantores capazes de partir cristais com seus agudos deram lugar àqueles com uma tênue sombra de voz. Nos primeiros anos da gravação elétrica, as gravadoras estimularam por toda parte o lançamento de cantores "sem voz", como a querer provar que o microfone captava tudo.

Nos Estados Unidos, foi uma epidemia. Entre os que só faltavam cochichar ao microfone brotaram Gene Austin, Ruth

Etting, Cliff "Ukelele Ike" Edwards, Helen Kane, Rudy Vallee e o inacreditável "Whispering" Jack Smith, que, para fazer jus ao apelido ("Sussurrante"), cantava pouco mais alto que sua própria respiração. No Brasil, surgiram Mario Reis, Jonjoca, Aracy Cortes, Elisinha Coelho, a própria Carmen Miranda e os compositores que também cantavam, como Noel Rosa e Lamartine Babo. Nenhum deles poderia ter gravado antes do microfone.

Mas a história mostrou que, exceto Carmen Miranda e Mario Reis, os cantores "sem voz" não sobreviveriam comercialmente quando se esgotasse a curiosidade sobre eles. Afinal, o microfone não fora inventado para dar voz a quem não tinha — mas para realçar o timbre, a afinação, o domínio rítmico, o tratamento da letra e o carisma de quem *tinha* voz e sabia cantar. Nos Estados Unidos, isso ficou ao sol quando Bing Crosby, já em 1929, pôs toda aquela asmática concorrência no chinelo. O microfone era um aliado do grande cantor, não um álibi para o não cantor.

Crosby libertou os cantores populares da camisa de força operística e os ensinou a tratar uma canção com uma aparente casualidade que, a certos ouvidos, dava a impressão de que cantar era a coisa mais fácil do mundo. Ensinou-os a cantar com swing, a tomar liberdades com a divisão, a adiantar-se ou atrasar-se em relação ao ritmo, a brincar com as harmonias — sem abrir mão de explorar o conteúdo lírico ou bem-humorado das letras. E, principalmente, sem deixar de cantar *bonito*, usando a voz inteira. Além disso, Bing deu-lhes todo um estoque de truques, como intercalar assovios, cantar com a boca fechada, fazer ornamentações à melodia ou distorcê-la como um músico de jazz (não por acaso, sua principal influência era o também novato Louis Armstrong). E, como se não bastasse, dava shows de respiração: emendava frases inteiras sem que nem o microfone acusasse as costuras.

No Brasil, tivemos de esperar até 1935 por um cantor que fizesse tudo isso: Orlando Silva. Mas não se pode dizer que estivéssemos atrasados. Nos Estados Unidos, também foi preciso esperar até 1935 para que surgisse Billie Holiday — e ela só foi possível porque já existia o microfone. Com sua voz de centímetros, Billie, sem querer, sepultou Bessie Smith, que, oriunda do mundo acústico, cantava como quem estivesse comandando um pelotão de fuzilamento. Mas o modelo de como usar os recursos do microfone ainda era (e continuaria a ser, por muito tempo) Bing Crosby.

Por que a insistência em falar de Bing se o assunto é Orlando Silva? Porque, embora não conste que o próprio Orlando tenha algum dia se referido a isso, o cantor de quem ele mais se aproximou — parece hoje tão nítido — foi Bing Crosby.

Essa afirmação não ficaria impune nos velhos tempos, quando o brasileiro era mais cioso de sua "autenticidade". Em quinze segundos haveria alguém espumando: com que então o mais puro seresteiro brasileiro da "época de ouro" teria a influência de um cantor americano? Sim, seria mais confortável acreditar nas palavras de Orlando, que modestamente definia seu estilo como um meio-termo entre o vozeirão de Chico Alves (que teve de adaptar-se ao microfone) e os dotes de intérprete de Silvio Caldas.

Tudo bem — se Orlando jamais tivesse ouvido Bing. Mas, com a já arrasadora fama mundial de Bing como crooner da orquestra de Paul Whiteman, desde 1927, e como cantor solo a partir de 1931, isso era impossível. Os filmes e discos de Crosby circulavam no Rio, e é certo que Orlando conhecesse pelo menos do cinema as suas interpretações de "I surrender, dear", "Just a gigolo" e "Just one more chance" (todas de 1931), "Paradise" e "Please" (ambas de 1932), "Thanks" (1933), "Temptation" (1934), "Swanee River" (1935). Orlando podia não entender uma palavra daquelas letras — mas entendia muito bem todas as bossas que Bing estava inventando. Confira nos foxes gravados por Orlando: "A última canção", "Nada além", "Dá-me tuas mãos", "Naná", "Em pleno luar". É Crosby à brasileira, com fabulosas modulações de choro e uma exclusiva bossa sestrosa e carioca.

Essa influência também se reflete nas valsas ("Lábios que beijei", "Deusa do cassino", "Por quanto tempo ainda") e até em sambas ("Boêmio", "Juramento falso", "Uma dor e uma saudade") gravados pelo cantor. E os que enxergarem nisso uma visão "americanista" de Orlando ficam autorizados a ouvir com atenção os acompanhamentos de seus dois grandes arranjadores: Pixinguinha, cuja orquestra Diabos do Céu era uma jazz-band como se entendia na época, e Radamés Gnattali, o favorito de Orlando e responsável pela modernização das orquestrações no Brasil. Nenhum dos dois, Pixinguinha ou Radamés, era um baluarte da *pureza* nacionalista ou torcia o nariz às conquistas dos arranjadores americanos.

Mesmo porque, nos anos 30 e 40, ninguém estava preocupado em ser *puro*. Homens como Noel Rosa, Lamartine Babo e João de Barro davam às vezes um descanso ao samba e faziam versões de foxes, valsas ou boleros (isso quando não produziam seus próprios foxes, valsas ou boleros). Os arranjadores brasileiros tampouco se envergonhavam de assimilar influências estrangeiras — e nem por isso deixavam de ser originais. Como notou Jonas Vieira em *O cantor das multidões*, foi Radamés Gnatalli, em 1937, o introdutor do uso de cordas no acompanhamento dos tempos médios e lentos, com seu arranjo para Orlando em "Lábios que beijei". Pois o americano Axel Stordahl, que ficaria mundialmente famoso pelo mesmo motivo, só começaria a fazer isso em 1941, acompanhando Frank Sinatra.

Com ou sem influência de Bing, poucos cantores foram tão *brasileiros* quanto Orlando. A prova do bolo está em comê-lo. É só ouvir "Meu romance", "Amigo leal", "Abre a janela", "Meu consolo é você", "Alegria", "Boêmio", "Errei... erramos", "Curare", "Malmequer", "A jardineira" e uma infinidade de sambas, choros e marchas, para o Carnaval ou não. Ou praticamente qualquer uma de suas gravações entre 1935 e 1942. Ali, na voz e no dengo de Orlando, está o brasileiro, o grande sobrevivente do século xx. E, mesmo numa valsa em que a letra se derrama

Revelação

Orlando ao microfone
da Rádio Nacional,
em 1936, aos 21 anos:
eram as palavras que
respiravam por ele

num aluvião sentimental, como a linda "Caprichos do destino", Orlando imprime-lhe uma ponta de resignação e ironia que o deixa a léguas do dramalhão a que mexicanos como Pedro Vargas ou José Mojica submeteriam material parecido.

Quando João Gilberto surgiu em 1958 com seu jeito contido de cantar, o cantor brasileiro do passado com quem logo o identificaram foi Mario Reis. Mas o escritor e jornalista José Lino Grünewald alertou que, ao contrário, a origem vocal de João Gilberto era Orlando Silva. E não porque João Gilberto tivesse regravado "Aos pés da cruz" e "A primeira vez", dois sucessos de Orlando — mas por ter buscado em Orlando (principalmente o de "Carinhoso", "Rosa", "Apoteose do amor") a contenção e o antiarroubo, sem perda do colorido melódico. E Grünewald escreveu isso sem conhecer as seis faixas que João Gilberto gravara no começo dos anos 50, em solo ou com os Garotos da Lua — antes de inventar a Bossa Nova —, em que, até no timbre, soava como um papel-carbono de Orlando.

Hoje ficou nítido que não apenas João Gilberto, mas dois outros grandes cantores surgidos antes dele, Lucio Alves e Roberto Silva, foram extensões diretas de Orlando. Extensões que continuariam acontecendo: foi o estilo de Orlando o responsável pela delicadeza vocal de Paulinho da Viola e ecos desse estilo podem ser ouvidos também em Caetano Veloso — todos fãs declarados de Orlando.

Mas, em seu apogeu, quem não era fã de Orlando? Pouco depois de surgir no rádio e começar a gravar e excursionar, ele se tornou uma febre nacional: a Rádio Nacional, que entrara no ar em setembro de 1936, atingiria o país inteiro pelas ondas curtas e Orlando, aos 21 anos incompletos, fora um de seus primeiros contratados. Em 1938, podia-se dizer que havia três homens populares no Brasil: o ditador Getúlio Vargas (*et pour cause*); o craque do Flamengo e da seleção Leônidas da Silva, o "Diamante Negro" — e Orlando Silva. Mas Getúlio tinha contra ele os democratas e Leônidas, os vascaínos. Só Orlando era admirado sem arestas.

A todo lugar que fosse, tinha suas roupas rasgadas, os botões do paletó arrancados, a gravata cortada a tesoura. Multidões (principalmente em São Paulo; depois, em toda parte) cercavam seu hotel ou o teatro em que ele iria se apresentar. Quando conseguia vencer a massa e chegar ao palco, seu terno de linho branco vinha impresso com bocas de batom até nas nádegas. Recebia cartas propondo-lhe casamento ou sexo — isso numa época em que a virgindade era um capital para a mulher. Fãs penetravam no apartamento do hotel e escondiam-se em seu guarda-roupa. Conta-se que uma delas, chamada Rosa, tentou o suicídio por sua causa.

Dos vinte aos 25 anos, Orlando teve todas as mulheres que quis — grã-finas ou humildes, famosas ou desconhecidas, solteiras ou casadas. Sapatos especiais disfarçaram um pouco o seu defeito ao pisar e ele passou a vestir-se com apuro. Ninguém mais o achava feio — e como poderia ser, cantando daquele jeito? Mas o sucesso o mascarou: gabava-se de seu pênis, que chamava de "Pé-de-mesa", e começou a falar *difícil*, cometendo folclóricas batatadas. Mas podia falar o que quisesse: era, legitimamente, o "Cantor das Multidões", título que lhe fora dado pelo radialista Oduvaldo Cozzi.

Os compositores o disputavam — ter um samba ou uma canção na voz de Orlando era, para eles, dinheiro em caixa. O sucesso fácil não impediu que Orlando continuasse exigente com a qualidade do que gravava. Na verdade, ficou mais exigente do que nunca. O resultado era que, com frequência, seus discos (de 78 rpm, com uma faixa de cada lado) conseguiam uma proeza: os dois lados faziam sucesso.

O que, para sua gravadora, a RCA Victor, era um desperdício. A praxe era soltar um sucesso garantido no lado A e um contrapeso no lado B. "Para que vender só um disco quando se podem vender dois?", desesperava-se a Victor. Mas Orlando não abria mão. Por isso, "Rosa" foi o lado B de "Carinhoso"; "Uma dor e uma saudade", o lado B de "Dá-me tuas mãos"; "A jardineira", o lado B de "Meu consolo é você". Seis faixas de grande venda em apenas três discos — e houve outros casos como esses. Orlando venderia até "Eu fui no Tororó" se a gravasse. Numa época em que, segundo o pesquisador Jairo Severiano, um 78 rpm brasileiro de sucesso vendia reles mil cópias no ano do seu lançamento, "Lábios que beijei", calcula Jairo, vendeu pelo menos 30 mil. Nada podia deter Orlando Silva.

Ou podia? Em 1940, começou sua história com a atriz Zezé Fonseca. Era mulher de grande charme, beleza e sensualidade, dois meses mais velha do que ele. Dizia-se que fora educada no Sion, falava francês e estudara canto lírico. Dizia-se também que tivera um namoro com o ator Procópio Ferreira durante a montagem de *Deus lhe pague*, de cujo elenco participou em 1932, e que, no futuro, teria outros casos com políticos como Ademar de Barros e Carlos Lacerda. Ao conhecer Orlando na Rádio Nacional, ainda estava casada. Em pouco tempo, não estaria mais.

Segundo os relatos, foi uma paixão de radionovela. Zezé seguia Orlando por toda parte, abarrotava-o de roupas e presentes, colecionava os cabelos e unhas que ele cortava. Para tê-lo só para ela, tentou afastar Orlando do Café Nice, o ponto de encontro da música popular. Punha-se entre ele e as fãs, rasgava

Fenômeno

Em 1938, dos três homens mais famosos do Brasil, ele era, de longe, o mais querido — e sabia disso

e incinerava cartas que elas lhe mandavam. Era agressivamente possessiva, o que talvez envaidecesse Orlando e, considerando-se como era disputado, talvez o aborrecesse. Foi um caso que se estendeu até, pelo menos, 1943. É sabido que Orlando também gostava de Zezé, mas não há relatos de que lhe correspondesse na mesma intensidade — *ninguém* poderia. Mesmo porque, a meio caminho desse romance, Orlando já tinha outra história em sua vida: com a morfina.

A morfina é uma droga que se injeta no músculo, derivada da papoula e prima-irmã do ópio e da heroína. É barra-pesada. Atua sobre o sistema neurológico e, nos hospitais, é usada para combater dores agudas. Mas provoca também um estado nirvânico, que faz com que o usuário se sinta protegido, agasalhado, como se voltasse ao útero materno. O uso continuado leva rapidamente à dependência, ou seja: a interrupção de seu uso, mesmo que por poucas horas, provoca síndrome de abstinência. E a síndrome de abstinência de morfina consiste em dores, tremores, calafrios, sudorese, palpitações, diarreia, paranoia e delírios — cada um desses sintomas em alto grau e, às vezes, todos ao mesmo tempo.

Orlando pode ter começado a injetar morfina esportivamente, beneficiando-se do seu efeito nirvânico. Mas, depois de algumas doses, tornou-se dependente e precisou continuar a injetá-la apenas para não passar por aqueles horrores. Há testemunhas de que Orlando se injetava em reservados de emissoras e restaurantes e até mesmo por cima da calça, no toalete ou na própria mesa do Café Nice. Na falta da droga, ele se deixava ficar prostrado durante dias, no sofá de seu apartamento no Castelo, sofrendo as terríveis consequências da síndrome.

Um dos efeitos neurológicos da morfina é que ela altera os nervos periféricos, entre os quais os das cordas vocais. Elas ficam frouxas, lassas — a última coisa que um cantor pode querer. Eis aí uma explicação para a quebra de qualidade da voz de Orlando, para o fato de ela ter descido um tom e para que ele tivesse dificuldade para despachar seus agudos e sustentações de notas. Em pouco tempo, sua voz se tornou o que um de seus colegas de rádio chamou, comovido, de um "pigarrão".

A pergunta é: por que Orlando se deixou aprisionar? O cantor Nelson Gonçalves (que viria a ser seu sucessor e ele próprio vítima da droga, no seu caso cocaína) achava que Orlando fora apenas "leviano" ao experimentar morfina — quase todos os cartazes da época eram chegados a uma ou outra droga — e que, quando se deu conta, estava dependente. Os maldosos insinuam que Orlando teria sido induzido por outro cantor — Silvio Caldas — a experimentá-la. Não é provável esta última versão; Orlando não se deixaria "induzir", a menos que tivesse uma curiosidade ou predisposição a isso. E seus amigos são unânimes em declarar que, antes da morfina, os únicos *excessos* a que Orlando se permitia eram água tônica e café com leite.

Acontece que pode ter havido um motivo concreto para que Orlando recorresse à morfina. Um grave problema dentário acometeu-o por volta de 1942: GUNA (sigla para gengivite ulcerativa necrosante aguda), uma infecção das fibras que ligam os dentes ao osso — mais conhecida como piorreia. Essa infecção provoca dor e inchação extrema da gengiva, que alguns dentistas tentam corrigir com o que chamam de "ajuste da oclusão", um desgaste no dente para diminuir a pressão sobre a base da arcada. Uma das irmãs do cantor disse a Jonas Vieira que os dentes de Orlando foram "serrados pela metade". O que, naturalmente, é impossível. Tudo leva a crer que o desgaste feito pelo dentista foi desastroso e expôs a dentina e o nervo de um ou mais dentes, causando uma das piores dores que o ser humano pode suportar.

Em desespero, Orlando terá se lembrado da morfina que lhe haviam aplicado aos dezesseis anos, na época do acidente do bonde. A morfina é de exclusivo uso hospitalar, mas pode ser destilada clandestinamente a partir de grandes quantidades de elixir paregórico posto para ferver durante horas. O resultado é um concentrado que se pode injetar. E, na Lapa carioca do começo dos anos 40, havia dois traficantes de São Paulo, os irmãos Meira, também dependentes, que eram especialistas em produzi-la.

Todo o meio musical conhecia os Meira. Moravam numa casa de cômodos na rua do Riachuelo, onde mantinham um panelão sempre no fogo, fervendo elixir paregórico. Orlando foi talvez o mais ilustre e trágico dos seus frequentadores. A tática dos fornecedores de drogas pesadas é a de subir o preço à medida que cresce a dependência do usuário. No fim, já lhe estavam cobrando somas astronômicas por uma dose. Segundo Nelson Gonçalves, Orlando foi obrigado a ajoelhar-se diante de um dos Meira para que lhe vendessem morfina por um preço que pudesse pagar. Os Meira ordenavam: "Você não é o 'Cantor das Multidões'? Então ajoelha!". Naquele dia, Orlando foi salvo da humilhação maior por seu amigo, o compositor e policial Roberto Martins, autor de "Dá-me tuas mãos", que interrompeu a cena.

Onde estava Zezé Fonseca durante tudo isso? Segundo o ator e compositor Mario Lago, amigo de ambos, ela tentou desesperadamente ajudar Orlando: "Até se internou junto com ele". Mario não sabe dizer onde ou quando se deu essa internação, mas pode ter sido em algum mês entre maio e novembro de 1942, tempo em que Orlando, trocando de gravadora, manteve-se longe dos estúdios. A clínica, tudo indica, ficava na praça da Bandeira. Aos que sempre acusaram Zezé de ter "arrastado Orlando ao vício", não há registro de que, pelo menos naquela época, ela usasse qualquer droga — indício seguro de que não aprovava seu uso por Orlando. E estava também ao seu lado quando Orlando teve de extrair os dentes superiores — tarde

Decadência

A perda súbita da voz fez de Orlando um homem triste — seus fãs também nunca se conformaram

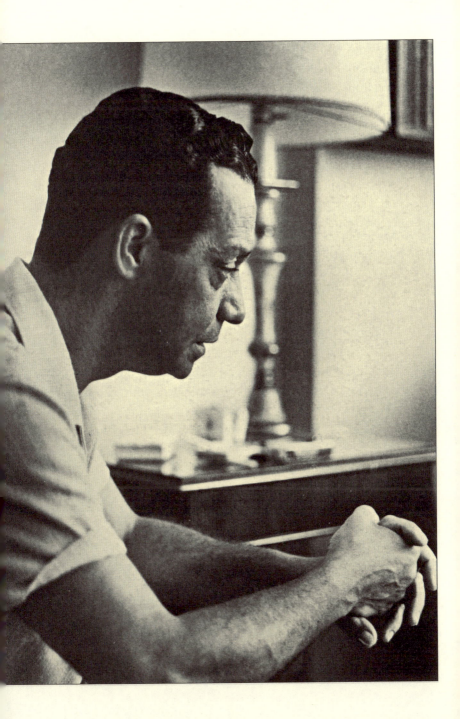

demais, porque a dependência da morfina já se instalara. A perda dos dentes também contribuiu para prejudicar sua enunciação.

O álcool é outro fator apontado para o declínio de Orlando. Mas vários de seus amigos, ouvidos por Jonas Vieira, afirmam que Orlando, com um ou dois copos de qualquer coisa, desabava sobre a mesa do bar ou restaurante. Nitidamente ele não tinha tolerância (propensão) ao alcoolismo. E sabe-se que só adotou a bebida *depois* da droga. A explicação é a de que Orlando passou a tentar beber para livrar-se da morfina — um procedimento comum em dependentes, que tentam substituir uma droga por outra. O resultado é que, muitas vezes, acabam ganhando um segundo problema, em vez de livrar-se do primeiro. Foi o que aconteceu com Orlando: o álcool, de efeito muito mais aparente que o da morfina e combinado com ela, fazia com que ele perdesse compromissos, cambaleasse pelas ruas ou dormisse em lugares públicos.

Zezé não resistiu. Reconheceu sua derrota e foi embora da vida de Orlando. Donde, na próxima vez que lhe disserem que Orlando "começou a beber e a usar tóxicos porque uma mulher o abandonou", você agora já sabe que, nesse e em outros casos, o contrário é que deve ser a verdade. Zezé deixou Orlando porque ele já não lhe pertencia — pertencia à droga.

Não foi apenas Zezé que deixou Orlando. Tudo o mais já estava fugindo aos seus pés. Em 1942, ele se desentendeu com a RCA por questões de royalties e ameaçou sair. A gravadora deixou-o ir, talvez por saber o que estava se passando — e porque já tinha o jovem Nelson Gonçalves, então com 24 anos e um estilo e voz idênticos aos do Orlando de tão pouco tempo antes. (Ouça a gravação do fox "Renúncia" por Nelson em 1943, um dos seus primeiros sucessos — lembra um Orlando que, já naquele ano, só ocasionalmente o próprio Orlando conseguia imitar.) Em 1944, parou de apresentar-se em público, limitando-se aos programas de rádio. Mas, em 1945, também a Rádio Nacional rescindiu o seu contrato. Era o fim, ou quase.

* * *

Em fins dos anos 40, Orlando e Nelson entraram num botequim da Lapa para tomar um café. A vitrola casualmente tocava a sua gravação de "Por quanto tempo ainda", de 1939. Orlando deixou-se ficar ouvindo os *pianissimos* com que ornamentara a insuperável valsa de Joubert de Carvalho. Então disse, com um sorriso inundado de lágrimas:

"Olha aí, Nelson. Esse sou eu".

Mas Nelson sabia a verdade: aquele *tinha sido* Orlando. Orlando é que parecia não acreditar que já não era o mesmo. Entre sua última gravação na Victor, "Quero dizer-te adeus", de 19 de maio de 1942, e a sua primeira na Odeon, "Inimigo do samba", de 19 de novembro do mesmo ano — seis meses cravados —, a diferença já era muito grande. Isso não quer dizer que Orlando não tenha tido bons momentos na Odeon. Algumas gravações, como "Louco", "Febre de amor", a fenomenal "Atire a primeira pedra" (todas de 1943), além de "Brasa" e "Sempre no meu coração" (ambas de 1945), ainda pareciam trazer de volta o Orlando pré-1942. A velha classe não o abandonara. Mas ele já estava órfão de sua voz, incapaz de reproduzir as sublimes piruetas do passado. Em lugar delas, passara a apelar para os arroubos chorados, sentimentalões — inexplicáveis para quem o admirava exatamente pela contenção, pela frase exata. E, a partir de 1945, foi-se tornando uma dolorosa caricatura de si mesmo.

Até sua morte, houve muitas "voltas" de Orlando. Ele "voltou" (duas vezes) à Rádio Nacional; "voltou" à própria Odeon (que também o demitira em 1949); e "voltou" até à RCA Victor, onde, em 1961, insistiu em regravar 32 de seus maiores sucessos do período clássico. O contraste entre as faixas originais e as regravações de 1961 era constrangedor para seus fãs, críticos e amigos. E só esses amigos não lhe diziam o que realmente pensavam. Ou então tentaram adaptar-se ao que Orlando passara a oferecer. Num LP de dez polegadas, *Serenata*, gravado em 1957 na

Odeon, ele quase lembrava o cantor do passado ao interpretar, pela primeira vez, oito valsas e canções de Freire Júnior, como "À beira-mar", "Deusa" e "Pálida morena". A voz estava muito grave, mas o canto vinha sem dramalhão, sem derramamento. Uma "volta" definitiva de Orlando, no entanto, seria impossível: menos de um ano depois, naquele mesmo estúdio, seu maior discípulo — João Gilberto — gravaria "Chega de saudade".

Uma mulher tornou menos infelizes as últimas décadas de Orlando: Maria de Lourdes, a quem ele se uniu em 1947 e que sobreviveu a ele (morreu em 1993). A Lourdes dá-se o crédito de ter "salvado" Orlando. E, de fato, ela o estabilizou relativamente porque Orlando, pelo menos, parou de beber. Mas há fortes suspeitas de que nunca conseguiu livrar-se da morfina. Pode tê-la substituído por Demerol, que é um sucedâneo sintético e que, no fim, provoca o mesmo efeito.

O Orlando que seus últimos amigos conheceram era um homem triste, mas sem revolta, incapaz de culpar a quem quer que fosse (ou a si mesmo) pelo turbilhão que cortou na raiz uma das mais brilhantes carreiras do canto no século. Foi esse o homem que vi de perto, pela única vez, na loja Moto Discos, na rua Rodrigo Silva, em 1969 ou 1970. Usava uma camisa polo cinza, sapatos muito bem engraxados e se apoiava numa bengala. Ao vê-lo folhear em silêncio os velhos 78 rpm que a loja ainda vendia, perguntei-me se não estaria procurando algum disco seu. Ninguém lhe dirigiu a palavra. Nem eu — constrangido pela enorme tristeza de seu rosto.

Mas uma coisa ninguém lhe tirava — e que bom que ele soubesse disto: seu lugar na História, como o maior cantor que a música popular brasileira já havia produzido.

Os dois meninos

As vidas paralelas de Dick Farney e Lucio Alves

Dick Farney e Lucio Alves: de qual você mais gostava? Sempre foi um páreo duro, mas, agora, você verá: duríssimo. Os dois tiveram muito em comum — as origens, o estilo, o sucesso — e foram decisivos para arejar a música brasileira: sopraram-lhe oxigênio numa época, fins dos anos 40, em que ela ameaçava sufocar, engasgada com um bolero. Os dois tornaram clássico quase tudo que gravaram. Inspiraram seguidores sofisticados, abriram o caminho para a Bossa Nova, participaram dela como ministros sem pasta e, juntamente com ela, foram atropelados pelo processo. Na passagem dos anos 60 para os 70, os dois viram seu mercado de trabalho encolher dramaticamente. Mas nunca se prostituíram, nunca fizeram uma concessão a estilos em que não acreditavam. E ambos pagaram por isso: morreram tristes, abandonados pelas gravadoras, afastados do público — Dick, em São Paulo, em 1987, aos 66 anos; Lucio, no Rio, em 1993, também aos 66 anos. Até na idade com que morreram pareciam estar cumprindo ciclos paralelos.

Os seis anos de diferença entre eles nunca representaram nada e os dois só se conheceram em adultos. Clique aqui para algumas espantosas coincidências.

Dick, de 1921, era carioca da Tijuca. Lucio, de 1927, era mineiro de Cataguases, mas, aos sete anos, em 1934, já estava no Rio — e também na Tijuca. Os dois vinham de famílias musicais: com o pai, Dick aprendeu piano; Lucio, violão. Os dois estrearam cedo e no mesmo programa, *Picolino*, na Rádio Mayrink Veiga — Dick, aos quatorze anos, em 1935, tocando "Dança ritual do fogo" e "Canção da Índia"; Lucio, aos nove, em

1936, cantando o repertório de Orlando Silva. Os dois seguiam de perto seus heróis — Dick, de uniforme do Colégio São Bento, passava diariamente pelo Café Nice para admirar, nas mesas, Orlando, Carmen Miranda, Ciro Monteiro; Lucio sabia muito bem quem era Noel Rosa e via-o quase todos os dias na Tijuca, rumo à casa da cantora Marilia Batista, sua vizinha (Noel morreria um ano depois, em 1937). Entre os cantores estrangeiros, os dois tinham a mesma paixão: Bing Crosby.

Aos dezoito anos, em 1939, Dick formou um conjunto, os Swing Maníacos, do qual era cantor, pianista e arranjador. Aos quatorze, em 1941, Lucio também formou um conjunto, os Namorados da Lua, do qual era cantor, violonista e arranjador. Naquele mesmo 1941, os dois chegaram aos cassinos: Dick, aos vinte anos, foi trabalhar como crooner da orquestra de Carlos Machado no Cassino da Urca; Lucio teve de alterar a idade (de quatorze para dezoito), para driblar o Juizado e trabalhar com os Namorados no Cassino Atlântico, em Copacabana. Ali, Lucio passou à frente de Dick: fez música e letra para um samba e mostrou-o a Haroldo Barbosa; Haroldo deu-lhe uns retoques, entrou na parceria e o samba se chamou "De conversa em conversa". Além disso, com quatorze anos, o espoleta Lucio fumava (isso, desde os nove), tomava umas e outras e já morava com uma mulher (do dobro da sua idade), enquanto Dick, filho exemplar, ainda vivia com os pais e, embora também fumasse, continuava firme no Ovomaltine.

Em 1945, Dick gravou seus primeiros discos na Continental, de canções americanas. No mesmo ano, Lucio, com os Namorados, emplacou seu primeiro sucesso na Victor: "Eu quero um samba", de Janet de Almeida e Haroldo Barbosa. Em 1946, foi a vez de Dick passar espetacularmente à frente, tornando-se um nome nacional com "Copacabana", de João de Barro e Alberto Ribeiro — que Lucio cantara antes, no Cassino Atlântico, mas não gravara. Em 1947, Dick partiu para os Estados Unidos, contratado pela rádio NBC — antes de viajar, gravou vários discos para serem lançados enquanto ele estava fora: "Marina", "Ser ou não ser", "Esquece", "A saudade mata a gente". No mesmo ano, Lucio dissolveu os Namorados da Lua, tornou-se cantor solo e foi para a Continental, gravadora de Dick, onde os dois finalmente se conheceram. Em 1948, com Dick já instalado no cenário musical americano, Lucio aceitou um convite para juntar-se aos Anjos do Inferno em Havana, com vistas a uma temporada nos Estados Unidos, e, idem, embarcou — mas não sem antes também deixar aqui discos prontos: "Brumas", "Aquelas palavras", "Terminemos agora", "Na paz do Senhor".

Dick estava se dando muito bem em Nova York e fora até citado pela revista *Time* como uma das grandes promessas vocais da época, ao lado dos também verdíssimos Mel Tormé, Johnny Desmond e Gordon MacRae. Mas os discos que gravara antes de embarcar estouraram no Brasil e ele preferiu voltar. Lucio não estava se dando mal, mas seus discos igualmente estouraram aqui e ele também voltou. Em 1949, os dois já estavam no Rio, na mesma gravadora, dividindo o mesmo jeito pé-ante-pé de cantar, os mesmos compositores e quase as mesmas músicas — "Alguém como tu", "Nova ilusão", "Amargura", "Ponto final", "Meu Rio de Janeiro" (o que um gravava, o outro cantava no rádio). Incapazes de enxergar o paralelismo entre eles, os fãs de um ou de outro se racharam em clubes. Surgiu o Sinatra-Farney Fan Club; em represália, fundou-se o Haymes-Lucio (com Dick Haymes em oposição a Frank Sinatra, embora todos — Dick, Lucio, Haymes e Sinatra — fossem oriundos de Bing Crosby). Um insistente rumor fazia crer que Dick e Lucio eram inimigos, o que nunca aconteceu — os dois podiam não ir juntos à aula de cerâmica, mas se estimavam e se admiravam.

Dick era louro, boa-pinta e bem-comportado; Lucio era moreno, tinha olheiras de personagem de Will Eisner (o criador do Spirit) e atento a rabos de saia — até nisso os dois se complementavam. Os dois eram barítonos e tornou-se um clichê dizer que Dick tinha um veludo na voz. Nesse caso, não há nada a

Sucesso precoce

> Lucio (na frente
> da árvore, no alto)
> com os Namorados
> da Lua; Dick, o primeiro
> a gravar "Tenderly"
> (acima) — mesmo
> estilo, mesmo charme

Fazendo a América

Dick (acima) ia bem
em Nova York: só não
ficou porque não quis;
na mesma época,
Lucio mal chegou
a começar sua
aventura americana

fazer, porque ele tinha mesmo. Lucio também, só que seu veludo era cotelê. Por nunca terem negado suas admirações (Dick, por pianistas como Nat "King" Cole, George Shearing, Dave Brubeck; Lucio, por conjuntos vocais como os Mel-Tones, os Modernaires, os Starlighters) e por serem artisticamente ambiciosos, os dois sofreram as mesmas acusações de estarem americanizando e "desvirtuando" o samba. Era injusto e preconceituoso, porque ambos cantavam com ginga, balanço. No caso de Lucio, era mais injusto ainda, porque ele passeava pelos gêneros mais "autênticos" da música brasileira — cantava os grandes sambas do passado, gravou um disco inteiro de serestas e tudo lhe caía bem: valsas, baladas, sambas-canções. À distância, parece incrível como os puristas se atreviam a discutir com aquele repertório: Dick cantava "Outra vez", "Uma loira", "Nick Bar"; Lucio, "Valsa de uma cidade", "Sábado em Copacabana", "Dizem por aí". Hoje, os puristas estão mortos e essas canções excepcionais continuam vivas.

Mas, ao mesmo tempo em que eram atacados, Dick e Lucio empolgavam os garotos que enxergavam além-fronteiras, como Luiz Bonfá, Johnny Alf, João Donato, Dolores Duran, Billy Blanco, Tom Jobim, Newton Mendonça, Tito Madi, Carlos Lyra. Em 1954, uma feliz jogada artística e comercial juntou Dick e Lucio na mesma chapa — "Teresa da praia", de Tom e Billy, escrita para eles — e sacramentou-se o paralelismo.

Com a chegada da Bossa Nova em 1958, as linhas se desparangonaram por algum tempo. Dick tinha voltado para Nova York, onde se apresentou durante dois anos no Waldorf Astoria; Lucio continuara por aqui e foi uma presença ativa nos primeiros shows amadores da Bossa Nova — na verdade, o carro-chefe de pelo menos um deles, em 1959, na Escola Naval. Dick voltou em 1960, mas não para o Rio — foi morar em São Paulo, onde passou a dedicar-se mais ao jazz que à música brasileira e precisou ser atraído (por Aloysio de Oliveira) para a nova música. A qual lhe caía à perfeição — vide seu disco na Elenco, *Dick Farney*, de 1964, em que canta "Você" (com Norma Bengell) e

"Fotografia". Já Lucio, no apogeu do movimento, gravou discos explicitamente Bossa Nova, um deles todo de Menescal e Bôscoli (*Balançamba*) e outro em dupla com Sylvinha Telles, também na Elenco.

Com todo o respeito que Dick e Lucio mereciam pelo que já tinham feito, os meninos da Bossa Nova (os cantores, compositores e músicos) sentiam-se à vontade com eles e os viam tranquilamente como colegas. Não havia nenhum problema de idade. Mas, para quem estava de fora, era como se a Bossa Nova os tivesse feito recuar para uma geração anterior. Dick, com suas têmporas precocemente grisalhas, parecia mesmo de uma "outra" geração. O curioso era que Lucio também fosse visto assim, porque, na verdade, era apenas quatro anos mais velho que João Gilberto — e três dias mais novo do que Tom.

Nada disso faria muita diferença enquanto a Bossa Nova desse as cartas. Mas, por volta de 1965, com a instauração do iê-iê-iê & derivados, perdeu-se o sentido da história. A súbita infantilização da música popular "envelheceu" tudo que vinha de antes. Se a própria Bossa Nova se tornara jornal de ontem, como acreditar que, havia apenas dez anos, em 1955, Dick e Lucio eram dois meninos pelos quais se guiavam outros ainda mais jovens do que eles?

Se quiser dar boas risadas (ou chorar, conforme o gosto), folheie qualquer revista de 1970. Para sobreviver no mercado, cantores ainda mais velhos do que Dick e Lucio, como Nelson Gonçalves, Blecaute e Carlos Galhardo, deixaram crescer o cabelo (ou a peruca), vestiram camisas psicodélicas e penduraram argolões no pescoço, tentando passar por "jovens". Mas Dick e Lucio insistiram em continuar cortando o cabelo, em vestir terno e gravata e em trabalhar com mais de dois acordes. O novo estado de coisas foi mortal para ambos. Dick ficou quatro anos sem gravar, de 1968 a 1972; Lucio, onze, de 1964 a 1975.

Dick tinha mais opções: por morar em São Paulo, fora adotado pelos paulistas, sem nunca ter sido esquecido no Rio.

Podia trabalhar na noite das duas cidades, apresentando-se em casas próprias ou alheias (Farney's Inn, Flag, Régine). Mas Lucio passaria quinze anos sem ser convidado a se apresentar em São Paulo e quase teve de parar de cantar. Tornou-se produtor musical de boates cariocas, como o Bateau, ou de programas das TVs Tupi e Educativa, às vezes produzindo cantores que não sabiam quem ele era. É dessa época a sua frase, tão triste quanto resignada: "É. Acho que acabei". Dick jamais diria isso, mas sua irritação com a grosseria do novo público da madrugada fez com que, em poucos anos, abandonasse as boates e se limitasse a concertos em teatros e, às vezes, restaurantes. E, daí a mais algum tempo, silenciosamente, foi deixando de se apresentar. Já Lucio não tinha escolha: precisou enfrentar de novo as boates. Por sorte, em 1977, quebrou-se o gelo de quinze anos e ele voltou a ser solicitado em São Paulo.

Até o fim da vida, Dick ainda gravou meia dúzia de discos magníficos, na Odeon e na London, inclusive dois com Claudette Soares. Mas era muito pouco. Com Lucio, foi ainda pior: além de sua gravação de "Helena, Helena, Helena", correspondendo a uma faixa no disco oficial de um festival universitário em 1968, adivinhe quantos discos de estúdio ele gravou nos seus últimos 28 anos de vida? Um. Isso mesmo: um. Era o excepcional LP *Lucio e as mulheres*, de 1975, contendo a melhor gravação até hoje de "Lígia", de Tom e Chico Buarque — disco esse que a RCA lançou e logo tirou de catálogo. Houve também dois LPs ao vivo: um com Doris Monteiro, em 1977, no Teatro João Caetano, no Rio (a única vez que o ouvi no palco, ele e Doris em grande forma), e outro no Inverno & Verão, em São Paulo, em 1986.

Durante todos os anos 70 e boa parte dos 80, Dick e Lucio ainda estavam com a voz inteira. Poderiam ter gravado todo o catálogo fino da música brasileira — as canções que, por algum motivo, lhes tinham escapado —, antes que, com a idade, lhes escapasse a saúde.

E então as linhas voltaram a se afastar.

* * *

Dick sempre fora um homem previdente. Pôde passar os anos finais no conforto de sua bela casa em Santo Amaro, decorada por ele mesmo, ao lado da represa Billings, em São Paulo, e da qual já quase não saía. Sentia-se esquecido e amargurado. Sentado ao piano perto da janela, passava horas olhando para a represa e para o adesivo de um barquinho que colara ao vidro. À altura do olho, o barquinho parecia flutuar na represa. Segundo seu irmão, o ex-ator Cyl Farney, era uma forma de Dick se lembrar dos bairros de Santa Teresa e da Urca, no Rio, de onde, quando jovens, eles contemplavam a baía coalhada de barcos.

Além de esquecido, Dick estava também doente. Era diabético e havia suspeitas de um câncer de próstata. A depressão fazia com que passasse semanas sem abrir o piano. Ou pianos, porque tinha dois: um Steinway, que o acompanhava há décadas, e um Yamaha, que comprara por sugestão de seu amigo Bill Evans. Apesar de raramente usá-los, Dick mantinha-os afinados e reluzentes, como se fosse sua obrigação para com o instrumento a que dedicara a vida. Dick só se recobrava quando era visitado por amigos que insistiam para que tocasse.

Dois desses amigos eram Arnaldo de Azevedo Silva Jr. e José Mário Paranhos do Rio Branco. Dick os conhecera em dias mais felizes, na boate Chez Régine, em São Paulo, nos anos 70, onde se apresentava com Sabá ao contrabaixo e Toninho Pinheiro na bateria. Desde então, Arnaldo e José Mário frequentavam sua casa. Como já acontecia no Rio, essa fora sempre uma característica de Dick: abrir a casa aos amigos e passar horas tocando para eles — fazendo longas improvisações ao piano, sem a limitação dos três minutos de uma faixa de disco. Os muitos que tiveram o privilégio de estar por perto até hoje incluem essas horas entre as melhores de suas vidas.

Felizmente, Arnaldo e José Mário não iam lá apenas para ouvir. Com autorização de Dick, armavam um modesto equipa-

Esquecido

Em seus últimos
27 anos de vida,
Lucio gravou apenas
um disco de estúdio
— e sua voz ainda
estava inteira

Amargurado

Deprimido, Dick passava semanas sem abrir o piano. Só se animava quando os amigos iam visitá-lo para ouvi-lo tocar

mento — aparelhos domésticos Teak e JVC, de rolo ou cassete, enriquecidos por dois antigos e possantes microfones Ampex, que Dick tirava do armário e instalava dentro do piano. Assim, de 1972 a 1983, quando o mundo já não parecia ter muito uso para Dick Farney, eles o gravaram tocando o que quisesse, às vezes cantando. Foram grandes noites, que só fizeram bem a Dick e a quem estava na escuta.

Não se esperava que, um dia, essas fitas tivessem uma sobrevida. Mas, muitos anos depois, já no fim do século, elas seriam remasterizadas e, graças ao entusiasmo de outro admirador, Carlos Eduardo Moreira Ferreira, resultariam em dois CDs fora do comércio, produzidos pela Fiesp (um deles, duplo) — um total de 66 faixas, entremeadas por algumas palmas e quase nenhuma conversa. O repertório? Quase todo de canções nascidas nos Estados Unidos, mas que já eram patrimônio da humanidade: "But beautiful", "What's new?", "Angel eyes", "Satin doll", "Moonglow", "Perdido", dezenas de outras (e também algumas brasileiras, como "Valsa de uma cidade" e "Se todos fossem iguais a você"). E o tratamento? Um inacreditável piano jazzístico que Dick raramente pôde apresentar em público — porque seu sucesso como cantor sufocou aquela que talvez fosse sua verdadeira vocação.

Até há pouco, o jazz era considerado a música mais anticomercial do mercado. Mesmo nos Estados Unidos, as gravadoras evitavam imprimir essa palavra na capa dos discos, para não condená-los ao que viam como um gueto elitista — no Brasil, então, jazz sempre foi tabu. Para piorar, a ideia de um pianista brasileiro de jazz corria o risco de não ser levada a sério nem pelos brasileiros que gostavam do gênero — os quais ficariam surpresos se soubessem que alguns dos pianistas que mais admiravam, como Bill Evans, Dave Brubeck, George Shearing e Oscar Peterson, eram fãs de quem? De Dick Farney. A verdade, no entanto, é que, fora do meio profissional, custou-se a aceitar que o jazz era um idioma internacional e, como tal, abordável por músicos de qualquer nacionalidade. O futuro, como sabemos, responderia com pianistas como o cubano Gonzalo Rubalcaba, o francês Martial Solal, a japonesa Toshiko Akioshi e até a brasileira Eliane Elias. Mas Dick não teve a felicidade de pegar esse tempo. O jazz e o piano foram mais importantes para ele do que talvez possamos avaliar. E, como se viu condenado a aproveitar apenas a metade mais visível de seu imenso talento, Dick usou-a para revolucionar a música de seu país.

Lucio sempre foi esbanjador. Nunca ligou para dinheiro, fez fé em cavalos ingratos, que não correspondiam à sua confiança, e deixou casas e apartamentos para trás. No fim, já perto dos anos 90, vivia num apartamento alugado no Alto Leblon, no Rio, em que a mata à sua volta, generosa para abrigar micos e araras, era um problema para sua saúde: tornava o apartamento frio e úmido. Lucio sofria de problemas circulatórios e submetera-se a cirurgias que tinham deixado sequelas. Nos três anos finais, sua situação ficou ainda mais dramática quando, com a poupança bloqueada pelo governo Collor e sem poder trabalhar, a única fonte de renda do casal era o salário de sua mulher, Marly, como professora. Além disso, vivia sendo ameaçado de despejo.

Alguns amigos nunca deixaram de visitá-lo: Tito Madi, Luiz Claudio, Mario Telles, Jonas Silva. O baiano Jorge Cravo, "Cravinho", que convivera com ele em Nova York em 1948, sempre telefonava de Salvador. Falar do passado tinha o poder de tirar Lucio por alguns momentos da depressão, como constatei ao visitá-lo em seu apartamento, em julho de 1988, durante o trabalho para meu livro *Chega de saudade*. Ele me falou dos fascinantes conjuntos vocais cariocas dos anos 40, de sua amizade com Dick e da guerra entre os fã-clubes de ambos. Seus olhos brilharam ao confidenciar que o muito jovem João Donato, que adorava Dick, era na verdade mais seu fã. Não escondia o orgulho de ter sido importante para colegas como Donato, Tom e João Gilberto.

Estranhamente, não falava de si próprio como cantor. "Eu não sou meu fã", era uma frase que repetia. Sua vaidade estava em seus arranjos para conjuntos vocais: nas harmonizações que fazia para os Namorados da Lua e que, mesmo depois de famoso como artista solo, continuou fazendo para os amigos — pelo simples prazer de combinar vozes e delas extrair sonoridades dinâmicas. Fez isso muitas vezes, por exemplo, para os Garotos da Lua (com João Gilberto de crooner), para programas que iriam ao ar dali a pouco na Rádio Tupi e, depois, nunca mais seriam ouvidos. E então me lembrei de mais um ponto em comum: Dick Farney também se sentia mais pianista que cantor. Com o detalhe de que, ao contrário de Dick, Lucio não lia ou escrevia música — o que não o impedia de "dizer" como queria este ou aquele arranjo da orquestra a ninguém menos que Radamés Gnatalli (e de ser acatado).

Mas, para todos os efeitos, Lucio era o grande cantor. Infelizmente, quem quer que o visitasse a partir de 1990 nem cogitava de levar gravadores e microfones e pedir-lhe para cantar — porque ele já não conseguia cantar.

Em dezembro de 1990, Lucio estava vivendo os momentos mais difíceis de sua vida. No começo do ano, extraíra um aneurisma da aorta inferior. Passara 27 dias na UTI e depois tivera uma hérnia no local da operação. As dores o impediam de andar. Uma nova cirurgia estava marcada para breve e o lobo lhe batia à porta, ameaçando pô-lo para fora do apartamento. Dois amigos, o pianista Alberto Chimelli, que o acompanhava havia anos, e seu colega Angylson Dias, tiveram a ideia de um show em sua homenagem. Homenagem era apenas uma palavra delicada. Seria um benefício para Lucio, com a renda integralmente destinada a ele. Com muito tato, falaram-lhe do assunto — e imagina-se de que alturas Lucio não terá descido de seu orgulho para concordar. Chico Recarey, dono de metade das casas noturnas do Rio, ofereceu-lhe uma noite de segunda-feira em sua boate Scala, de graça. Todos os artistas convidados também aceitaram de pronto. Até que, ao contatarem o gaitista Mauricio Einhorn, este teve a ideia de telefonar para João Gilberto.

João Gilberto pareceu cair de seu 29º andar ao saber do estado de Lucio. Os dois moravam no Leblon, mas havia anos que não se viam ou falavam. Na mesma hora, aceitou participar. Pegou com Einhorn o telefone e o endereço de Lucio e começou uma campanha particular em prol do amigo e mestre. Dali em diante e até a noite do show, cumulou Lucio de telefonemas e de presentes inesperados: ora um carrinho de supermercado, abarrotado de compras, ora uma imensa terrina de sopa, que ele encomendava a um restaurante do Leblon e mandava entregar no apartamento de Lucio. "Você precisa tomar esta sopa, Lucio", dizia-lhe João ao telefone. "Precisa ficar forte para cantar."

Nos dias anteriores ao show, marcado para 17 de dezembro, a imprensa começou a falar de Lucio Alves e de como um escrete de grandes nomes, entre os quais João Gilberto, estaria no Scala para homenageá-lo. Combinou-se que Lucio não iria — ficaria recolhido em seu apartamento, a um quilômetro dali, sentindo as ondas de amor que viriam da boate.

E elas vieram. Poucas noites no Rio terão sido tão emocionantes quanto aquela, intitulada *Grandes músicos, grandes amigos*. Pelo palco do Scala, durante cinco horas, para uma plateia de seiscentos pagantes, passaram Tom Jobim, Caetano Veloso, Johnny Alf, Tito Madi, Os Cariocas, Cauby Peixoto, Leny Andrade, Miltinho, Billy Blanco, Doris Monteiro, Sonia Delfino, Sebastião Tapajós, Sergio Ricardo, Agnaldo Timóteo, Ivon Curi e Miele. Ninguém cobrou para se apresentar e houve pelo menos um que pagou: Tom Jobim, que estava em São Paulo com sua Banda Nova e trouxe todo mundo pela Ponte Aérea para tocar "O amor em paz", "Insensatez", "Você e eu", "Pela luz dos olhos teus", "Luiza" e "Chega de saudade". Johnny Alf também veio de São Paulo, mas de ônibus, e, com sua cantora Sandra Pereira, apresentou um sensacional "Ilusão à toa".

Antes de cada música, todos falaram de Lucio como quem se referia a um alto sacerdote, um intermediário dos deuses. Mas não faltaram lances de humor: Doris Monteiro alterou a letra de "Conversa de botequim", dizendo "o meu dinheiro eu deixei com o Collor", em vez de "com o bicheiro". Os Cariocas pararam o show com seu arranjo de "Águas de março" e lembraram a importância de Lucio como arranjador de vocais. Outro foi Miltinho, ex-cantor dos Anjos do Inferno, que apresentou "Eu quero um samba", velho sucesso de Lucio com os Namorados da Lua. E Cauby, depois de ganhar de um admirador um potinho de hortênsias, despendeu mais oxigênio em sua interpretação de "Lígia" do que Lucio em toda a sua carreira.

Não, João Gilberto não apareceu. Horas antes, seu advogado telefonara para Chimelli dizendo que João não gostara de ver seu nome sendo usado para promover o show, que pedia desculpas a Lucio e que não iria. A plateia lamentou. Lucio entendeu. O dinheiro daquela noite pagou a segunda cirurgia e aliviou seus problemas por alguns meses. Mas os quase três anos que ele ainda viveria seriam marcados pela invalidez e pelo quase silêncio.

Como cantores, Dick e Lucio foram os senhores absolutos da voz e do controle da respiração. Dick morreu de um edema pulmonar. Lucio, de uma parada cardiorrespiratória.

5
Rapazes de bem

Céus e mares de Johnny Alf

Um estadista do piano e da voz na música brasileira

Num mundo ideal, voltado para o reconhecimento do gênio ou da excelência, Johnny Alf seria, há muito tempo, um estadista da nossa música popular — com direito à cabeceira da mesa e com os outros se levantando à sua chegada. Mas não vivemos nesse mundo e faz parte da perversidade do jogo que, muitas vezes, os melhores vivam numa zona de sombra projetada pela sua própria luz. Desde 1950, Johnny Alf tem sido escondido, entre outras coisas, por estar à frente demais — iluminando territórios fora das cartas náuticas enquanto seus contemporâneos ainda estão tentando deixar o porto.

Johnny Alf já era cult numa época em não se usava essa palavra em parte alguma do mundo. Cult é uma admiração quase secreta, propriedade de poucos e felizes, que não querem reparti-la com ninguém. E, desde esse começo dos anos 50, admirar Johnny Alf era pertencer a um universo exclusivo, povoado apenas pelos de ouvidos atentos. Isso não impediu que esse universo se expandisse — das tardes do Sinatra-Farney Fan Club (do qual era membro) para as madrugadas de Copacabana (onde atraía gente como Tom Jobim, João Gilberto, Carlinhos Lyra), destas para a noite de São Paulo (para onde partiu em 1955, em missão desbravadora) — e daí para o coração até daqueles que só o conhecem em discos. Nada alterou a natureza de seus admiradores: durante décadas, eles continuaram a ver Johnny Alf como sua propriedade pessoal, individual.

Ver e ouvir Johnny Alf numa boate é uma das grandes experiências pelas quais pode passar quem gosta de música.

Quando ele se senta ao piano, é sempre como se fosse a primeira vez. Mas é uma primeira vez temperada por milhares de noites. Não é apenas um cantor, pianista ou compositor, embora isso seja muito. É um artista no sentido mais completo do termo: aquele que se doa tão por inteiro à plateia que é como se ela não estivesse ali. Pois há décadas que Johnny Alf doa a todos nós o testemunho musical de sua alta sensibilidade.

Numa época em que o amadorismo musical é tão valorizado que parece ser compulsório, sua técnica e velocidade ao piano são um assombro. Poderia passar toda a noite apenas tocando, sem emitir palavra, e você sairia eufórico do mesmo jeito. E sempre foi assim. Como pianista, amansou as harmonias que só iriam dar à praia anos depois, nas águas da Bossa Nova — movimento que ele antecipou, ao qual emprestou seu prestígio e sobre o qual pairou soberano. Mas, ao ouvi-lo cantar, Alf é não apenas melhor ainda, como você descobrirá de onde saíram, no todo ou em parte, Wilson Simonal, Elza Soares (sim!), Claudette Soares, Pery Ribeiro, Leny Andrade, Elis Regina, Emílio Santiago — Alf foi a escola deles, a universidade. Nos anos 50 e 60, quem quisesse cantar *moderno* tinha de cantar como João Gilberto — ou cantar como Johnny Alf.

Como compositor, Alf conseguiu o que, no Brasil, é quase um milagre: suas canções se tornaram *standards* da música brasileira. *Standards* são aquelas canções que, com o tempo, se provaram perenes e foram incorporadas ao repertório geral de uma música popular, sendo gravadas pelos mais diversos cantores. Podem não ter chegado às paradas de sucesso, mas não morrerão nunca. O termo nasceu nos Estados Unidos e define canções acima do tempo, como "Cheek to cheek", "The man I love" ou "Moon river". Mas, tanto lá como cá, poucas se firmaram como *standards* a partir dos anos 70 e por uma razão simples: ao tomar conta do mercado e ao compor seu próprio material e só cantar o que compõem, os conjuntos de rock sufocaram, ao mesmo tempo, os compositores, os cantores e as canções. Pode ser ótimo para as finanças desses conjuntos, mas é ruim para a música — porque, com isso, cada repertório nasce e morre com cada conjunto, antes de ser adotado pelos cantores de verdade (supondo que seja adotável).

Alf foi um dos primeiros compositores-cantores do Brasil, mas ainda pegou o tempo em que os cantores profissionais ficavam atentos a todo grande material. E foram esses cantores, e não ele próprio, que transformaram em *standards* suas maravilhas: "Céu e mar", "Rapaz de bem", "Ilusão à toa", "O que é amar", "Fim de semana em Eldorado", "Seu Chopin, desculpe", "Olhos negros", todas dele, sozinho ou com parceiros. Além de "Eu e a brisa", que chegou a ser desclassificada num célebre festival da canção em 1968 (para você ver como a posteridade faz uma ideia romântica daqueles festivais). Em contrapartida, Alf, como cantor, sempre gravou canções alheias, de compositores que admira: Jobim, Newton Mendonça, Armando Cavalcanti, Menescal e Bôscoli, Durval Ferreira, sem contar um disco inteiro cantando Noel Rosa. E não é por falta de repertório: vários discos de Claudette Soares, Elza Soares e outras contêm johnny alfs de primeira, canções que elas mantiveram vivas — e que ele nunca gravou.

Como pianista, cantor e compositor, Johnny Alf domina céus e mares. Mas, sendo o Brasil como é, parece até normal que ele não tenha nem fração do reconhecimento que merece. Os discos com seu nome cabem num canto da prateleira e foram, quase todos, mal lançados (mesmo o excepcional *Olhos negros*, de 1990, em que teve como convidados Gal Costa, Chico Buar-

Luz própria ▶

Johnny Alf ilumina
territórios que
outros ainda nem
sonharam desbravar

que, Caetano Veloso, Gilberto Gil, Sandra de Sá etc.). Não que Alf tivesse, um dia, sonhado com o sucesso popular — desde o começo, sabia que fazia música "para poucos", do tipo que nunca tocaria na Rádio Nacional (da qual era ouvinte e fã) ou, em termos de hoje, na trilha da novela. Nos anos 90, com a Bossa Nova começando a recuperar o seu nicho no mercado, houve um surto de se pôr Johnny Alf para gravar — por iniciativa de seu grande campeão, o escritor João Carlos Rodrigues. E, em 1999, Alf recebeu o prêmio Shell por sua obra. Mas ainda falta tudo.

Friamente falando, é possível que Alf tenha feito mais bem à Bossa Nova do que ela a ele. Não por culpa dela ou de ninguém. É um fato que seus primeiros discos e canções, no começo dos anos 50, já continham as sementes que, combinadas com outros elementos, resultariam na Bossa Nova. Quando ela estourou como um "movimento", no fim da década, foi aparentemente sem a sua participação e deu a impressão de tê-lo superado. Mas não era bem assim. Alf (assim como Dick Farney, Lucio Alves, Tito Madi e João Donato) sempre correu em faixa própria. O que ele, Dick, Lucio, Tito e Donato faziam já era "uma bossa nova" — de que seus amigos Tom Jobim, Newton Mendonça, Carlinhos Lyra, João Gilberto e outros se serviram em parte para fazer "a Bossa Nova". Alf os influenciou e isso nunca foi negado. Nem poderia ser: eram ouvintes fiéis de seu piano nas noites da boate Plaza, na Copacabana de 1953 ou 1954, e se sentiram órfãos quando ele se mudou para São Paulo.

Alf foi convidado a participar de todos os primeiros shows da Bossa Nova no Rio, quando eles ainda eram apresentados nas universidades. Sua simples presença junto àqueles rapazes funcionava como um aval. O mestre de cerimônias dos shows, Ronaldo Bôscoli, o anunciava como tendo sido "bossa nova desde o dia em que nasceu", membro nato da Bossa Nova. No começo dos anos 60, Alf fez várias temporadas no Bottles Bar, no Beco das Garrafas, território exclusivo da Bossa Nova e do samba-jazz. É verdade que não participou do concerto de Bossa

Nova no Carnegie Hall, em Nova York, em novembro de 1962. Nem ele, nem João Donato, nem Os Cariocas, nem Pery Ribeiro, nem Sylvinha Telles, nem o Tamba Trio, nem outros que já eram profissionais e teriam salvado o show do amadorismo. Foram convidados e muitos se recusaram por não fazer fé no evento. No caso de Johnny Alf, o motivo pelo qual ele desapareceu, sem ao menos dar resposta, foi mais prosaico: medo de avião.

O que a Bossa Nova não fez por Johnny Alf não pôde fazer nem por si própria a partir de 1966, quando o eixo da música brasileira se alterou e decretou a quase aposentadoria de muitas de suas estrelas. E Johnny seria a última pessoa a fazer algo por si mesma. Como se vence uma característica que também já vem desde o berço, chamada timidez? Pode ter sido esse o motivo que o fez também recusar uma proposta de Sarah Vaughan — e logo quem: sua heroína Sarah! —, que, ao conhecê-lo em São Paulo, nos anos 70, queria levá-lo para os Estados Unidos. Johnny não precisou dizer não a Sarah. Apenas não disse nada. Como também nunca disse nada sobre o fato, observado por João Carlos Rodrigues, de que Dick Farney (seu primeiro inspirador e, na vida real, padrinho) nunca gravou uma de suas músicas.

Johnny Alf não se queixa de nada, nunca. Quem se queixa por ele são seus novos admiradores, finalmente convencidos de que pode ser chique para um artista ser cult, mas isso não lhe paga o aluguel. Johnny continua a viver modestamente em São Paulo, sempre em casas humildes, nas quais os únicos artigos de que jamais abrirá mão são os seus discos — uma extraordinária coleção, incluindo 78s, que ele carrega para onde quer que se mude. A suprema ironia é a de que nem sempre tem um piano em casa.

Seus cultores mais jovens não querem ser detentores de um segredo. Eles gostariam de partilhar o culto e espalhar ao mundo a grandeza de Johnny Alf. Mas o primeiro a quem têm de convencer disso é o próprio Johnny Alf.

Nas águas de João Donato

Uma permanente pororoca musical

A primeira música que João Donato aprendeu na vida foi "O ébrio". Sim, a própria, grande sucesso de Vicente Celestino: "Tooornei-me um éeébrio/ Na bebida, buuusco esquecer/ Aquela ingraaata/ Que eu amaaava e que me abaaandonou". Donato aprendeu a cantá-la inteira, inclusive com o dramático prólogo falado, em que o homem conta como a ingrata fugiu deixando-lhe a filhinha ("Uma pequenina boneca de carne, que eu tinha o dever de cuidar") e esta morreu, certamente por sua irresponsabilidade. Encharcado de culpa e de pinga, o homem, que "cantara nos teatros da mais alta categoria", fora passando para os da mais baixa, até que, num porre épico, terminara por levar uma vaia "cantando em pleno picadeiro de um circo". Então, por causa disso, bebia ainda mais e o chamavam: "Ébrio... ébrio...". Era tão terrível que as pessoas juravam que o comportado e abstêmio Vicente bebia de verdade. Entre os milhares de fãs de "O ébrio" estava Nelson Rodrigues — no que não havia nada de mais, porque Nelson era macaco velho. Mas Donato, ao disparar de velocípede pela casa de seus pais cantando "O ébrio" a plenos pulmões, tinha apenas três anos.

Era 1937 e "O ébrio", lançado no ano anterior, ainda sofria em todos os rádios e vitrolas, ao alcance de crianças inocentes. Donato, nascido em 1934, já revelava sua precocidade musical, embora, aos três anos, uma criança não possa ser responsabilizada pelo gosto. Mas, dali em diante, Donato nunca mais parou. Pelos anos seguintes, foi-se apropriando de todos os instrumentos que lhe caíam na mão — as panelas de sua mãe, uma flautinha de lata, um cavaquinho usado, uma gaitinha — e fazendo música com eles. Em 1942, quando tinha oito anos, ganhou um daqueles pequenos foles de papelão colorido e, de primeira, tirou a marchinha "Chica boa... Chica boa", de Christovão de Alencar e Benedito Lacerda, sucesso de Orlando Silva no Carnaval ("Vocês viram por aí/ A Chica, Chica boa?/ É uma garota que fugiu lá da Gamboa/ Ela tem um ar de quem não é feliz/ E um sinalzinho bem na ponta do nariz"). Para quem começara com "O ébrio", era um avanço espetacular.

Em seguida, Donato fez jus a seu primeiro acordeom de verdade: uma sanfona pequena, de 24 baixos. Foi com ela a um circo que passava por Rio Branco, tocou "The Lambeth walk" para o gerente e o circo quase o levou com ele. Ainda com oito anos, Donato compôs sua primeira música: uma valsinha, "Nini", com letra e tudo. (A segunda foi "Índio perdido", que, décadas depois, com letra de Gilberto Gil, tornar-se-ia "Lugar comum".) À medida que ia crescendo e dominando o instrumento, os acordeons que seu pai lhe dava também iam ficando maiores. Quando ganhou o maior de todos, o de 120 baixos, aos onze anos, já tocava muito bem, mas só podia ser visto do nariz para cima — o resto sumia por trás do acordeom.

Donato vinha de uma família musical. Seu pai (capitão da Polícia Militar do Acre, de onde veio a família, e também chamado João Donato) tocava bandolim e um pouco de piano. Sua mãe cantava e queria fazer da filha Eneida, três anos mais velha que Donato, uma concertista de piano, quem sabe uma segunda Magdalena Tagliaferro. Eneida cumpriu nove anos de piano no Conservatório Brasileiro de Música, mas, por causa de outra forte tradição familiar, a aviação, acabou se tornando aeromoça — e, segundo fontes insuspeitas, uma das mais bonitas que já cruzaram os céus do Brasil. O filho mais novo, Lysias, nascido no Rio em 1937, não quis saber de música — preferia poesia e, no futuro, seria o melhor letrista de seu irmão e admirado por Dorival Caymmi.

Quando se diz que Donato é acreano (porque nascido em Rio Branco, no então território do Acre), é verdade, mas não de todo. Quando ele tinha um ano, em 1935, a família veio para o Rio, para que seu pai fizesse o curso da Escola de Aviação Militar do Exército, no Campo dos Afonsos. Foram morar em Cascadura, ali perto, e ficaram quatro anos. Em 1939, voltaram para Rio Branco e Donato pai tornou-se um dos primeiros pilotos da região, trabalhando no reconhecimento das fronteiras do Acre com o Peru e a Bolívia. Encarapitado num teco-teco Waco ou Fairchild de asa dupla, cabia-lhe anotar cada rio, lagoa ou riacho que visse lá de cima — um trabalho de alta responsabilidade porque um metro a mais, para lá ou para cá, podia significar um ganho ou perda territorial para o Brasil. Dos seis aos onze anos, Donato filho esteve várias vezes ao seu lado nos aviõezinhos, desfrutando das acrobacias que os pilotos gostam de fazer quando há amadores a bordo, inclusive voar de cabeça para baixo. Talvez porque vivam nas nuvens ou porque tenham uma certa intimidade com o infinito, o vulgo acredita que todos os pilotos de avião sejam (sem trocadilho) meio aéreos. Donato pai era um homem muito rígido (ao chamar um filho, gritava: "Fulano, apresente-se a seu pai!"), mas, ao levar o menino para passear no céu, pode ter sido o responsável pelo fato de que, desde tenra idade, ele batesse todos os recordes de desligamento.

O desligamento de Donato filho era de tal ordem que o tornava uma ameaça a quem estivesse por perto. E ninguém estava tão por perto quanto seu pequeno irmão Lysias, três anos mais novo. A família tinha um canavial perto de Rio Branco, onde eles gostavam de brincar. Numa dessas, provavelmente ao procurar minhocas para pescar, Donato, sem querer, acertou uma enxadada na cabeça de Lysias (não que Lysias tivesse minhocas na cabeça). Em outra ocasião, de brincadeira, Donato deu-lhe um tiro com uma espingarda de dois canos (e errou por pouco). Finalmente, num dia em que cruzavam de barco o rio Acre, Donato jogou Lysias na água — o garoto ficou preso entre o fundo do rio e o casco do barco, e foi salvo por um adulto antes de ser apanhado pelo motor. Anos depois, Lysias veria a coisa filosoficamente: "Donato nunca achou que música precisasse de letra. Talvez temendo que eu me tornasse letrista, já quis resolver o problema naquela época. Foram três tentativas de assassinato. [Risos]".

Em 1945, a Polícia Militar do Acre foi extinta e seus integrantes, se quisessem continuar na corporação, podiam pedir transferência para qualquer lugar. Donato pai pediu para ser transferido para o Rio. Com isso, a família empacotou a mudança e embarcou em Rio Branco para a viagem que, então, levava três meses. De tantos em tantos dias, trocava-se de barco, de acordo com o calado do rio, mas em nenhum deles havia acomodação para o piano de Eneida. O piano viajava no convés, com o que Eneida e Donato, este ao acordeom, aproveitavam para brindar os passageiros com algumas horas de show diário, ao ar livre — um dos hits da travessia foi "I'm getting sentimental over you". Em Belém do Pará, tomaram finalmente um ita (o *Itapé*) e só então o piano de Eneida foi acomodado no porão. Mas o *Itapé* tinha um piano de cauda e a temporada prosseguiu. Foi ali que Donato viu, pela primeira vez, um artista de verdade: o cantor Carlos Galhardo, famoso por "Alá-la-ô" e "Nós queremos uma valsa". Galhardo, elegantérrimo, de bigode, cachimbo e cachecol, deixava-se ficar de perfil no convés, mirando pensativamente o horizonte. Donato, encantado, admirava-o à distância e fazia seus cálculos: para ser artista, não bastava saber cantar — era preciso usar cachecol. E então o ita aportou na praça Mauá e Donato se viu definitivamente no Rio. Tinha onze anos.

Aos treze, viveu um episódio que, em personalidades menos fortes, poderia ter representado um precoce fim de carreira. Inscreveu-se para se apresentar no programa de calouros de Ary Barroso na Rádio Tupi e foi aceito. No dia do programa, embecou-se com sua melhor roupinha e foi para a rádio. Da coxia do auditório, ele ouviu quando Ary o anunciou: "E, agora, o candidaaato João Donaaato!". Entrou no palco com o acordeom, mas Ary olhou-o com cara feia e nem lhe perguntou o que ia tocar: "Pode voltar. Não gosto de meninos-prodígio". Donato, vexado e murcho, fez meia-volta e saiu, sentindo-se injustiçado pelo homem que, por causa de "Aquarela do Brasil", ele quase idolatrava. E como Ary descobriu que Donato era menino-prodígio? Porque, apesar de muito alto, com aquelas pernas compridas, Donato estava de calças curtas. Se pelo menos estivesse de cachecol!

Mas quem saiu perdendo foi Ary Barroso, porque a musicalidade de Donato espantava qualquer um que o visse tocar. Por aquela época, Eneida levou-o a um violinista amigo de seu pai, o brigadeiro Thomaz Gediurdi. Este lhe perguntou se ele tocava violino. Donato pegou o instrumento (o primeiro em que punha as mãos) e disse: "Não sei. Posso ficar com ele ali dentro por alguns minutos?". O brigadeiro não entendeu, mas concordou. Donato foi para a sala ao lado com o violino e fechou a porta. Reapareceu em menos de dez minutos: "O que o senhor quer que eu toque?". Foi o que precisou para descobrir como o violino funcionava — e tocou tudo que o brigadeiro pediu. Mas músicos são assim mesmo: se o objeto produz um som, eles logo sabem como tocá-lo, não importa que seja um oficlide ou um membranofone. O próprio piano, que aprendia com Eneida, já não lhe era estranho.

Mas seu forte era mesmo o acordeom, com o qual fazia dupla com a irmã no que então se chamavam de "caravanas culturais". Os dois se anunciavam como os Irmãos Oliveira (nome da família) e, durante dois anos, deram shows em cinemas e colégios tocando o repertório de Adelaide Chiozzo. Num deles, na Casa do Estudante do Brasil, apresentaram-se ao lado de Oscarito, Grande Otelo e Dercy Gonçalves — grande educação, em todos os sentidos, para dois meninos. Mas, em 1949, a dupla se desfez e a culpada foi a aviação.

O pai de Donato insistia em que pelo menos um dos filhos seguisse a carreira do ar. Eneida era a mais velha, mas era mulher, o que a tornava inelegível. Segundo na fila, Donato despontava como o candidato natural a pôr a touca de couro, os óculos de Barão Vermelho e sair piruetando pelo espaço. Mas, ao fazer um exame de vista na Aeronáutica, descobriu-se que era... daltônico. Nunca poderia ser piloto. (O impressionante é que tenha levado quinze anos para descobrir que, embora fosse Fluminense, não distinguia entre verde e vermelho. E não apenas isso, como às vezes via tudo cor-de-rosa — levava *la vie en rose* e achava normal.) O implacável Donato pai assestou então sua mira sobre o caçula, o indefeso Lysias, que, aos doze anos, não tinha idade para pilotar nem aviãozinho de carrossel. Mesmo assim, e por via das dúvidas, foi também mandado a exame de vista. O exame revelou miopia e astigmatismo, o que encerrava no ovo sua carreira de aeronauta — não que Lysias tivesse o menor interesse em voar. Mas alguém tinha de voar naquela família, decidiu Donato pai. Assim, sobrou para Eneida, que foi ser aeromoça da Nacional Aerovias, e isso a obrigou a parar com tudo: conservatório, piano, shows dos Irmãos Oliveira e sua carreira de Magdalena Tagliaferro.

Em compensação, ali começava João Donato solo.

Os que hoje veem Donato onipresente na mídia, gravando um CD atrás do outro e se apresentando de Manaus a Porto Alegre, não podem imaginar que ele levou cinquenta anos para fazer sucesso da noite para o dia. Sucesso, aliás, que nunca procurou e do qual, mais exatamente, passou a vida fugindo. Dos anos 50 a boa parte dos anos 90, só os iniciados seriam

Senhor swing ▶

Com meio século de atraso, a música de Donato fala hoje para todos os gostos

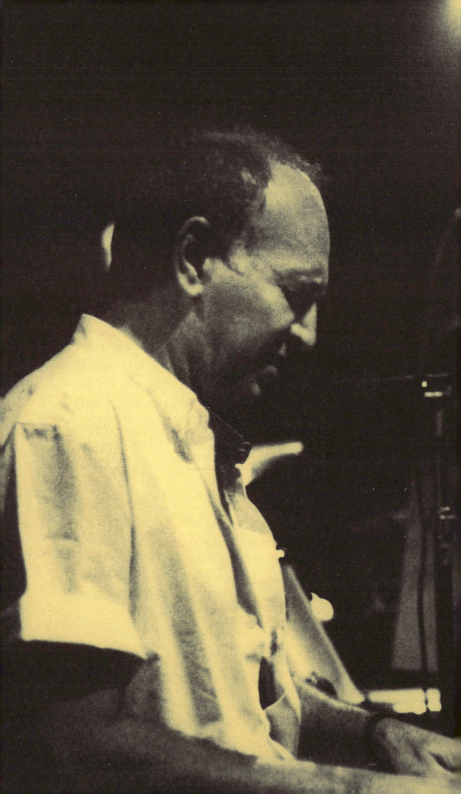

capazes de ligar o nome à figura se se mencionasse a presença de João Donato num recinto. Para estes, ele já era uma lenda, sem dúvida — mas, para todos os efeitos práticos, tão corpórea ou palpável quanto gás ou perfume.

A história de que ele não acreditava em música com letra é verdade. Esta não é uma atitude incomum entre músicos, embora seja meio suicida num mercado como o brasileiro, surdo desde os anos 70 para qualquer tipo de música instrumental. Inúmeras de suas canções, que hoje tocam no rádio e são reconhecíveis por multidões, já existiam há décadas como temas instrumentais restritos aos aficcionados e com outros títulos. "Gaiolas abertas" (letra de Martinho da Vila), por exemplo, era "Silk stop". "Bananeira" (letra de Gilberto Gil) era "Villa Grazia". "Café com pão" (letra de seu irmão Lysias) era "Jodel". "Até quem sabe" (idem, de Lysias) era "You can go". "Vento do canavial" (ibidem, Lysias) era "Sugar cane breeze". "Amazonas" já era e continuou sendo "Amazonas", mas foi a letra, também de Lysias, que a tirou do gueto jazzístico — onde, por sinal, ela ia muito bem — e a trouxe para a luz.

Os exemplos poderiam ser dezenas — a provar que, antes de gerar "canções" capazes de render muito dinheiro para os intérpretes, para as gravadoras e para a indústria da música em geral, todas elas já eram música. E grande música, que essa indústria, *soi-disant* capitalista, apenas insistia em ignorar.

Com meio século de atraso, a música de Donato finalmente passou a falar para todos os públicos: os coroas pioneiros, que o admiram desde os anos 50; os que o descobriram com a Bossa Nova, da qual ele não participou como pessoa física, por ter se mudado para os Estados Unidos em 1959; os que só muito mais tarde souberam dele, quando ele voltou para o Brasil em 1971 e foi adotado pelos baianos; e os muito jovens dos anos 90 e 2000, mesmo os de formação roqueira, que (não é incrível?) têm ouvidos para o seu swing. Donato conseguiu arredondar esse público sem fazer qualquer concessão a seus princípios musicais

— donde se conclui que o público é que deve ter evoluído. Mas não lhe fez nenhum mal que, seguindo uma sugestão de Agostinho dos Santos, em 1971, ele tivesse aberto sua obra para que os colegas lhe colocassem letras. E, quando isso aconteceu, os letristas se atiraram a ela como a um banquete: Caetano Veloso, Gil, Chico Buarque, Aldir Blanc, Paulo César Pinheiro, Moraes Moreira, Marcos e Paulo Sérgio Valle, Martinho da Vila, Fausto Nilo, Cacaso, Abel Silva, Geraldo Carneiro, Ronaldo Bastos, Paulo André Barata, Arnaldo Antunes, Cazuza e até o poeta Haroldo de Campos. Ironicamente, "The frog", uma das poucas canções às quais o próprio Donato já tinha posto "letra" — uma informal e deliciosa sequência de sons como gurungunduns e guerenguendéns, gravada por Sérgio Mendes, João Gilberto e outros —, acabou ganhando outra letra oficial, de Caetano, que a transformou em "A rã".

Nesse meio século que Donato levou para acontecer comercialmente, ele viu sua turma dos anos 50 surgir, florescer, estourar, passar ao esquecimento, ser dada como morta e, de repente, nos últimos tempos, ressuscitar como "emblemática" de uma grande época. E que turma era essa? Compunha-se de nomes como Dick Farney, Lucio Alves, Johnny Alf, Dolores Duran, Ismael Neto, Tito Madi, Tom Jobim, Newton Mendonça, João Gilberto — todos da sua geração, alguns apenas um pouco mais velhos. Donato assistiu ao longo desenrolar desse processo envolvendo seus amigos, enquanto ele próprio continuava deixado à margem — uma espécie de reservista de luxo, de quem alguns às vezes se lembravam com respeito, embora o que mais se soubesse dele viesse envolto numa aura de folclore, parecida com a que cerca João Gilberto (havia uma lenda de que o "louco" era Donato e que João Gilberto só o copiava).

Já me perguntei quais teriam sido, até há pouco, os sentimentos de Donato assistindo ao monumental crescimento da reputação de Tom e João Gilberto como os responsáveis pela "modernização da música popular" — enquanto ele próprio, que começara junto e era tão "moderno" quanto os dois, quase nunca era citado. A resposta a isso, por tudo que apurei, é: ele nunca sentiu nada. Talvez por seu desligamento ou, quem sabe, por não se considerar assim tão importante. Seja como for, em qualquer arquivo, não há registro de uma palavra de sua parte sugerindo mágoa, rancor ou inveja contra ninguém. Mas o reconhecimento a ele está acontecendo e pode ser um prêmio à sua grandeza e generosidade o fato de, mesmo com tanto atraso, o destino estar lhe permitindo saborear esse reconhecimento.

Já não importa muito que, ao ouvir "Simples carinho", com Angela Ro-Ro, os menos atentos pensem (por Ro-Ro ser também compositora) que a música é dela. Ou que "A paz" seja de Gil, ou "Naquela estação", de Adriana Calcanhoto. Em todos esses casos, o que as pessoas estão ouvindo é João Donato. Junte a todas que foram citadas outras como "Mentiras", "Nasci para bailar", "Chorou, chorou", "Brisa do mar", "Emoriô", "Fim de sonho", "Lua dourada", "O fundo", "Sambolero", "Os caminhos", "Quem diz que sabe", a sublime (e minha favorita entre todas) "Surpresa", as recentes "Ê lalá lay-ê" e "Alguma coisa assim", e você terá um corpo de canções clássicas contemporâneas — um acervo à mão de qualquer intérprete, cantor ou músico, que queira dar consistência a um disco. A obra de Donato veio para ficar, e a tendência é que seja cada vez mais explorada em diversos contextos musicais — é rica o bastante para isso.

Pode ser que, pela diversidade de letristas, você não extraia delas uma identidade temática ou uma comunhão de temperamentos (mas pode ser também que sim, porque, afinal, é Donato quem decide se aquela letra vai valer ou não). Musicalmente, no entanto, essa identidade é fortíssima. Embora ele só tenha vivido quando criança no Acre e por tão pouco tempo, sua música tem um sabor, um mormaço, um som do Norte profundo do Brasil. É suada, dolente, langorosa, puxada a um bolero. Parece saída do alto-falante de cabarés baratos de beira de estrada, sugere a umidade das florestas e tem a força tranquila de rios que atravessam milhares de quilômetros para desaguar no mar. E é estranhamente brasileira: ecoa um país fronteiriço com uma América do Sul que não conhecemos (ou fingimos desconhecer), mas que é tão Brasil quanto o do litoral.

Essa talvez seja a imagem que define a música de Donato: a de um rio cujas águas arrastam tudo por onde passa. Com elas, Donato arrastou também o suingue carioca dos conjuntos vocais a que pertenceu ou organizou em fins dos anos 40; todos os discos de Stan Kenton que ouviu nas lojas Murray, no Rio da mesma época; os conjuntos regionais, de choro e de baião, as orquestras de boate e os trios de jazz com quem tocou acordeom, piano e trombone nos anos 50. Uma de suas primeiras composições chamava-se "Muito à vontade" e era isso mesmo: Donato sempre esteve à vontade em qualquer formato — porque os formatos é que se curvavam a ele.

Em 1958, Donato viu a Bossa Nova surgir, a partir de elementos que ele próprio ajudara a semear, mas nunca se integrou programaticamente a ela. Nem precisava: sempre fora "bossa nova" por conta própria. E, quando a Bossa Nova se firmou como um movimento, em 1959-60, ele já estava longe daqui, em Los Angeles, São Francisco ou Nova York, tocando com bandas de jazz e mambo, como as de Johnny Martinez, Mongo Santamaría, Tito Puente, Cal Tjader — dando-lhes um tempero brasileiro e moderno, ao mesmo tempo em que absorvia a vitalidade rítmica daqueles primos-irmãos do samba. Em novembro de 1962, quando se fez o concerto de Bossa Nova no Carnegie Hall, em Nova York, Donato estava em Los Angeles e, meio em cima da hora, eles o convidaram a participar. Só se esqueceram de mandar-lhe a passagem e, naquela época, Donato estava sem dinheiro até para o bonde. Pior para o concerto. Mas, poucos meses depois, partiu para uma temporada na Itália com um conjunto que os deuses pagariam para ouvir tocando: ele ao piano, João Gilberto ao violão e voz, Tião Neto ao contrabaixo e Milton Banana à bateria. E, na volta aos Estados Unidos, trabalhou por lá com Tom, Astrud, o próprio João Gilberto e foi uma figura secreta e importante no sucesso inicial de Sérgio Mendes com o Brasil '66 — confira no disco *Look around*, em que sua presença não se limita a seu arranjo e à sua voz (sem crédito) na gravação de "The frog".

Se Donato não foi "da Bossa Nova" de Tom e João Gilberto, ninguém contribuiu mais do que ele para expandi-la ritmicamente. Sendo sua cabeça uma fusion — uma permanente pororoca musical —, ele incorporou a Bossa Nova clássica a essa fusion e, ao devolvê-la, gerou uma química tão mais à frente que só agora, no novo milênio, é que estamos conseguindo percebê-la.

E pensar que tudo começou com "O ébrio"!

6
Toques de silêncio

Atire no pianista

E também no saxofonista, no trompetista, no trombonista...

Na madrugada de 18 de março de 1976, o pianista brasileiro Francisco Tenório Jr. saiu do hotel Normandie, na esquina da avenida Corrientes com a rua Rodríguez Peña, em Buenos Aires, para comer um sanduíche e comprar um remédio. Tenório Jr. estava na Argentina como acompanhante de Vinicius de Moraes e Toquinho, que faziam uma temporada no Teatro Gran Rex, também na Corrientes. Ao sair para a rua, deixara um bilhete na portaria dizendo o que fora fazer e avisando: "Volto logo". Com sua elegância antiga e a *féerie* de sua vida noturna, Buenos Aires é uma cidade *noir*, própria para enredos policiais ou de mistério. Mas aquela não era a Buenos Aires das histórias que Jorge Luis Borges e Adolfo Bioy Casares escreviam juntos. Era a Buenos Aires cruel de Rodolfo Walsh, cujos contos de crime e sequestro tinham forte ingrediente político.

Tenório não voltou — nem naquela noite nem nunca. Na verdade, nunca mais foi visto por seus amigos. E seu corpo nunca foi encontrado. Tinha 33 anos, quatro filhos e, no Rio, sua mulher esperava o quinto para dali a um mês.

O "desaparecimento" de Tenório ocorreu na véspera do golpe militar contra a presidente Isabelita Perón. Nos anos seguintes, sob a ditadura do general Jorge Videla, a Argentina viveria cerca de 30 mil casos como o dele. Só que os "desaparecimentos" começaram antes do golpe e o de Tenório foi dos primeiros. Tenório era inocente. Aliás, seria inocente sob a ditadura de seu próprio país: nada tinha a ver com política e não se interessava por nenhum assunto que não fosse música.

Mas as aparências podem enganar. Alto, de óculos, jeito compenetrado, cabelo e barba compridos, casaco de couro, camisa xadrez, jeans e, talvez, botas, ele poderia ser confundido com um perigoso "intelectual". Ou com algum dos terroristas montoneros que teriam um *ponto* perto do Normandie àquela hora, naquela noite.

Desde então, mas só depois de um longo período de silêncio, muita coisa foi esclarecida sobre seu caso. O que, desde o primeiro dia, eram suspeitas difíceis de apurar, só começou a ganhar luz em 1986: Tenório foi preso, torturado e morto pela Marinha argentina, com a conivência de elementos da embaixada brasileira em Buenos Aires. A fonte dessas denúncias foi um ex-soldado do serviço de inteligência da própria Marinha argentina, Claudio Vallejos, que teria testemunhado tudo. Em maio de 1986, Vallejos contou essa história ao repórter Maurício Dias, então na revista *Senhor*. A matéria saiu, mas a Justiça dos dois países se omitiu.

Segundo Vallejos, Tenório foi preso perto do hotel por uma turma de doze homens da Marinha e levado para uma delegacia na rua Lavalle, a três quarteirões dali. Ao ser interrogado, identificou-se como brasileiro e apresentou seu passaporte e sua carteira do Sindicato dos Músicos do Rio. Disse onde estava hospedado e pediu ao que parecia ser o chefe, o tenente Alfredo Astiz, que fosse ao hotel Normandie para checar. Mas Astiz precisava mostrar serviço. Seu grande alvo naquela noite, o líder montonero Ricardo Caño, escapara ao suspeitar que o *ponto* caíra. Se não tinha Caño, Astiz tinha aquele brasileiro suspeito (e, em 1976, Buenos Aires fervia de exilados brasileiros, ligados, mesmo que só por amizade, à esquerda argentina). Tenório foi levado de capuz e debaixo de murros para o camburão que o transportou para a Escola de Mecânica da Armada.

Ainda de madrugada, os colegas de Tenório — Vinicius, Toquinho, o contrabaixista Azeitona e o baterista Mutinho — deram pela sua falta no hotel. De manhã, a preocupação converteu-se em pânico e eles saíram a bater hospitais, delegacias e necrotérios. Mas, àquela hora, com o golpe nas ruas, bombas explodindo e prisões em massa, Buenos Aires já era uma cidade conflagrada e sem informações. Vinicius foi procurar o embaixador do Brasil em Buenos Aires, seu velho amigo (e ex-marido de sua filha Suzana), Rodolfo Souza Dantas. Na conversa, cogitaram de que, por mais improvável, Tenório poderia ter caído na malha da repressão argentina. Souza Dantas impetrou um habeas corpus, que talvez nunca tenha chegado ao destino — parando na gaveta do ministro-conselheiro da embaixada, Marcos Torres, filho de general e ligado à linha dura no Brasil. O que se passou a partir daí, pelo que se depreende do relato de Vallejos, foi monstruoso: os funcionários brasileiros que deveriam procurar Tenório para protegê-lo fizeram o contrário. Eles o acharam, mas juntaram-se aos seus algozes.

Na Escola da Armada, os argentinos concluíram que o já muito machucado Tenório, não sendo quem eles pensavam, não mais lhes interessava. Mas, segundo Vallejos, "interessava ao SNI brasileiro" — referindo-se ao braço do SNI em Buenos Aires nas figuras do major Souza Batista e do capitão Visconti. Eles passaram a interrogar Tenório, que, como músico, devia conhecer "subversivos" no Brasil. Tenório foi torturado durante nove dias por agentes dos dois países, sendo submetido à "churrasqueira" (uma cama de molas para choques elétricos) e afogamentos de cabeça para baixo num balde de água com urina. E, no que, a se confirmar, será uma página negra na história da diplomacia brasileira, um membro da embaixada teria falado com Tenório durante a tortura e sido conivente com a selvageria.

Quando chegou de Brasília a informação de que, também aqui, nada havia contra Tenório, ele já não estava em condições de ser devolvido à rua ou mesmo mandado para um hospital militar argentino. Tornara-se um arquivo: vira o rosto de seus torturadores, sabia que eram brasileiros. O SNI não podia deixá-lo voltar ao Brasil e os argentinos não queriam mantê-lo preso.

Então, com a autorização dos brasileiros, o argentino Astiz cobriu Tenório com um capuz e deu-lhe um tiro na cabeça. O corpo foi enterrado numa cova rasa no cemitério de La Chacarita — onde, com certeza, não ficou por muito tempo. Anos depois, o tenente Astiz seria julgado por covardia e deserção na Guerra das Malvinas.

Tenório foi um dos sete brasileiros "desaparecidos" sob a ditadura argentina, entre 1976 e 1983. No mesmo período, seis argentinos também "desapareceram" sob a ditadura brasileira. Não se sabia então da existência da "Operação Condor", um esquema clandestino de cooperação entre os países do Cone Sul — uma troca de favores entre os serviços de informação brasileiros, argentinos, uruguaios e chilenos, para sequestrar, torturar e matar além-fronteiras. Uma característica dessas operações era não deixar vestígios — como no caso de Tenório. Não se fez o registro, por exemplo, de sua passagem pela delegacia da rua Lavalle (a qual só foi usada para o primeiro interrogatório por ser perto do local da prisão). Os policiais lotados na delegacia não tinham nada com o que estava acontecendo. E não se esperava que a Escola da Armada mantivesse um diário do que acontecia a quem caísse ali.

A mulher de Tenório, Carmen, irmã do artista plástico Roberto Magalhães, só soube do desaparecimento do marido quatro dias depois, por uma nota em *O Estado de S. Paulo* (certamente enviada pelo correspondente do jornal em Buenos Aires, Flavio Tavares, ele próprio um futuro alvo da "Operação Condor"). Ao saber do sumiço de Tenório, artistas e intelectuais brasileiros assinaram um manifesto exigindo providências aos dois governos. Mas aquela não era uma época receptiva a manifestos. E, com Brasil e Argentina unidos pela ditadura, não havia medidas judiciais a tomar.

Anos se passaram. Nos dois países vieram as aberturas, as democracias e, com elas, as anistias, garantindo a impunidade dos assassinos. Somente em 1997, 21 anos depois do fato, Carmen, com apoio do Ministério da Justiça brasileiro e de associações de direitos humanos, requereu a abertura do caso e o pagamento de uma indenização pelo governo argentino. Mas o processo esbarrou na falta de documentos em Buenos Aires — até o habeas corpus pedido por Vinicius já havia desaparecido. Apesar de pastas abarrotadas de material de imprensa a seu respeito, Tenório Jr., para fins legais, não existia na Argentina.

Tenório Jr. parece não existir também para fins artísticos em seu próprio país. Seu nome não é verbete das enciclopédias da música popular brasileira, algumas com quase mil páginas e contendo nomes menoríssimos, surgidos dias antes de esses livros irem para o prelo. Tenório não é sequer mencionado em verbetes alheios. Também, pudera: não era um cantor, uma celebridade, um astro da "MPB". Era apenas um músico.

Mas um grande músico, reconhecido como tal pelos outros grandes de sua época e dos quais era, escandalosamente, o mais novo. Em 1964, quando gravou seu único disco como líder — *Embalo*, pela RGE —, Tenório tinha 21 anos e ainda era estudante (quarto ano da Faculdade Nacional de Medicina, no Rio). A ideia de alguém tão verde e desconhecido do público ser convidado a fazer um LP inteiro — ainda por cima, "jazzístico", instrumental — era inédita. E, se há uma instituição no Brasil que não pode ser acusada de benemérita, são as nossas gravadoras. Mas José Scatena e Benil Santos, diretores da RGE, não

Bossa com dinamite ▶

Tenório Jr. (piano),
Tião Neto (contrabaixo)
e Edison Machado
(bateria) no Bottles Bar —
apogeu do samba-jazz

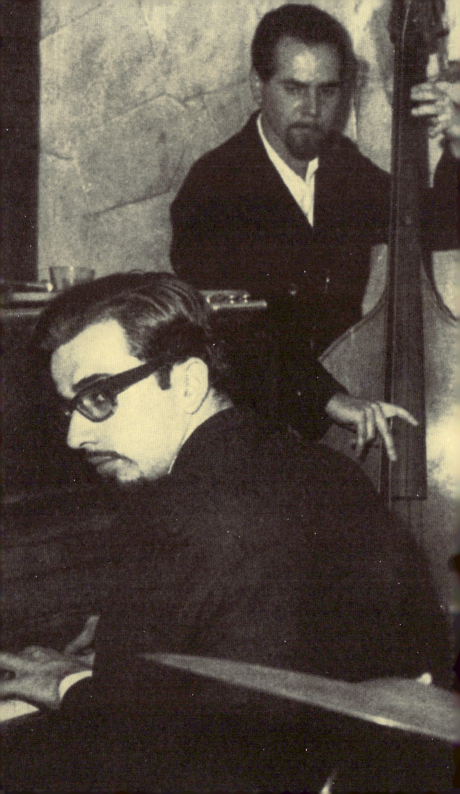

apenas pediram um disco a Tenório como foram além: deram-lhe liberdade para escolher o engenheiro de som, selecionar o repertório, fazer os arranjos, arregimentar os músicos e até decidir sobre a capa. Isso passa uma ideia do prestígio que já cercava Tenório Jr. nos melhores meios?

Pois ele não os decepcionou: *Embalo* era um disco empolgante, de um gênero que só então começava a ser descoberto pelas gravadoras. E que, de tão novo, nem nome tinha ao certo. Para alguns, era samba-jazz; para outros, "música popular moderna".

O que era essa música? Uma fusion que vinha sendo cozinhada desde fins dos anos 50, nas microboates do Beco das Garrafas, em Copacabana, e que, com as liberdades conquistadas pela Bossa Nova (da qual ela parecia ser uma viril linha auxiliar), pudera finalmente aflorar. Uma música instrumental, adulta, vibrante, complexa e, de preferência, para ser ouvida (mas que, havendo criatividade e espaço no salão, talvez pudesse ser dançada). A fórmula era a da dinamite: base forte de samba, ataques em uníssono de trompete, trombone e sax tenor, improvisações à hard bop, harmonias impressionistas, charme de gafieira — uma fórmula tão brasileira e supranacional quanto a da Bossa Nova, que também lhe fornecia pelo menos metade dos temas (os outros eram os originais dos seus próprios músicos). E que, acima de tudo, exigia uma destreza que deixava os ouvintes de boca aberta: como aqueles rapazes tinham aprendido a tocar *daquele* jeito?

Quem eram eles? Uma geração de músicos surpreendentemente dotados, alguns fortemente intuitivos, todos diplomados pela Universidade do Bottles Bar, no Beco. Entre outros, eram os trombonistas Raul de Souza (ainda chamado de Raulzinho), Edson Maciel e o irmão deste, Edmundo Maciel; os saxofonistas e flautistas J. T. Meirelles, Paulo Moura, Cipó, Juarez Araújo, Aurino Ferreira, Jorginho e, logo depois, Victor Assis Brasil; os trompetistas Pedro Paulo, Hamilton e Maurílio; o trompista Bill Horn; os violonistas Baden Powell, Durval Ferreira, Waltel

Branco, Roberto Menescal, Rosinha de Valença; os pianistas Luiz Eça, Luiz Carlos Vinhas, Dom Salvador, Sérgio Mendes, Eumir Deodato; o organista Ed Lincoln; o vibrafonista Ugo Marotta; o gaitista Mauricio Einhorn; os contrabaixistas Tião Neto, Octavio Bailly Jr., Zezinho Alves, Manuel Gusmão, Bebeto, Edson Lôbo, Luiz Marinho, Sérgio Barroso; os bateristas Milton Banana, Edison Machado, Dom Um, Chico Batera, João Palma, Helcio Milito, Ohana, Vitor Manga, Wilson das Neves, Airto Moreira, Ronie Mesquita; os arranjadores Moacir Santos, Lindolfo Gaya e também Eumir, Luizinho Eça, Meirelles, Cipó. Essa era a turma de Tenório Jr.

Era uma turma que tocava pesado, que se conhecia de lugares tão díspares quanto a banda do quartel de Realengo ou a orquestra do Theatro Municipal, e podia dividir-se em conjuntos que iam de trios a sextetos (com os quais conseguiam simular uma formação muito maior). Todos se respeitavam e ninguém invejava ninguém. Dois tinham o mesmo apelido: Edison (Machado) "Maluco" e (Edson) Maciel "Maluco" (embora só o segundo, pelas excentricidades, talvez fosse um caso clínico). As drogas correntes entre eles vinham em garrafas (não importando a procedência) ou em comprimidos, e ainda levariam algum tempo para aderir à erva do Norte. Em 1963, praticamente todos já tinham tocado com músicos americanos — Roy Eldridge, Charlie Byrd, Herbie Mann, Cannonball Adderley, Gary McFarland, Stan Getz, Paul Winter —, aqui ou em Nova York.

Grandes discos saíram dessa geração durante a lua de mel que as gravadoras mantiveram com ela. Uma lua de mel que, a depender do produtor Armando Pittigliani, da Philips, não teria terminado nunca. Foi Pittigliani quem lançou um dos discos pioneiros, *Você ainda não ouviu nada!*, com Sérgio Mendes e Sexteto Bossa Rio, em 1964, e vários outros por aquele selo, como *O som*, com Meirelles e os Copa 5, e *Dom Um*, com o baterista idem. As outras gravadoras, grandes ou pequenas, não quiseram ficar atrás. A Forma apresentou seu peso pesado,

Coisas, de Moacir Santos, e o sublime *Tempo feliz*, com Baden Powell e Mauricio Einhorn. A Elenco tinha uma linha inteira de instrumentais, com os discos de Menescal e também de Baden. A RCA Victor soltou o disco de Raulzinho, *À vontade mesmo*, e o sensacional *O LP: Os cobras*, apresentando a nata daqueles músicos, entre os quais Tenório. A CBS atacou com um disco difícil de superar: o explosivo *É samba novo*, do baterista Edison Machado, também com Tenório ao piano. Ouvidos hoje, todos soam ainda mais modernos que nos anos 60 — sem contar os discos dos trios (como os do Tamba e os de Luiz Carlos Vinhas, às vezes enriquecidos por metais e sopros) e os produzidos em São Paulo pelos também brilhantes músicos locais. Para gravar *Embalo*, Tenório cercou-se de Raulzinho, Maciel "Maluco", Paulo Moura, Meirelles, Milton Banana e outros, e soltou um dos grandes produtos daquela fornada.

Alguns temas, testados nas domingueiras do Little Club e nas noitadas do Bottles, compareciam em vários daqueles discos e começavam a tornar-se os *standards* do novo gênero: "Quintessência", "Aboio" e "Solo", de Meirelles; "Berimbau" e "Consolação", de Baden e Vinicius; "Minha saudade" e "Silk stop", de João Donato; "Fim de semana em Eldorado", de Johnny Alf; "Noa-noa", de Sérgio Mendes; "Nanã" e "Coisa nº 2", de Moacir Santos; muitos jobins, muitos menescais & bôscolis, e "Mas que nada", a primeira amostra de uma revelação de Pittigliani: Jorge Ben (cujos discos tinham Meirelles e Vinhas como arranjadores ou acompanhantes) . Nada parecia deter o avanço do samba-jazz: havia músicos, repertório, um público pequeno, mas cativo, e, pelo visto, gravadoras inteligentes, dispostas a se deixar fecundar.

Mas era uma ilusão. Num incerto dia de 1966, elas, as gravadoras, decretaram o fim do casamento com o samba-jazz — ou com qualquer forma de música instrumental brasileira. Divórcio unilateral, sem direito a pensão e sequer a uma explicação. Apenas lhe bateram a porta na cara, abrindo no máximo uma fresta para que entrassem os trios de piano, os quais (exceto o Zimbo Trio) também não iriam longe, ou quem aceitasse acompanhar cantores.

Refeitos do choque e cientes de que estavam sendo silenciados em seu país, muitos daqueles músicos rumaram para os Estados Unidos: Sérgio Mendes, Eumir Deodato, Moacir Santos, o Tamba Trio, Dom Salvador, Rosinha de Valença, Raulzinho, Juarez Araújo, Tião Neto, Dom Um, João Palma, Airto Moreira, Rubens Bassini. Outros para a Europa: Baden Powell foi para a França, Edison Machado, para a Dinamarca. Metade deles nunca voltou para o Brasil. Dos que ficaram, alguns tiveram de reverter a seu início de carreira — as boates — ou de se submeter a qualquer tipo de música, como acompanhar cantores de iê-iê-iê e ainda ouvir desaforos deles. Nada disso os salvou de passar enormes dificuldades. Mas tudo já foi há muito tempo e, desde então, vários já morreram, perto ou longe de casa — nenhum em circunstâncias tão brutais quanto Tenório Jr.

Um livro de tiragem limitada, *O crime contra Tenório*, publicado em 1997, exumou o assunto. Seu autor, o guitarrista carioca Frederico Mendonça de Oliveira (Fredera, nos meios musicais), foi amigo do pianista e nunca se conformou com sua morte. Nunca se conformou também com a "morte" por atacado daqueles instrumentistas que começavam a construir uma música popular moderna no Brasil, antes de serem tragados pelo que passou a se chamar "MPB". O livro é um panfleto contra o aniquilamento dos instrumentistas e usa o assassinato de Tenório como metáfora.

A tese de Fredera é a de que houve um conluio entre as multinacionais do disco para sufocar a grande música brasileira que, se supunha, viria suceder a Bossa Nova. Em vez dessa música, diz Fredera, as gravadoras impuseram o "cancionismo": a música resumida à simplicidade melódica da canção e às letras fáceis de assimilar a uma única audição. Para isso, criaram-se os festivais da canção — "da canção, não da música", ele observa. Duas consequências imediatas desses festivais: a valorização de um tipo de canção tanto "para ver" quanto para ouvir (a vitória de Elis Regina, rodopiando como um helicóptero em "Arrastão", num festival de 1965, apontara esse caminho) e a morte do samba como *mainstream* da música brasileira. Com o samba despachado de volta para o morro ou para o fundo do quintal, entrou a "MPB" — uma forma ritmicamente invertebrada, que seria o veículo ideal do "cancionismo" e, com o tempo, transformar-se-ia no novo *mainstream*. (Em poucos anos, "MPB" perderia esse sentido original e passaria a significar qualquer música brasileira não rock — donde, hoje, até Chiquinha Gonzaga é chamada de "pioneira da MPB". Ou seja, tudo é "MPB" — nada, também.)

Dirá você que a Bossa Nova também produziu canções, e será verdade — grandes canções, que estão até hoje no ar. Mas Fredera cita o antigo crítico do *Correio da Manhã*, o francês (então radicado no Rio) Robert Celerier, para quem a Bossa Nova já "era música, antes de ser canção". Alguns de seus principais compositores — Jobim, Newton Mendonça, Carlos Lyra, Menescal, Luiz Eça, Baden Powell, Marcos Valle, Durval Ferreira — eram *composers* antes de se tornarem *songwriters* (a própria revolução de João Gilberto estava muito mais na batida do violão que na maneira de cantar). Suas canções eram ricas o suficiente para se prestar aos mais variados tratamentos instrumentais e não dependiam exclusivamente dos cantores, como as que passaram a imperar com os festivais.

Mas, como era inevitável, o departamento comercial das gravadoras falou mais grosso. Por volta de 1966, fatores externos, até políticos, facilitaram o advento da "canção" e da música com forte apelo visual. Nenhuma gravadora quis mais gastar vinil com música instrumental. Os músicos tiveram de enfiar seus instrumentos no saco e ainda dar vivas à "MPB", quando esta os solicitava a tocar algumas notas enquanto os cantores faziam uma pausa para respirar. E, a partir do rock, com sua autossuficiência eletrônica, até essa migalha lhes foi sonegada. Para aqueles músicos, anos de estudo e de dedicação a seu instrumento viram-se, de repente, sem utilidade — porque os únicos instrumentos válidos passaram a ser a guitarra, os "teclados" e a "percussão". Desde então, duas gerações brasileiras já cresceram sem saber distinguir um sax barítono de um tamanduá ou um trombone de um guarda-chuva.

Como outros colegas no desvio, Edison Machado pastou por aqui até 1976, quando, cansado de reclamar da vida, pegou seus pratos Zildjian e suas baquetas Rico e se mandou para — logo onde — Copenhague. Não era um roteiro assim tão exótico: muitos dinamarqueses adoravam jazz, outros adoravam samba e todos adoraram o samba-jazz. Numa ida a Paris, Edison foi fazer uma noite no Bilboquet, um clube em Saint-Germain, e viu na plateia três de seus heróis da bateria: Kenny Clarke, Max Roach e Sam Woodyard. Não era por acaso: estavam na cidade, souberam do show e foram ouvi-lo — afinal, era o baterista que, em 1963, ensinara os americanos a bater Bossa Nova, no disco *The composer of "Desafinado" plays*, de Tom Jobim com Claus Ogerman. Animado por eles, Edison foi para Nova York. Plantou suas raízes no Village e, dividindo um quarteto com o pianista Harold Danko, passou anos fazendo o circuito de clubes como

Do Beco para a meca ▶
Nova York, 1963:
Edison Machado (esq.) e
Luiz Carlos Vinhas com o
Bossa Três — aula de ritmo
para os americanos

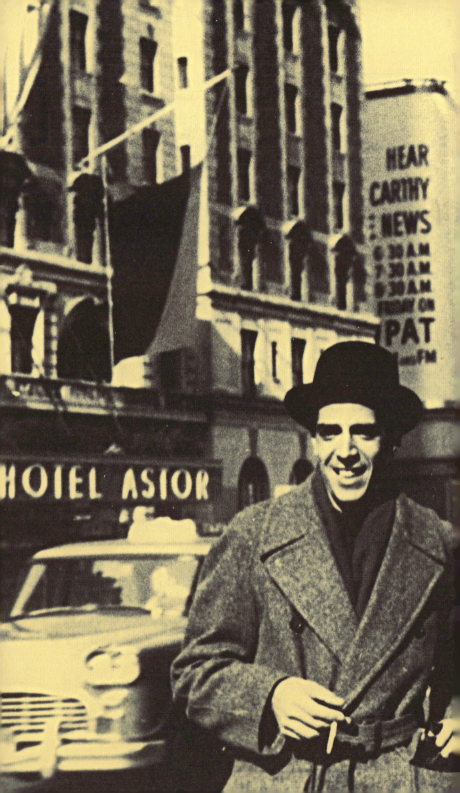

o Blue Note, o Birdland e o S.O.B. (Sounds of Brazil). Seu nome na porta garantia a presença de uma horda de jovens americanos aspirantes à bateria. Em 1990, ao encontrar o baterista brasileiro Robertinho Silva, de passagem por lá, Edison anunciou: "Vou voltar para o Brasil. Para morrer".

Aos 56 anos, Edison não estava doente e não parecia ter motivo para dizer aquilo. O fato é que voltou para o Rio, em maio daquele ano. Sua chegada causou um corre-corre entre amigos, músicos, casas de shows e os que sabiam de quem se tratava. O maior baterista brasileiro, o homem que inventara "o samba no prato" nos anos 50 e se impusera como o mais viril percussionista do samba-jazz, estava de volta, depois de quatorze anos fora. Mario Telles, cantor e letrista, irmão da falecida Sylvinha Telles e grande amigo de Edison, marcou um encontro entre nós, em seu apartamento no Lido.

Edison parecia eufórico. Disse que estava pronto para sua *rentrée*, que se daria na boate People, com um sexteto que incluiria velhos camaradas do Beco das Garrafas. Depois haveria outros shows, inclusive em São Paulo, e, quem sabe, um disco. Falou também de uma possível ressurreição do Bossa Três, o trio que ele formara em 1962 com Luiz Carlos Vinhas e Tião Neto, e que, no Village Vanguard, em Nova York, no ano seguinte, humilhara os americanos que até então pensavam que tocavam Bossa Nova. Contei-lhe sobre um livro que estava preparando — *Chega de saudade* — e ele me municiou com histórias sobre as grandes noites do Beco.

Dali a alguns dias, o Edison Machado Sexteto sacudiu os alicerces do People com "Nanã", de Moacir Santos e Mario Telles. Era bom que os alicerces estivessem reforçados: trabalhando a toda, ali estavam Macaé, sax tenor, Maciel "Maluco", trombone, o jovem e surpreendente Paulo Roberto de Oliveira, flugelhorn e cornet, e a usina rítmica formada por Luís Paiva, piano, Luizão Alves, contrabaixo, e um exuberante Edison à bateria. Passados os aplausos e uivos, Edison tomou o microfone e disse: "Sabe lá o que é ganhar pouco e divulgar um continente?". Nada modesto, e nem tinha por quê. Referia-se às portas abertas, nos Estados Unidos e na Europa, aos músicos brasileiros que, como ele, tiveram de sair do Brasil para trabalhar — e que, apenas tocando o que sabiam, passavam por algumas horas uma imagem do "continente" brasileiro que não fosse a da corrupção, da violência e da devastação. Ao contrário: passavam a imagem de um país que, contra todas as condições, produzia grande música e grandes músicos.

E, como se nós mesmos não acreditássemos, Edison e seus amigos dedicaram-se pelo resto da noite a nos convencer disso, com "Orion" (um original de Paulo Roberto), "Quintessência", "Noa-noa", "Caravan", "Corcovado", "Ela é carioca", várias outras. O suor que escorria de suas testas não vinha das luzes sobre eles, mas da força daquela música — e olhe que estávamos em junho. Na plateia, veteranos do extinto Bottles choravam. E o público habitual da boate, uma galera que nunca ouvira falar em Edison Machado, parecia igualmente entregue àquela bateria sólida e elástica, meio afro, meio bossa. Houve um momento em que o sexteto teve de fazer um intervalo — para a plateia respirar.

A respiração voltou a faltar menos de três meses depois, em setembro, quando um arrasado Mario Telles me telefonou para comunicar a morte de Edison — enfarte. E, pelo que observara no velório, disse que já sabia quem seria o próximo: Maciel, chorando muito, inconsolável com a morte do amigo. Não dei muita atenção às palavras de Mario, talvez a pessoa mais triste que já conheci. Mas ele voltou a me ligar, pouco mais de um ano depois, para comunicar também a morte de Maciel — em meio à luta para tentar liberar uma pequena indenização que recebera da TV Globo, bloqueada pelo Plano Collor, e sem a qual não estava conseguindo sobreviver.

Mario Telles vivia como se fosse dele a dor de seus amigos. Vivia também suas mortes, quase que como um preparativo para a sua própria. Não creio, por exemplo, que jamais tivesse superado a morte de sua irmã Sylvinha, ocorrida em 1966 num acidente de automóvel na estrada — embora, nesse caso, não estivesse sozinho, porque, segundo todos os relatos, poucas pessoas deixaram tantas saudades quanto ela. Mas Mario sufocava seus próprios problemas para cuidar dos amigos. Sua dedicação ao drama de Milton Banana, por exemplo, foi típica.

Desde pelo menos 1992, Banana, o verdadeiro criador da batida de bateria da Bossa Nova, ficou impossibilitado de trabalhar por um problema circulatório que o ameaçava de ter uma perna amputada. Um show em seu benefício chegou a ser feito no Rio naquele ano. Com o dinheiro, Banana tratou-se e conseguiu adiar a operação. Voltou a trabalhar esporadicamente, mas o problema nunca foi solucionado. Em 1999, a cirurgia ficou inevitável. Banana perdeu uma perna em abril e, um mês depois, morreu, também de enfarte.

Quando Banana morreu, imagino o que isso representou para Mario Telles. O próprio Mario morreria em 2001, pouco antes de Tião Neto, o maior contrabaixista da Bossa Nova e da música brasileira. Assim como Tenório Jr., nenhum deles — Edison Machado, Maciel "Maluco", Tião Neto, Mario Telles e outros que sonharam com uma grande música instrumental brasileira — consta das enciclopédias de música popular.

Há mais de uma maneira de matar um músico, e é impressionante a variedade de torturas a que se pode submetê-lo.

A musa que se desmusou

Com Nara em Copacabana, onde tudo começou

No fim de uma tarde nublada e sufocante do verão carioca de 1989, Nara Leão calçou um par de tênis amarelos em seu apartamento no Leme e saiu para fazer sua caminhada de uma hora pelo calçadão de Copacabana.

"Está armando chuva forte, Nara", advertiu seu empresário e amigo, Miguel Bacellar.

"Tudo bem", ela respondeu. "Se chover, eu atravesso a rua e me escondo debaixo de uma marquise."

Bacellar tinha razão em se preocupar. Ameaçava cair um toró, e ele sabia que, por ordens médicas, Nara não poderia andar muito depressa para fugir da chuva — correr, nem pensar. No dia a dia, estava também proibida de ir à praia, nadar, tomar sol, fazer ginástica, dirigir, comer maçã e carne de porco e tomar leite e derivados. Principalmente, tinha de se poupar: qualquer esforço extra poderia fazê-la perder o senso espacial, esquecer o próprio nome, talvez até mesmo desmaiar. De preferência, deveria ficar em casa.

Mas, ao caminhar pelas pedras portuguesas da avenida Atlântica, Nara sentia-se em casa. Vivera em Copacabana desde criança e era no apartamento de seu pai, bem defronte ao Posto 4, que um grupo de jovens violonistas, cantores e letristas se reunia nos anos 50 em torno de uma música que, pouco depois, viria a ser chamada de Bossa Nova. Uma música da qual ela fora, sucessivamente, musa, anfitriã, ideóloga, adversária feroz e, depois da reconciliação, sua definitiva cantora.

Por isso, Nara não abria mão das caminhadas diárias. Elas pareciam afastá-la do fio de lâmina sobre o qual vinha se equilibrando havia dez anos, desde que um tumor cerebral começara a arrastá-la para a morte. Cada pé à frente do outro sobre aqueles desenhos em forma de ondas dava-lhe a sensação de estar derrotando o tumor. Caminhar e cantar — era só o que os médicos lhe permitiam fazer por enquanto. Em junho, se tudo corresse bem e o tumor continuasse regredindo (as tomografias garantiam que isso estava acontecendo), Nara estaria liberada de todas as restrições.

Aquele dia abafado de janeiro fora importante para Nara. De manhã, começara a gravar mais um disco com seu velho amigo, o arranjador e violonista Roberto Menescal. O disco era uma encomenda do Japão, onde ela tinha tantos adoradores quanto no Brasil. Em junho, estava programado que iria a Tóquio e, viajando de trem-bala, faria dez shows em sete cidades japonesas. Seria o fim de mais uma proibição que lhe fora imposta nos últimos dois anos: viajar em aviões (porque a despressurização poderia fazer-lhe mal). Junho era a data-limite para uma série de coisas em sua vida.

O toró que Bacellar previa caiu de uma só vez sobre Nara e sobre o Rio. A água despencou e foi como se a noite caísse de repente. Mas Nara não correu. Tomando muita chuva, atravessou calmamente as pistas do calçadão e se protegeu, na altura do Lido, na portaria art déco de um edifício, pouco antes que o asfalto inundado da avenida Atlântica quase se confundisse com o mar ali em frente. Foi uma pancada de trinta minutos, que levou carros, derrubou árvores e matou gente. Nara estava a salvo, mas correra perigo. A cantora que, um dia, desafiara os militares com suas opiniões políticas e teria coragem de encarar qualquer prisão era agora uma mulher frágil.

Quando a chuva parou e a enxurrada amainou, Nara caminhou de volta para o apartamento no Leme, onde o telefone não parava de tocar. Todos temiam por ela.

Na manhã daquele dia, eu fora encontrá-la numa sala refrigerada do estúdio de gravação de Menescal, na Barra da

Tijuca (uma Barra em que o verbo emergir ainda era usado para fins estritamente aquáticos). Lá fora, os termômetros deviam estar marcando 415 graus. Mas, pelo visto, cordas vocais têm temperatura própria. Ela terminara uma sessão de *glissandos* de relaxamento da voz e agora era a vez dos *staccatos* de aquecimento — fazendo a voz subir e descer a escala musical, como num pula-pula. "São apenas uns exercícios, não repare", disse Nara, sorrindo com aqueles dentes grandes que só as crianças costumam ter, mas que ela conservara. "É uma ginástica, como andar pelo calçadão. Faço as duas coisas todos os dias. Os exercícios acabaram com a rouquidão que me perseguia nos shows e me obrigava a interromper temporadas."

Com seu termômetro vocal ajustado e cada nota no lugar, ela iria acrescentar sua voz aos pertences de violão, teclados, baixo e bateria que Menescal e seus músicos estavam cozinhando na sala ao lado. A Bossa Nova que estava indo para aquele caldeirão já não se contentava com um cantinho e um violão. Precisava agora de 24 cantinhos — um para cada canal — e, desta vez, os fregueses eram muito exigentes. Por sugestão da Polygram japonesa, o novo disco de Nara conteria quinze canções americanas nascidas em berço de ouro, entre as quais "Night and day", de Cole Porter; "My funny Valentine", de Richard Rodgers e Lorenz Hart; "But not for me", dos Gershwin; "Smoke gets in your eyes", de Jerome Kern e Otto Harbach; "I'm in the mood for love", de Jimmy McHugh e Dorothy Fields; "Sentimental journey", de Les Brown e Bud Green etc. — só que com letras em... português.

Para mim, era normal que os japoneses quisessem ouvir canções americanas em ritmo de Bossa Nova. Mas cantadas em português? Só se fosse porque, como não as entenderiam de qualquer jeito, em inglês ou português, eles quisessem o som de Nara, no elemento natural de sua língua. Se fosse isso, era uma grande homenagem. Perguntei-lhe a respeito, mas ela apenas sorriu. Depois, Menescal me confirmou, era isso mesmo. E aquele nem era o primeiro, mas o segundo disco consecutivo em que Nara, uma antiga paladina do nacionalismo musical, ia garimpar no Forte Knox da música popular. O primeiro, de 1988, fora o lindo *Meus sonhos dourados*, contendo versões de "Tea for two", "How about you", "As time goes by" e outras, fazendo com que muitos se perguntassem se Nara Leão tinha mudado de opinião. O disco novo, que se chamaria *My foolish heart*, em inglês mesmo, era a resposta. Mesmo assim, perguntei. E ela:

"No primeiro disco, fiquei na dúvida se devia gravar aquelas canções. Não por serem estrangeiras — porque, afinal, já gravei versões de músicas francesas, cubanas —, mas pelo que eu considerava um compromisso político. Mas a verdade é que essas canções americanas fizeram parte da minha juventude em Copacabana. Então, de certa forma, o que estou cantando agora é também um pouco da minha biografia."

"Houve época, antes mesmo de 1964, em que acreditei que se podia fazer revolução através da música popular", continuou Nara. "Com isso, troquei conscientemente o material riquíssimo da Bossa Nova, que ninguém supera, por músicas muito pobres, como as de João do Vale ou Zé Kéti, que diziam coisas que eu considerava importantes sobre a reforma agrária ou a vida na favela. Claro que eu era muito ingênua. Nenhum cantor vai mudar o mundo."

Ela se referia ao repertório de seu disco *Opinião de Nara*, de 1964, que deu origem ao show *Opinião* (e não o contrário, como muitos pensam), e a *O canto livre de Nara*, no qual, ao emitir aquela nota aguda e angustiante em "Carcará", deixou de ser a mascote da Bossa Nova e se tornou a cantora mais politizada do Brasil, fazendo ferver o sangue dos militares. Recém-instalados no poder, eles tentaram enquadrá-la na Lei de Segurança Nacional e assustá-la de todo jeito. Mas Nara não se assustou e foi em frente.

"Eu queria mostrar ao Brasil como ele era", diz Nara. "Hoje isso é bobagem, porque todo mundo sabe o que está acontecendo

— basta sair à rua para constatar que o país está uma vergonha. Se houvesse um pouco de moralidade, a coisa já melhoraria. Brizola, por exemplo, é charmoso, mas é também o campeão da demagogia. O único diferente desses políticos que andam por aí é o Lula. Ele é muito inteligente, mas teria de se cercar de pessoas preparadas."

A nova Nara não mudara tanto assim. Mas, agora, separava as coisas: política de um lado, música de outro. Podia protestar em prosa, como qualquer cidadão brasileiro regularmente revoltado, mas, na hora de cantar, só queria que seu material fosse o melhor possível.

E não era de então que isso vinha acontecendo. Em 1970, já celebrara as pazes com a Bossa Nova, ao gravar um disco duplo, *Dez anos depois*, em que cantava todas as bossas novas que teriam sido suas se não tivesse rompido com o movimento: clássicos de Jobim, Newton Mendonça, Carlinhos Lyra, Baden Powell, Vinicius. No repertório, um nome se destacava pela ausência: Ronaldo Bôscoli, o homem que ela amara e que escrevera muitas das principais letras da Bossa Nova. Fora Nara que lhe inspirara "O barquinho", "Nós e o mar", "Ah! Se eu pudesse" e muitas outras canções com Menescal — mas quem as gravara fora Maysa, a mulher com quem ele se envolveu enquanto namorava Nara. Por causa de Maysa, Nara brigou com Bôscoli e, com isso, rachou politicamente a Bossa Nova. Anos depois, reconciliou-se com a Bossa Nova — mas não com Bôscoli, que, já então, estava casado com sua arquirrival Elis Regina. E, por não incluir nenhuma canção de Bôscoli em *Dez anos depois*, deixou também de fora seu quase-irmão Menescal, porque todas as canções de Menescal eram em parceria com Bôscoli. E olhe que Menescal fora o produtor de *Dez anos depois*.

Pelo que eu estava ouvindo do outro lado do vidro, *My foolish heart* seria mais um belo disco de Nara — rotina numa carreira da qual nunca saíra um disco menor. Mas, sabendo-se as condições em que estava sendo gravado, com Nara ainda correndo risco de vida, cada melodia, letra e inflexão pareciam ganhar conteúdos involuntários. Era como se ela estivesse deixando recados que talvez não tivesse tempo de dar pessoalmente. Cinco das versões do disco tinham sido escritas por ela — as outras por Nelson Motta e uma pela dupla Zé Rodrix e Miguel Paiva. Nenhum deles tentou *transcriar* as piruetas verbais dos originais, no que fizeram bem. (Como você traduziria o famoso verso "There's an, oh, such a hungry, yearning, burning inside of me" de "Night and day"?) Então contentaram-se com pôr em palavras o "clima" de cada canção e deixar a emoção por conta da melodia.

Naquele momento, ela estava gravando a canção-título, "My foolish heart", do grande e esquecido Victor Young, que, na versão de Nelson Motta, transformara-se em "Descansa, coração". Era a faixa mais triste que eu a ouvira gravar naquele dia — seria a última do disco que também seria o último de Nara e, talvez por isso, teria depois um tom amargamente premonitório. Mas pouco antes eu a ouvira gravar "'S wonderful", que ela própria vertera para "Maravilha", e que chegava a soar francamente otimista.

O estado de saúde de Nara naqueles dez anos não chegara a ser segredo, mas vinha sendo cuidadosamente tratado para que não se transformasse em manchetes. No dia 28 de junho de 1979, ela sofrera uma vertigem e desmaiara em seu apartamento em Ipanema — estava tomando banho e vira a pia girar. Na queda, feriu o rosto e foi levada para o Hospital Samaritano, em Botafogo, já em convulsões sucessivas. Os primeiros exames falaram de um problema neurológico, mas, vários hospitais e médicos depois, no Rio, em São Paulo e em Nova York, os diagnósticos foram tantos e tão discrepantes que ninguém se entendeu: ela teria problemas cardíacos, um coágulo no cérebro, embolia, estafa e o que mais se poderia imaginar. E tudo era grave.

Enquanto a ciência não chegava a um acordo, Nara sofreu

lancinantes dores de cabeça, perda de memória e cegueiras temporárias, intercaladas com períodos em que via estrelas à luz do dia. Doses industriais de medicamentos à base de cortisona fizeram-na engordar quase quarenta quilos. O tumor, finalmente localizado, era benigno e isolado, mas suficiente para matá-la.

Com todo esse quadro, ela perseverou na sua carreira e na criação dos filhos, Isabel e Francisco. Quando lhe recomendaram que evitasse viajar de avião, Nara e Miguel Bacellar traçaram no mapa um raio de seiscentos quilômetros a partir do Rio, indicando as cidades em que ela poderia se apresentar — todas em São Paulo, Minas Gerais, no Espírito Santo e no estado do Rio. O trem e o carro tornaram-se seus meios de transporte, impedindo que Nara aceitasse os convites que não paravam de chegar do Sul, do Nordeste e de fora do país. Nesse período, por incrível que pareça, gravou sete discos, todos ótimos: *Com açúcar e com afeto* (1981), *Romance popular* (1982), *Meu samba encabulado* (1984), *Luz da manhã* (1985), *Um cantinho, um violão* (1985), *Garota de Ipanema* (1987) e *Sonhos dourados* (1988). Os ouvintes desses discos não sabiam que eles faziam parte da luta de Nara para continuar viva.

Enquanto isso, a doença era combatida com os recursos à mão — os ortodoxos e os nem tanto. Nos últimos dois anos, Nara vinha se tratando com um místico mineiro, o juiz de direito Odilon Ferreira. Coincidência ou não, foi nesse período que o tumor começou a regredir. "Era do tamanho de um maracujá, hoje é do tamanho de uma uva e vai sumir", dizia confiante Miguel

Sonhos dourados ▶

Em seu apartamento no Leme, Nara viveu os últimos anos sentindo que a música e a vida lhe escapavam

Bacellar. Seja o que fosse que estivesse provocando essa regressão, era confirmado pelas tomografias computadorizadas e pelos exames de ressonância magnética que Nara fazia regularmente.

Apesar de continuar a ter de observar tantas restrições, ela, agora, parecia muito bem. Voltara ao peso normal e se tratava com remédios homeopáticos. Ainda sofria lapsos de memória, o que a obrigava, nos shows, a cantar com a letra da música à sua frente numa estante. Mas, para a gravação do disco, aquilo era normal. A voz que eu ouvia naquele estúdio da Barra — pura, sem os acompanhamentos que só saíam pelos fones de ouvido, era tranquila e resignada. Era a voz de Nara Leão: uma mulher que nunca pedira para ser estrela, que só cantava o que sentia e não tinha medo de, sempre que a situação se apresentava, enfrentar seus sentimentos. Seu rompimento com Ronaldo Bôscoli, por exemplo, tantos anos antes, deve ter sido dolorosíssimo. Mas Bôscoli também deve ter custado a se recuperar, se é que conseguiu — porque, de todas as suas ex-namoradas (e foram dezenas), Nara era a única sobre quem nunca o ouvi dizer uma palavra negativa, uma frase crítica, uma piada. E, no fim da vida, ela acabaria gravando "O barquinho".

Muitos compositores deviam a Nara seu começo de carreira ou de "redescoberta": Chico Buarque, Edu Lobo, Baden Powell, Moacir Santos, Paulinho da Viola, Elton Medeiros, Zé Kéti, Cartola, Nelson Cavaquinho, Jair do Cavaquinho, João do Vale, Dori Caymmi, Nelson Motta, Sidney Miller. Por sua causa, uma nova geração foi apresentada a grandes sambas e marchas do passado: "Camisa amarela", de Ary Barroso, "O tique-taque do meu coração", de Alcyr Pires Vermelho e Walfrido Silva, "Mal-me-quer", de Christovão de Alencar e Newton Teixeira, "O trem atrasou", de Vilarinho, Stanislau Silva e Paquito, "Não me diga adeus", de Luiz Soberano, J. C. da Silva e também Paquito. Seu repertório era atemporal e estava até acima dos sexos: Nara pode ter sido a primeira a gravar músicas "no masculino" — ou seja, dirigidas à mulher — sem alterar a letra como se fazia. E foi, quero crer, quem estabeleceu uma dicção natural, brasileira, carioca, abolindo os erres operísticos, à portuguesa ou à italiana, que as outras cantoras usavam.

Seus amigos podiam achar absurdo, mas Nara era tão diferente que, à distância, talvez assustasse mesmo as pessoas. O próprio Chico Buarque admitiu que, antes de conhecê-la, Nara era a musa — mas que, com poucos minutos, ela foi se "desmusando" aos seus olhos.

Terminada a gravação de *My foolish heart*, Nara fez a foto da capa numa cobertura em Botafogo, tendo ao fundo o Pão de Açúcar. A poucos metros, na Urca, exatamente trinta anos antes, ela cantara pela primeira vez em público, num dos shows de Bossa Nova no anfiteatro da antiga Faculdade de Arquitetura, na Praia Vermelha. Até então só cantara para os amigos, nas famosas reuniões em seu apartamento. A partir dali, para Nara, cantar em público ou em discos seria apenas uma outra maneira que ela encontrara para continuar cantando para seus amigos — todos nós, mesmo os que ela nem conhecia.

À tardinha, no apartamento no Leme, falei-lhe de um livro em que estava trabalhando, sobre a Bossa Nova, e que se chamaria *Chega de saudade*. Ela abriu um armário e, com a ajuda de Bacellar, começou a tirar pastas contendo fotos, recortes de jornais, bilhetes, anotações — referentes aos anos 50, aos shows nas faculdades, ao seu começo de carreira e o de seus colegas Menescal, Bôscoli, Carlinhos Lyra, Luizinho Eça, Chico Feitosa. Empolgou-se, falou daquela época, das célebres reuniões no apartamento de seu pai, da convivência com Tom e João Gilberto — e pôs o material à minha disposição. Eu disse a Nara que ainda precisaria de alguns meses para mergulhar nele.

Ela se virou para Bacellar e determinou: "Miguel, se eu não estiver aqui quando ele vier pesquisar, você providencie as pastas".

O que queria dizer aquele "se eu não estiver aqui"? Podia estar se referindo à viagem ao Japão, que seria em "alguns meses". Mas podia também estar se referindo a outra coisa.

Nara calçou os tênis amarelos e saiu para sua caminhada. Bacellar alertou-a para o toró que ameaçava cair.

Não houve o Japão para Nara. A rigor, não houve sequer junho porque, pouco antes, o tumor ficou fora de controle e começou a tomar tudo. Ela entrou em coma no dia 24 de maio e morreu no dia 7 seguinte.

Parece haver algo que encerra mais cedo a vida das nossas grandes cantoras. Em 1958, fora Dolores Duran, aos 29 anos. Em 1966, Sylvinha Telles, aos 32. Em 1977, Maysa, aos 41. Em 1982, Elis Regina, aos 37. E, finalmente, Nara, aos 47. A cada década, uma morte — cretina, burra, injusta, porque essas mulheres ainda tinham tanto a fazer. Nenhuma música popular pode dar-se ao luxo de perder cantoras assim. Não, não lhes digam adeus. Ouçam os seus discos.

7
João

João Gilberto 1990

O mundo gira ao redor do pijama

O ano é 1990, é lua cheia e são onze da noite, hora do almoço de João Gilberto. Do flat onde mora, no 29º andar de um apart-hotel no Leblon, ele telefona para seu amigo "Garrincha", ex-maître da churrascaria Plataforma, hoje no Buffalo Grill. O apelido se explica pela grande semelhança do maître com o falecido jogador e lhe foi dado por Vinicius de Moraes (ou Ronaldo Bôscoli — os dois disputavam a autoria). Há dez anos "Garrincha" prepara o almoço de João Gilberto, sempre nesse horário. O cantor é um homem de hábitos fixos: acorda por volta das cinco horas (da tarde), almoça às onze (da noite) e janta, o que é raro, às sete (da manhã). Como os gatos — que, aliás, não tem —, não gosta de alterações em sua rotina.

A rotina de "Garrincha" e de seu cliente especial é invariável. João telefona meia hora antes, pergunta se há alguma novidade no cardápio e, seja qual for a resposta, pede um steak ao sal grosso, alternando o complemento entre salada verde e arroz com batata palha. "Garrincha" providencia a comida e encarrega o copeiro Antonio Francisco, Tuninho, de levá-la ao apart-hotel. Lá chegando, Tuninho liga da recepção para o apartamento de João e recebe autorização para subir. Toca a campainha e entrega as bandejas pela porta entreaberta. Em troca, recolhe o pagamento (em dinheiro), uma gorjeta (generosa) e as bandejas e pratos da véspera. Há dois anos fazendo isso, Tuninho nunca viu João Gilberto.

Já "Garrincha" é comparativamente íntimo do homem. Houve uma época em que fazia pessoalmente as entregas e até hoje o cantor manda-lhe seus discos. João Gilberto sabe a data do aniversário dos filhos de "Garrincha" e sempre pergunta por eles. São quase compadres, mas "Garrincha", assim como Tuninho, só *viu* João Gilberto nas rápidas passagens de bandejas pela porta.

Não há nada de mais nisso. Até hoje, pouquíssimas pessoas adentraram o confortável quarto-sala-banheiro-cozinha em que o cantor vive há nove anos e pelo qual paga um razoável aluguel mensal, com direito a roupa lavada e outros serviços. Mas nem a faxineira do apart-hotel tem permissão para entrar. Uma vez por mês, o próprio João Gilberto enverga um avental, mune-se de balde, rodo e espanador e faz a faxina, evitando lavar os copos, com receio de cortar as mãos — uma eventual amiga ou namorada cuida dos copos. O lustre de sua sala está adernando perigosamente e, um dia desses, pode despencar, porque o cantor não admite que um eletricista que ele nunca viu entre em seus domínios para consertá-lo. Em compensação, submeteu-se recentemente a um tratamento dentário — a domicílio. Não foi ideia dele. O dentista, um antigo companheiro de violão e ex--catedrático da Universidade Federal do Rio de Janeiro, insistiu em transferir parte do seu consultório para o apartamento de João Gilberto a fim de fazer o serviço. É justo: se há uma coisa que João precisa manter tinindo, além das mãos, é a boca.

Histórias como essas parecem ser apenas contribuições ao folclore sobre João Gilberto, que, em volume de casos, deixa no chinelo o do Curupira e do Saci-Pererê. Ele detesta as histórias que correm a seu respeito, mesmo as verdadeiras, porque elas são mixadas ao tal folclore e o fazem passar por excêntrico. E nenhuma o irrita mais do que aquela, antiquíssima, do gato que teria pulado de uma janela do décimo andar, depois de ficar trancado com ele dentro de um apartamento ouvindo-o repetir um acorde durante doze horas. Na realidade, o gato — um siamês preto chamado Gato — não se suicidou, mas cochilou no parapeito e caiu. João Gilberto, que gosta muito de gatos, nem estava no local na hora do desastre. A história verdadeira já foi mais do que estabelecida, mas a imprensa continua repetindo a lenda do suicídio. É um dos motivos pelos quais ele prefere manter distância de jornalistas.

João Gilberto tornou-se de tal forma um prisioneiro dessas lendas que teria de ficar ainda mais recluso para que as pessoas parassem de achá-lo esquisito. Acontece que ele não tem como ficar *mais* recluso. Não almoça ou janta fora, não frequenta bares, não vai a shows ou ao cinema, não caminha na praia ou no calçadão e só aparece na casa de alguém com a garantia de que não encontrará estranhos. Reunião de condomínio, então, nem pensar. Também não dá entrevistas e só posa para fotógrafos amigos. Seus especiais para a TV são uma operação tão angustiante, para todos os envolvidos, que cada emissora só consegue produzir um no espaço de uma vida — ainda que, espantosamente, um dia João Gilberto tenha sido "apresentador" de um programa semanal chamado Musical Três Leões, na falecida TV Tupi. Mas isso foi em 1960, quando a televisão no Brasil era uma atividade quase clandestina.

Seus shows são raros e, quando se apresenta, o suspense sobre se vai aparecer ou dar o bolo só se encerra no momento em que entra no palco. Tudo contribui para esse suspense. Muitas vezes é o som que não lhe agrada. Em outras, o organizador do evento desrespeita a sua proibição de vender camisetas com sua estampa na porta do teatro. Mas pode ser também um fato mais trivial, como o que atrasou durante horas um show na Bahia, em 1978: João ficou indeciso entre vestir uma calça azul ou verde — se escolhesse uma, a outra poderia "ficar triste".

Ao mesmo tempo em que economiza saídas à rua, ele praticamente não é visitado. De supetão, no entanto, convida alguém para ir a seu apartamento — e o faz de forma tão irresistível que, não importa a hora da madrugada, a pessoa vai correndo, com receio de que ele mude de ideia. Alguns dos poucos privilegiados a transpor o umbral são seu velho amigo João Donato, o produtor teatral Otávio Terceiro, o crítico Arnaldo de Souteiro, a escritora Edinha Diniz (sua vizinha de apart), o empresário paulista Krikor Tcherkesian, eventualmente Tim Maia e uma ou outra namorada, além de sua ex-mulher, Miúcha, e a filha de ambos, Bebel. (A primeira mulher, a cantora Astrud Gilberto, vive nos Estados Unidos com seu outro filho, o contrabaixista João Marcelo.) Por Souteiro ele parece ter um especial carinho. Às vezes telefona-lhe por volta de duas da manhã e o acorda para perguntar: "Arnaldo, quais são os seus planos para esta noite?".

Dito assim, parece uma multidão na sala do cantor. Mas ele recebe um visitante de cada vez, os convites são raros e nenhum dos frequentadores tem direitos adquiridos — nem mesmo a namorada. A recepção do apart-hotel tem instruções para barrar qualquer um que queira subir sem o salvo-conduto dado pelo interfone.

Quem, em certa época, quase se tornou detentor de um salvo--conduto fixo foi o professor de violão e produtor de songbooks Almir Chediak. Durante três anos, Chediak esteve pelo menos uma vez por semana com João Gilberto na preparação de um songbook dedicado a ele. Seu trabalho consistia em ouvir todas as faixas de todos os discos de João Gilberto e transformar em partituras aquelas complexas harmonias ao violão. Era um trabalho longo e estafante. A cada semana, Chediak levava as partituras ao apartamento do cantor para que ele as corrigisse — Chediak não sabia como, porque João Gilberto não lê uma nota de música. Uma semana depois, pegava-as de volta e deixava outras. Numa dessas, João Gilberto lhe confiou seu violão (um Tarrega, da Di Giorgio, de boca ovalada, com 25 anos de uso) para que Chediak lhe trocasse as cordas (cordas especiais, La Bella 850-B, pretas, de náilon, semitensas, para prolongar as notas) e o afinasse. Para um cantor e violonista como João Gilberto, confiar o violão a alguém deve ser quase como confiar-lhe suas cordas vocais. Donde Chediak e João deviam ser íntimos a essa altura, não?

Não. Com toda essa intimidade e afinação profissionais, Chediak também nunca *viu* João Gilberto. O vaivém de partituras era feito pela fresta da porta, como as marmitas do Buffalo Grill. E nem a entrega do violão pôde ser feita ao vivo: João Gilberto desculpou-se com Almir pelo interfone, dizendo que estava de pijama e com a barba por fazer, e pediu-lhe que subisse e deixasse o instrumento na porta do apartamento. A barba, tudo bem, mas o pijama não era desculpa — afinal, João Gilberto passa o dia e a noite, em casa, de pijama. Sem saber disso, Chediak cumpriu o pedido: subiu, encostou o violão à porta fechada, tocou a campainha para avisar e saiu pisando forte em direção ao elevador. Mas voltou e ficou de tocaia numa esquina do corredor, olhando com um olho só. Minutos depois, a porta se abriu por alguns centímetros. Um braço de pijama listrado esgueirou-se pela fresta e, mais rápida que o raio, uma mão puxou o violão para dentro. Eu não estava lá, mas posso imaginar João Gilberto divertindo-se baixinho com sua brincadeira — dando uma risadinha à Richard Widmark, se é que você me entende —, ao ver que frustrara o plano do amigo.

Mas não o entenda mal. Nem tudo é reclusão monástica na vida do cantor. Às vezes, tarde da noite, ele liga para um amigo ou namorada, e o convida a fazerem um belo programa juntos: dar um pulo, cada qual em seu carro, a Pedra de Guaratiba, na distante baía de Sepetiba, a quase duas horas do Leblon. Ninguém se queixa de irem em dois carros porque há um consenso, entre os amigos de João Gilberto, de que ele não dirige muito bem. Como exemplo, citam o fato de que, quando vê uma longa reta pela frente, ele gosta de dirigir seu Monza grafite 1987 de olhos fechados — "guiado pelas estrelas", como diz. Ou por um santo forte, dizem os outros. Eu discordo: para mim, quem dirige de olhos fechados — sem sair da estrada ou atropelar uma árvore ou uma vaca — é porque deve dirigir muito bem.

A viagem sempre vale a pena, dizem todos. De paletó, à beira da praia sem vivalma e a uma segura distância do mar, ele divaga, canta e toca violão, competindo com a música das ondas e das esferas. Ou então contempla o céu, fala de astrologia (é uma autoridade em Gêmeos, seu signo) ou apenas medita. Numa dessas meditações, já aconteceu de seu pensamento voar tão longe que, ao voltar à Terra, ele se esqueceu do amigo, tomou o carro e foi embora para casa sem avisá-lo — que o diga outro velho companheiro, o violonista e maestro Waltel Branco. Também por isso, a ida em dois carros é conveniente: o que fica para trás sempre pode voltar por conta própria.

O Monza foi uma importante aquisição. Até comprá-lo, João Gilberto usava carros de locadoras. O carro alugado era entregue na garagem do apart-hotel e lá ficava estacionado, dias seguidos, com o aluguel correndo. Até que o cantor mandava a locadora retirá-lo e o carro ia embora. Mas, então, coincidia que, naquela mesma noite, ele sentia vontade de ir a Pedra — e como alugar outro àquela hora? Finalmente, os amigos o convenceram a comprar um carro. João Gilberto acedeu, mas, como seu meio de transporte favorito para as curtas distâncias continua sendo o radiotáxi, o Monza pode ficar um tempão sem uso na garagem — a ponto de descarregar a bateria. Numa ocasião, Almir Chediak encarregou-se de ir lá trocar a bateria. O carro voltou a funcionar, mas o esperado songbook de João Gilberto nunca saiu.

Nada, absolutamente nada, falta a João Gilberto. Nada que ele queira ou precise, bem entendido — porque há sempre um amigo disposto a providenciar o desejado. E todos fazem o impossível para evitar o mínimo risco de contrariá-lo. Essa maneira de viver envolve João Gilberto e o protege do mundo

Pela fresta

O gênio recluso — que podia ser ouvido mas não visto —, capaz de hipnotizar qualquer um pela voz

como uma cápsula, embora o isole também de coisas de que ele gosta. A música popular brasileira, por exemplo.

Embora o grande público ignore que João Gilberto vive no Brasil (muitos pensam que ainda mora em Nova York), seu endereço no Rio não é segredo para inúmeros compositores. A recepção do apart-hotel recebe pacotes contendo fitas cassetes, enviadas por compositores esperançosos de que o maior cantor brasileiro goste do que eles fazem, aprenda suas canções e as incorpore ao seu repertório — e, um dia, venha a gravá-las. Pois, se eu fosse eles, daria adeus às ilusões: João Gilberto não chega sequer a ouvir as fitas. Um dos motivos é a aparelhagem que ele tem em casa. Ou melhor, *não* tem.

Durante muito tempo, não teve sequer um toca-discos velho, de corda, para ouvir os poucos LPS que guardou. E só resolveu comprar um CD-player, mas apenas porque seus discos começaram a ser lançados em CD, e o homem do ouvido absoluto queria certificar-se de que eles estavam saindo direitinho. Nem todos estavam. Aos amigos, queixou-se de que o CD nacional do disco gravado ao vivo no festival de Montreux era uma vergonha diante da versão americana. Mas o que realmente o revoltou foi a edição, num único CD, de seus três primeiros LPS gravados na Odeon e que revolucionaram a música popular: os seminais *Chega de saudade* (1959), *O amor, o sorriso e a flor* (1960) e *João Gilberto* (1961). As 36 faixas foram empilhadas de qualquer jeito, fora da ordem original, e houve cortes de segundos em algumas delas para que todas coubessem no CD. Pior ainda, não lhe pediram autorização, nem lhe pagaram por isso.

Seu CD-player é um três-em-um, acoplado a um rádio e gravador cassete. O rádio ele escuta pouco, porque não tem nenhum interesse nas últimas modas musicais. E o gravador só lhe serve para gravar a si próprio tocando e cantando, para acabar de esculpir um samba ou bossa nova em que esteja mergulhado. Fora isso, tem um toca-fitas no Monza, ultimamente ocupado por uma fita dos Cariocas, seus camaradas nos anos

50. Pensando bem, João Gilberto tem aparelhagem até demais. Se quisesse, poderia dispensar qualquer bricabraque eletrônico em casa, porque, além do violão e da voz, dispõe de um recurso mais fabuloso do que qualquer coleção de discos: sua memória. Ele é capaz de repetir, tintim por tintim, cada nota de cada gravação que ouviu e o encantou nos últimos quarenta anos ou mais.

Sou testemunha auricular disso porque, nas conversas que tive com ele por telefone, durante a preparação de meu livro sobre a Bossa Nova, contei-lhe que havia descoberto raros 78 rpm de conjuntos vocais brasileiros dos anos 40 — gravações nunca passadas para LP ou CD e, portanto, há décadas fora do seu alcance. Pois bastava citar os títulos e ele as cantava para mim, fazendo várias vozes ao mesmo tempo e reproduzindo certos detalhes que só alguém com uma audição fresca dos arranjos seria capaz. Do outro lado do fio, eu amarrava um lenço ao queixo — para evitar que ele caísse.

A memória de João Gilberto é sua discoteca — e sua voz, seu fonógrafo.

João Gilberto transformou seu apartamento num casulo, tendo como únicos meios de contato com o cosmo a televisão e o telefone. Primeiro, a televisão. Com o aparelho de TV ligado o tempo inteiro, quase sempre sem som, ele dá uma olhada em tudo. Ao acordar, assiste ao jornal e espia as novelas (gostou de *Pantanal* e de *Rainha da sucata*); atravessa a programação da madrugada e, como só vai dormir com dia claro, embala-se com programas ultramatutinos de música sertaneja, esportes, telejornais, o que for. Adora futebol, torce pelo Fluminense e é um expert em seleção brasileira, mas vê qualquer partida, não importa de quem. Costuma acompanhar os jogos ao violão, para ter a impressão de que é sua música que movimenta os jogadores. Quando um deles erra um passe ou perde um gol,

João Gilberto o fulmina com um acorde dissonante. No peito dos superafinados também bate um coração de torcedor.

Telejornais, não perde um. Ele gosta de Cid Moreira e de todos os locutores, mas tem uma queda por Boris Casoy. Entusiasmou-se com a notícia de que o noticiário de Boris, o *TJ Brasil*, mudaria de horário, passando a concorrer diretamente com o *Jornal Nacional*, mas decepcionou-se com o programa do SBT: "No dia da estreia, às oito da noite, lá estava eu, ligado na televisão do Silvio [Santos], prestigiando, dizendo 'Vai, Boris!'. Mas deu tudo errado", lamentou. O motivo da frustração foi uma pequena mudança no arranjo da música de apresentação do *TJ Brasil*. Pois é, eles não contavam que haveria um João Gilberto para percebê-la. Por um intermediário, o cantor de ouvidos implacáveis conseguiu que seu protesto chegasse a Boris Casoy, o qual se esforçou para restabelecer o arranjo antigo. Mas os poderes do SBT não se sensibilizaram e a musiquinha original não voltou ao vídeo, para desgosto de João Gilberto.

Já o telefone, para ele, é uma espécie de ligação direta com a vida — real ou irreal, tanto faz. Nesse departamento, ninguém o bate em poder de sedução. Roberto Menescal já me avisara, quando lhe contei que iria ligar pela primeira vez para João Gilberto: "Cuidado com ele. É uma cobra, hipnotiza pelo telefone. Se você não ficar firme, vai amanhecer na Praça XV para buscar um peixe que ele mandou vir da Bahia". Bem, não chegou a tanto, mas, com três minutos de conversa com João Gilberto, entendi o que Menescal queria dizer. Não importa o que ou com quem esteja falando, sua voz é um cotonete embebido em mel, afagando carinhosamente o tímpano do interlocutor.

João Gilberto é capaz de falar horas seguidas com pessoas que nunca viu e nunca verá. Nesse ínterim, conseguirá convencê-las de que elas têm poderes de que jamais suspeitaram e encantá-las até a exaustão. Pingando charme e simpatia, deixa-as tão mesmerizadas que elas enfrentam maratonas noturnas de até sete horas ao telefone com ele. E nem se incomodam em esperar do outro lado da linha quando ele faz um intervalo para comer alguma coisa e volta meia hora depois, mastigando a sobremesa. Essas pessoas desmentem enfaticamente a lenda de que ele não fala. "Mas ele só fala!", espanta-se uma jovem que há dois anos troca telefonemas em longa-metragem com ele e que até hoje, como é de praxe, também nunca o viu. "Mas ele fala de que com você?", perguntei (como se não soubesse). "Fala de tudo, ué!", respondeu ela.

Por *tudo* entenda-se que João Gilberto fala de estilos de violão, antigos conjuntos vocais, técnicas de respiração iogue, religiões orientais, táticas de futebol, filmes eróticos a que assiste em vídeo e da vida depois da morte. Fala das diferenças entre o Rio e São Paulo, de poesia, da natureza, de seu amor pelo Brasil, de Bossa Nova e, entre uma frase simpática e outra, critica meio mundo. Também imita sons de navio e de trem, finge-se de locutor de futebol, pergunta com interesse como vai a família, recita o poema "A morte do leiteiro", de Carlos Drummond de Andrade, e descreve uma luta de boxe dos anos 60 como se tivesse acabado de assisti-la. Pode também abandonar o telefone sem avisar e, quando o retoma, quinze minutos depois, volta fingindo que é argentino e falando castelhano. Mas também, às vezes, espicha-se no sofá, recosta o aparelho numa almofada e canta e toca violão ao telefone, só para você. É fácil entender por que ele não precisa sair de casa — pode atrair *qualquer* pessoa a ela pelo telefone.

Com essa vida de asceta, o homem que transformou "Estate", do italiano Bruno Martino, num *standard* do repertório internacional, vai muito bem. Sua principal fonte de renda continua a ser o desempenho, no exterior, de seus discos contendo os clássicos da Bossa Nova. Eles podem não frequentar as paradas desde 1964, quando "Garota de Ipanema" foi um acontecimento nos Estados Unidos, mas estrelam há quase trinta anos o catálogo permanente de gravadoras em quatro continentes. Vendem em gotas, mas essas gotas pingam em dólares, e a torneira não seca nunca. E se há um brasileiro para quem o confisco das contas bancárias por Fernando Collor foi uma pluma que o vento vai levando pelo ar, tinha de ser João Gilberto. Pioneiro do investimento no colchão-ouro, ele não faz aplicações financeiras, não rola dívidas e nunca teve dinheiro na poupança para comprar casa própria — mesmo porque nunca se interessou em ter uma.

Mas não o incluam, por favor, entre descamisados de qualquer espécie. Até por uma questão de elegância. Seu guarda-roupa abriga uma coleção de camisas azul-celeste, com o monograma Y.S.L. bordado com retroses franceses, alinhados ternos da Brooks Brothers de Nova York, gravatas italianas e sapatos idem. Esse guarda-roupa pode parecer excessivo para um homem que raramente é visto em público e cujo armário é ocupado pelo estoque de pijamas — às dezenas, nenhum de mangas ou calças curtas (*noblesse oblige*, ele usa pelo menos três por dia). Mas é um guarda-roupa apenas adequado: João Gilberto é um cantor do tempo em que os artistas se vestem no alfaiate.

Não importa. De pijama, seu uniforme de combate, João Gilberto se refugia no flat do apart-hotel e faz o mundo girar ao seu redor. De anos em anos, veste o terno e, em troca, oferece a esse mundo doses precisas e preciosas de seu gênio — como em 1990, ao gravar seu disco *João*. E quer saber? O mundo é que sai ganhando com essa troca.

~

Numa notável demonstração de pensamento positivo, Mayrton Bahia, diretor artístico da Polygram, fez de conta que era um disco como qualquer outro. Já em abril, Mayrton afixara no quadro da gravadora o aviso com o dia e a hora do comparecimento do cantor ao estúdio, sem lhe dar qualquer destaque.

Ao ler o aviso, os funcionários da Polygram punham a mão na frente da boca para ninguém perceber seus risos. Primeiro, o artista marcara a gravação para onze da noite, horário pouco católico para os padrões, e não requisitara nenhum outro músico para acompanhá-lo. Segundo: o artista era João Gilberto.

Em 1990, às vésperas de completar 59 anos, cantores e músicos do mundo inteiro pronunciavam seu nome com reverência, mas, em seu próprio país, João Gilberto continuava a ser um mistério envolto num enigma. O último disco que gravara em estúdio já tinha mais de dez anos e, nesse ínterim, ele mandara o Lima em dois ou três shows (jargão dos músicos para dizer que o artista não apareceu). O pessoal da Polygram correu um bolo com apostas sobre se ele estaria ou não no estúdio, na Barra da Tijuca, no dia e hora marcados.

Pois quem apostou em João Gilberto ganhou. Às dez da noite do dia fatídico, preocupado com o conforto de João Gilberto, Mayrton Bahia mandou um radiotáxi para apanhá-lo em seu apart-hotel. Mas nem era preciso. Meia hora *antes* do horário combinado, o cantor chegou ao estúdio, ele mesmo guiando o seu Monza, vestindo um impecável paletó marrom, sem gravata. João Gilberto cumprimentou a equipe de gravação, brincou com o técnico Célio Martins, com quem já gravara vários discos no passado, e começou a dedilhar o violão. A partir dali, naquela e nas noites seguintes — como se não fizesse outra coisa na vida — gravou tranquilamente as doze faixas do disco que se chamaria *João*.

Na primeira noite, tocando e cantando até quatro da manhã, João Gilberto gravou três canções. Na noite seguinte, sete — um recorde em sua carreira. Na sexta-feira, última noite, gravou as duas que faltavam e refez algumas das anteriores. No total, cerca de dezoito horas de gravação — um ritmo a jato para qualquer cantor —, aprisionadas em oito fitas digitais.

E o que João Gilberto havia gravado? Numa primeira instância, três canções bem conhecidas, com uma carreira de décadas tomando chuva: "Ave-Maria no morro", de Herivelto Martins (1942); "Palpite infeliz" (1935), o primeiro samba de Noel Rosa na voz de um nome importante da Bossa Nova; e a mais nova do disco, "Sampa", mesmo assim escrita por Caetano Veloso treze anos antes, em 1977. E quatro canções estrangeiras, também com longa experiência em embalar casais de namorados: a imortal "Que reste-t-il de nos amours?", de Charles Trenet; "Una mujer", do francês Paul Misraki e mais famosa como o bolero que lançou Gregorio Barrios; e "Málaga", de Fred Bongusto, outro bolero, só que italianado, todas essas dos anos 40; e a americana "You do something to me", de Cole Porter (1929).

Mas as faixas restantes é que eram as joias da coroa — cinco preciosidades da música brasileira, só conhecidas por ele e mais alguns: "Rosinha", de Jonas Silva, ex-integrante do conjunto vocal Garotos da Lua, no qual foi substituído em 1950 pelo próprio João Gilberto; "Eu sambo mesmo", de Janet de Almeida, ótimo cantor, irmão do sambista Joel de Almeida e também autor (com Haroldo Barbosa) de "Eu quero um samba"; "Eu e meu coração", do pernambucano Inaldo Vilarinho e de Toninho Botelho, ex-baterista dos Garotos da Lua e colega de pescaria dos meninos da Bossa Nova (a música já havia sido gravada por Maysa e por Madalena de Paula); "Sorriu pra mim" (1955), do lendário violonista Garoto, com letra do subestimado cantor Luiz Claudio; e "Siga", parceria de Fernando Lobo e Hélio Guimarães.

Duas questões sempre intrigaram os críticos menos atilados e os ouvintes atilados demais: 1) Por que João Gilberto só grava coisas antigas?; 2) E por que grava canções estrangeiras? As duas perguntas têm uma só resposta: porque a grande música popular não tem idade nem pátria. E de que importa para ele se esta ou aquela canção já foi gravada cem vezes por outros — se a sua gravação pode ser a definitiva? Outro falso problema é o fato de as canções de sua preferência serem velhas de quarenta ou cinquenta anos — porque, em sua cabeça, elas continuam a existir e, portanto, são parte de seu presente. Além disso, João Gilberto vem de uma escola (a dos conjuntos vocais que se apresentavam ao vivo no rádio) em que os cantores cantavam de tudo e em qualquer língua. Nesse disco ele gravara em português, inglês, francês, espanhol e italiano. Uma façanha para quem, das cinco línguas, só fala uma.

Mas, no caso de João Gilberto, sempre houve uma diferença: ele só canta o que gosta. E do que ele, nascido em 1931, mais gosta são as canções que aprendeu entre 1945 e 1950, quando era adolescente em Juazeiro, Bahia, e jovem adulto no Rio. Desde o primeiro LP, adquiriu um direito até hoje sonhado por muitos: o de escolher o repertório, sem que a gravadora dê um pio. Todos os seus discos foram rigorosamente pessoais e, um dia, se resolver gravar "O tatu subiu no pau", vão achar muito natural.

A gravação de *João* (ainda sem esse título) tinha sido um quindim, uma ambrosia. Mas a pós-produção estaria mais para café com rapadura.

João Gilberto levou para casa uma cópia das fitas, a fim de escolher a melhor versão de cada faixa. Ficara acertado que nenhuma delas seria submetida àquele processo de corte e costura de que se beneficiam noventa por cento dos cantores contemporâneos — os técnicos pegam o trechinho de uma versão, colam com um trechinho de outra e assim por diante, até produzir uma faixa completa, perfeita, que esses cantores jamais conseguiriam produzir ao vivo. Todas as faixas de *João* seriam versões únicas e integrais, como nos velhos tempos — e como sempre foi com João Gilberto. Até aí, tudo bem.

Exceto pela sua dificuldade em se definir entre o perfeito e o mais-que-perfeito — como em dois takes de "Ave-Maria no morro", um mais longo, outro bem mais curto. Optou pelo primeiro, mas poderia ter tirado na moedinha. Em todas as outras, havia quatro ou cinco takes igualmente ótimos entre os quais escolher. A exceção foi "Sampa", cuja primeira versão ele logo considerou a ideal e dispensou-se de gravar takes alternativos. Mas aí terminaram as facilidades.

A seleção das doze faixas tomou exatamente um mês de João Gilberto, para deleite dos amigos para quem ele tocava ao telefone algumas faixas escolhidas. Embora de todo lado chovessem pedidos de gente interessada em ouvir a fita completa, principalmente da imprensa, a Polygram tratou a coisa como segredo militar: ao receber o material, trancou-o no cofre e pôs na porta um guarda que só permitia o acesso de pessoas expressamente autorizadas por João. Alguns mais chegados, como Miúcha e o colega Jonas Silva, autor de "Rosinha", foram convidados por ele próprio.

Seguiu-se outra etapa que, com os ventos a favor, faria com que o disco atracasse nas lojas em agosto, dali a apenas dois meses: a escolha do arranjador e o trabalho de "vestir" voz e violão com a instrumentação necessária. (Necessária? Qualquer um que ouvisse a fita original diria que o disco poderia muito bem ser lançado do jeito que estava, sem aditivos sonoros.) E o que deveria ter levado dois meses levou quatro, adiando o lançamento.

João Gilberto queria um arranjador americano que dominasse a linguagem brasileira e pudesse dar as embalagens adequadas a bombons tão sortidos, como o delicioso "Eu sambo mesmo" e o quase amargo "Siga". Falou-se em Johnny Mandel para o trabalho — e ele seria estupendo, mas não tinha disponibilidade de data. Claus Ogerman chegou a ser cogitado, mas João ainda não o perdoara por seus arranjos para um disco anterior, *Amoroso*, de 1977. Clare Fischer, um bossa-novista de coração e carteirinha, foi o escolhido. As fitas lhe foram despachadas para San Francisco, com instruções de João Gilberto sobre como deveria ser tratada cada canção. Em fins de novembro, Fischer mandou as fitas de volta, encorpadas com os sons de dezessete violinos, seis violas, nove cellos, dois contrabaixos elétricos e um acústico, nove sopros, bateria, percussão e os seus próprios teclados eletrônicos. João "gostou" do trabalho, mas precisava do aval dos amigos — donde as fitas saíram do cofre e deu-se mais um festival de ansiosas audições telefônicas para interlocutores maravilhados.

De junho de 1990 a fevereiro do ano seguinte, as linhas da Embratel quase se estrangularam com os incontáveis e longos telefonemas envolvendo João Gilberto e algum amigo que estivesse na sua escuta pela madrugada afora. Ao telefone, João acionava um gravadorzinho cassete, daqueles de pilha, e reproduzia faixas, algumas contendo apenas voz e violão, outras com a orquestração, e ficava ansioso e expectante pelo que a pessoa tinha a dizer. Do outro lado, o sujeito se liquefazia em suspiros e exclamações diante do que estava ouvindo, e João Gilberto perguntava:

"Mas você acha que, desse jeito, está bom mesmo?"

Há um talvez involuntário quê de diabolismo nessa cena, que se repetiu com muitas pessoas. João Gilberto perguntar a um leigo se o que ele acabou de cantar "está bom mesmo" equivale a Claude Troisgros ir de mesa em mesa, de mãos postas, perguntando aos clientes se ele, Troisgros, acertou no tempero do peito de pato caramelado. Não que João Gilberto seja infalível — e você até pode não gostar do que ele canta —, mas, se houver uma isca de imperfeição em qualquer coisa que ele tenha gravado, pode estar certo de que não há ouvido humano como o dele para detectá-lo. Nem mais exigente. Em alguns casos, João não se contentou com o telefone. Pediu a seu amigo paulista Krikor Tcherkesian que viesse ao Rio, recolhesse as fitas e as levasse a Salvador, Bahia, para seu amigo Jorge Cravo, Cravinho, escutá-las. Poucas opiniões podem ser mais respeitadas por João Gilberto que a de Cravinho — em Salvador, os dois muito jovens, era na vitrola de Cravo que ele ouvia os clássicos de Orlando Silva e as últimas novidades de Lucio Alves.

Ao ouvir as fitas, Cravinho logo telefonou:

"Está tudo maravilhoso, João!"
Mas ele não se convencia:
"Você acha mesmo, Cravinho?"

Esse angustiado troca-troca de telefonemas prolongou-se pelos nove meses em que *João*, o disco, esteve em trabalho de parto em laboratórios tipo século XXI, no Rio, em Los Angeles, San Francisco e de novo no Rio, até ser finalmente declarado pronto — ou assim eles acreditavam. Mas foi então que a novela passou aos seus capítulos mais climáticos e nervosos.

Com a aprovação de João, a Polygram masterizou o material e deu o disco como tecnicamente preparado para lançamento no fim do ano — para que ele pegasse as vendas de Natal. Só faltava prensar. Houve champanhe no estúdio ao som de *João*, com a presença do cantor e sob um clima de imensa euforia — mas não por parte de João Gilberto. Seu mais-que-perfeccionismo entrou em surto e ele pediu sucessivas remasterizações de diversas faixas, algumas para enfatizar os graves, outras para dar mais brilho à sonoridade geral. A fita voltou para os Estados Unidos. O disco perdeu o prazo do Natal e, pelos meses seguintes, entrou e saiu do laboratório como um paciente com complicações entra e sai da UTI. Em certo momento, João cismou que a Polygram havia trocado por engano uma das versões que ele escolhera por outra que rejeitara. A Polygram jurou que não, mas João não se convencia. Pediu a seu amigo, o maestro e arranjador Guerra Peixe, que desse a palavra final. O maestro ouviu as fitas e tranquilizou-o: estava tudo certo.

À falta de novos argumentos — há quem diga que, às vésperas de cada lançamento, a insegurança de João o faz imaginar pretextos para adiar a saída do disco —, a discussão se encerrou. Em fevereiro de 1991, *João* foi dado definitivamente como pronto e enviado à Microservice, para a prensagem do CD.

Ufa!, suspirou a Polygram, provocando uma marola em seu vizinho, o canal de Marapendi. Uau!, disseram muitas pessoas ao ouvir o disco — mais exatamente, 100 mil delas. Em quase quarenta anos de carreira, *João* seria o primeiro disco de João Gilberto a render-lhe um "disco de ouro", referente à vendagem de mais de 100 mil exemplares. Não que isso lhe fizesse muita diferença. O importante é que, afinal, ele gostara do disco — e nenhum disco poderia ter um crítico mais rigoroso.

Podia vestir de novo o pijama e relaxar.

João Gilberto 2001

Psiu para os que só sabem ouvir com os olhos

Se João Gilberto, setenta anos no dia 10 de junho de 2001, pudesse voltar no tempo — digamos, ao dia 10 de julho de 1958 —, seria capaz de imaginar que o novo "som" que ele estava produzindo naquele momento no estúdio da Odeon, no Rio, poderia sustentá-lo a ouro e mel pelo resto da vida? Não. Nem em delírio, ninguém poderia imaginar tal coisa. Mas, pelo que se veria em poucos anos, em escala nacional e planetária, isso poderia ter acontecido. Se tivesse recebido royalties todas as vezes que alguém adotou sua batida de violão ao gravar um disco, não haveria como medir sua fortuna. Do jeito que as coisas se deram, no entanto, João Gilberto pode ter sido, comparativamente, o que menos lucrou com sua invenção. Quem mandou fazer música por amor?

Talvez seja essa a sina dos inventores, supondo que, em música, eles possam ser determinados. No passado, era impossível: quem inventou a marcha, a valsa, o ragtime, o tango, o bolero, o boogie-woogie ou qualquer outro ritmo, para não falar do samba? (E não esqueça o miudinho.) Por mais que se identifique a origem de alguns desses ritmos com certos nomes (a valsa com Johann Strauss II, o ragtime com Scott Joplin, o boogie-woogie com "Pine Top" Smith), eles não foram seus únicos criadores. Seria mais justo dizer que foram os que sintetizaram a contribuição de muitos que vieram antes deles. O mesmo quanto à batida da Bossa Nova, estabelecida por João Gilberto em 1958. A diferença é que, nesse caso, há registros *oficiais* (orais, por escrito e gravados) de quando essa batida foi oficialmente "inaugurada" — entre 1957 e 1958 —, embora não tanto de quando foi de fato "criada". Seja como for, na ponta final dessa síntese estava João Gilberto.

E quais eram os elementos dessa síntese? Praticamente tudo que se criara em música popular brasileira nos trinta anos anteriores, ou seja, desde 1928. A Bossa Nova (como foi chamada a batida de violão, transferida para a bateria de Milton Banana sob orientação direta de João Gilberto) era uma soma de muitas outras "bossas", nascidas da intuição de outros grandes criadores do passado. Isso nunca foi negado — nem por ele, nem por Tom Jobim ou por Vinicius de Moraes —, o que não impediu que os inimigos do novo ritmo, na tentativa de desmerecê-lo, fossem procurar naquele passado os argumentos para combatê-lo.

Quando João Gilberto surgiu, era fácil dizer, por exemplo, que ele era apenas uma cópia atrasada de Mario Reis, o primeiro brasileiro a simplificar o jeito então vigente de cantar — a cantar "sem voz", quase "falando", o que só se tornara possível, no Brasil de 1928, pela introdução do microfone elétrico nas técnicas de gravação. Mas, da maneira como falavam, era como se Mario Reis fosse um caso único, no mundo, daquele tipo de cantor. Os apressados não sabiam que, desde a introdução do microfone elétrico (que, nos Estados Unidos, se dera antes ainda, em 1925), todos os países do mundo estavam produzindo os seus marios reis.

A influência de Mario Reis sobre João Gilberto foi indireta e, aí, sim, fundamental, mas apenas na medida em que Mario foi o introdutor de um canto original brejeiro, "brasileiro". Canto este que ele pode ter aprendido com os sambistas do bairro carioca do Estácio, cujos botequins frequentava com seus primos ricos, os Silveirinhas da fábrica Bangu, antes de começar a gravar. Ao ouvir e adaptar a bossa dos sambistas ao seu jeito branco e contido, Mario tornar-se-ia o pai de uma legião de cantores "de bossa" que desaguaria em João Gilberto.

Nada a opor a essa tese. De fato, sem Mario Reis — e, depois dele, Carmen Miranda, Luiz Barbosa, Vassourinha, Ciro Monteiro, a dupla Joel e Gaúcho, o Bando da Lua, os Anjos do Inferno, Os Cariocas, Jorge Veiga, Moreira da Silva, Emilinha Borba (por que não?), Johnny Alf, os Garotos da Lua e muitos mais — não haveria João Gilberto. E o que dizer dos compositores e letristas que escreveram tão bem para esses cantores "de bossa"? Ary Barroso, a dupla Ismael Silva e Newton Bastos, a dupla Bide e Marçal, Brancura, Noel Rosa, Lamartine Babo, João de Barro, Bororó, Assis Valente, Nássara, J. Cascata, Sinval Silva, Pedro Caetano, Wilson Batista, Geraldo Pereira, Antonio Almeida, Ataulpho Alves, Haroldo Barbosa, Dorival Caymmi, Denis Brean, Janet de Almeida, Luiz Gonzaga, Zé Kéti — sem eles, também não haveria João Gilberto. E não se esqueça dos músicos, dos instrumentistas — porque, sem Pixinguinha, Benedito Lacerda, Ratinho, Luiz Americano, Abel Ferreira, Waldir Azevedo, Jacob do Bandolim, Altamiro Carrilho, João Donato e tantos outros, igualmente não haveria João Gilberto.

Mas essa é apenas uma das faces de um hipotético disco. No outro lado, o que tem o nome de Orlando Silva impresso no selo, a linhagem é tão ilustre quanto. Em suas gravações a partir de 1935, na Victor, Orlando foi a resposta "sofisticada" à naturalidade de Mario Reis. Orlando, sim, tinha sido o primeiro brasileiro a usar o microfone como um instrumento e a cantar de forma romântica, até "chorando", mas sem os derramamentos de opereta. Foi dele que João Gilberto extraiu o lirismo, a suavidade e o canto dissimulado, só aparentemente linear.

Donde, sem Orlando (e tantos cantores, compositores, arranjadores e músicos que ele, sem saber, influenciou) — Custódio Mesquita, Mario Lago, Radamés Gnatalli, Leo Peracchi,

Roberto Martins, José Maria de Abreu, Herivelto Martins, Vadico, Garoto, Valzinho, Cartola, Nelson Cavaquinho, Guilherme de Brito, Luiz Antônio, Chiquinho do Acordeon, Roberto Silva, Dick Farney, Lucio Alves, Ed Lincoln, Luiz Bonfá, Antonio Maria, Dolores Duran, Tito Madi, Billy Blanco, Newton Mendonça, Tom Jobim e muitos outros —, igualmente não haveria João Gilberto. Aliás, nas poucas vezes em que tocou no assunto, ele próprio já disse que não existiu um "começo", e sim um processo.

O que isso quer dizer? Que essa lista (que não esgota as admirações de João Gilberto e as prováveis influências que ele sofreu) confunde-se com a história de grande parte da música brasileira até "Chega de saudade". Olhando para trás, para 1958, parece um milagre que ele tenha conseguido encapsular tanta riqueza num estilo tão econômico de voz e violão. E fez isso apenas dando continuidade a uma tradição de "bossa" e delicadeza, que já assimilava como ouvinte desde as calças curtas — mas continuando-a à sua maneira, com uma "bossa nova", revolucionária.

O 10 de julho de 1958 citado no começo é a data de sua gravação de "Chega de saudade", de Jobim e Vinicius, para o 78 rpm, da Odeon, que tinha na outra face "Bim-bom", de sua autoria. "Chega de saudade" vinha marcada no selo como samba-canção, embora tivesse indiscutíveis sabor e estrutura de choro; "Bim-bom" vinha rotulado de samba, embora na própria letra o cantor dissesse, "É só isso o meu baião" — e, ao ouvir a música, se visse que era mesmo um baião. Mas tudo tão diferente do que se fazia que, com aquelas duas faixas, ficava liquidada a velha definição de gêneros, até então obrigatória nos discos brasileiros. Nas suas duas gravações seguintes, "Desafinado" e "Hô-bá-lá-lá" (feitas no mesmo estúdio, exatamente três meses depois), o 78 que as trazia já dispensava a classificação (embora "Desafinado" fosse um samba e "Hô-bá-lá-lá", um beguine). Era tudo Bossa Nova, com maiúsculas e minúsculas — um gênero em si e, a partir dali, um movimento que, queiram ou não, empolgou milhares de jovens no Brasil. João Gilberto também era um jovem, 27 anos feitos um mês antes, quando gravou "Chega de saudade". Ele foi a senha para que muitos garotos dos anos 50 despertassem para o Brasil. Deu uma identidade a toda uma geração, emprestou-lhe uma voz, seduziu-a para a música, para a beleza e para a criação. Chico Buarque, Caetano Veloso, Gilberto Gil e outros vivem dizendo que começaram a fazer música por causa dele — outros, também sacudidos por ele, foram fazer teatro, cinema, poesia, pintura, arquitetura, design. E isso aconteceu porque, ao contrário dos modelos importados que hoje tanto nos fascinam, João Gilberto buscou no próprio Brasil as raízes de sua criação. Sua música valia por um programa de governo, um projeto de vida, uma receita de felicidade — mensagem logo entendida pelos compositores que o cercavam, Jobim à frente, os quais se converteram e converteram sua música àquela batida de violão. Nela estava o diagrama de um Brasil viável — que se aproveitava das nossas melhores qualidades para ser ousado, moderno, inovador.

Não que João Gilberto tivesse ilusões a esse respeito. Na mesma época em que sua música estava se tornando "o grande poder transformador", ele olhou pela janela de seu apartamento com Ronaldo Bôscoli, contemplou o panorama lá embaixo e comentou: "Não adianta, Ronaldo. Eles são muitos".

Muitos, mesmo. Mais de quarenta anos depois, o Brasil ainda não fez jus à beleza proposta pela música de João Gilberto. E, em alguns setores, criou-se a seu respeito um inexplicável halo

Cantores de bossa ▶

João Gilberto é o apogeu
de uma bela linhagem
da música brasileira — que
segue agora com a filha Bebel

de suspeita e má vontade, que parece piorar com o tempo e não se aplica a outros artistas. Numa época em que, aos cantores populares, tudo é permitido — incendiar guitarras, plantar bananeiras no palco, urinar na plateia, induzir à droga e disseminar o ódio, o racismo e a violência —, certas atitudes continuam *verboten* para João Gilberto. Não que ele queira cometer aquelas barbaridades. Mas há coisas que só a ele não são permitidas.

Por exemplo: ele não pode pedir à plateia que o ouça em silêncio e com educação. Não pode exigir que os microfones estejam afinados com a delicadeza de sua música. E não pode gravar um disco maravilhoso como *João, voz e violão*. Se cometer qualquer um desses atos condenáveis, precisa ser vaiado, execrado e diminuído — e é preciso fazer isso porque a música brasileira contemporânea, rica em bundas, padres e sertanejos, pode dar-se ao luxo de dispensar João Gilberto.

De seu disco *João, voz e violão*, lançado em 1999, foi dito que nada acrescenta ao que ele já fez, que não tem novidades e que foi uma perda de tempo gravá-lo. Para que regravar "Chega de saudade" e "Desafinado", exatamente (sic) como nos discos originais? — perguntou-se. Pois, pergunto eu, por que não? Frank Sinatra, sempre que mudava de gravadora, regravava todo o seu repertório — quantas versões não fez de "Night and day" e "The lady is a tramp"? Mas Sinatra podia fazer isso. João Gilberto não pode. Os descontentes esquecem-se de que já há uma geração inteira que nunca ouviu suas gravações originais de "Chega de saudade" e "Desafinado", fora de circulação desde 1990 por uma querela judicial entre ele e a gravadora EMI. Mal comparando, imagine o cristianismo mantendo os Dez Mandamentos em segredo pelos últimos mil anos.

Bem, então ficamos cientes de que João Gilberto é o único cantor do mundo que não tem direito de regravar seus antigos sucessos. E, se se atrever a fazer isso em 1999, precisa contrariar todas as leis naturais e fazê-lo com a mesma voz que tinha em 1959. Será que já esquecemos os antecedentes históricos? Apenas entre os americanos, Sinatra, Judy Garland, Fred Astaire, Billie Holiday, Chet Baker, Mabel Mercer e outros aproveitaram a maturidade para voltar a seus antigos repertórios e regravá-los com uma voz (ou o que restava dela) mais grave, mais sábia, mais experiente. Essas interpretações tardias não podem, nem devem ser comparadas às originais — são outra coisa, uma outra visão. Mas, se João Gilberto conseguiu produzir versões "iguais" às que gravou há quase meio século, devíamos então maravilhar-nos com a perenidade de seu equipamento vocal — e a de canções como "Chega de saudade" e "Desafinado".

Naqueles idos, ao lançar esses sambas de Tom Jobim com Vinicius de Moraes e Newton Mendonça, sua voz e seu violão instituíram uma forma de música brasileira que foi assimilada por todas as músicas populares do mundo — inclusive a americana, que a tomou tranquilamente para si. Mas, ao autor dessa tremenda revolução, critica-se que nunca mais fez nada "diferente", como se ele fosse obrigado a fazer uma revolução a cada disco.

Pois, mais uma vez, devemos recorrer à História: Louis Armstrong nos anos 20, Duke Ellington nos anos 30, Charlie Parker nos anos 40, cada qual fez sua revolução particular no jazz de seu tempo. A partir daí, consolidaram seus estilos e nenhum foi crucificado por nunca mais ter feito nada "diferente". Mas, no Brasil, você sabe, vivemos em revolução permanente. Não se perdoa a João Gilberto a insistência em continuar fiel a si mesmo, ao voltar a seus velhos clássicos — nem quando, como sempre, ele vai buscar ouro no passado, como nos sambas de Bororó ("Da cor do pecado"), Herivelto Martins e Marino Pinto ("Segredo") e Antonio Almeida ("Não vou pra casa"), como fez nesse disco. Ou quando valoriza e revela o lado sambista de Caetano Veloso ("Desde que o samba é samba", com aquela imagem que é quase uma síntese da música brasileira: "A lágrima clara sobre a pele escura").

Entre as acusações de "mesmice" em *João, voz e violão*, estava a de que era "mais um disco de João Gilberto ao banquinho". Mas de onde as pessoas tiram essas ideias? Esse era o seu primeiro disco de estúdio em tal formato — ou seja, só ele e seu instrumento, sem orquestra. E, considerando-se algumas orquestras que ele já teve de encarar, é de se perguntar se esse formato enxuto não lhe teria sido suficiente em outros discos. Criticou-se também o fato de que, tendo levado mais de um ano em preparação, João Gilberto acabou gravando as dez faixas em apenas dois dias, algumas delas de primeira. Mas, se foi assim, seria o caso de gritar aleluia: quantos outros artistas brasileiros em nossos dias são capazes de gravar de primeira, sem as infernais mutretas eletrônicas que transformam qualquer um em "cantor"? E também se falou no fato de *João, voz e violão* conter apenas trinta minutos de música. Bem, lá isso é verdade. Aliás, seus antigos LPs na Odeon também. E nenhum precisou de um segundo a mais para mudar tudo.

A possível pressa com que o disco foi lançado (inédita para os seus padrões) acabou dando-lhe um toque de "realismo". Pela primeira vez, ouvimos o impensável: sua voz falhar em instantes, hesitar por quase um segundo ou revelar um excesso de sentimento que, houvesse outros takes a escolher, talvez não se soubesse que tinham acontecido — confira em "Eu vim da Bahia", no bolero "Eclipse", em "Coração vagabundo". Nesse disco, tivemos um João Gilberto finalmente "humano", falível, sem a absurda perfeição dos discos anteriores. Mais do que nunca, é como se a voz que sai do CD-player estivesse ao vivo ao seu lado, na sala, com todo o peso dos setenta anos, dos serviços prestados, da vida vivida.

A capa do disco mostrava o rosto da bela Camila Pitanga fazendo psiu para uma plateia imaginária. Podia ser um recado aos jecas novos-ricos que, em 1999, o vaiaram no Credicard Hall, em São Paulo, e para quem, num gesto delicioso, quase de criança, ele mostrou a língua. Outros artistas, menos finos, teriam dado bananas ou quebrado o violão e o atirado na plateia — talvez fosse isso o que aquele distinto público, mais habituado a rodeios ou shows de rock, esperasse dele. Mas João Gilberto tem o direito de pedir silêncio ao cantar. Qualquer cantor tem — ele, mais que todos, porque sua música é uma confidência, não um comício. Quem não quiser ouvi-lo está autorizado a ficar em casa.

Mas há uma frequente acusação a João Gilberto para a qual não vejo defesa: a de, como artista, vestir-se como um gerente de banco. Ele realmente é culpado por, desde sempre, até hoje, só subir ao palco usando terno, gravata e sapatos — de cores neutras, comuns —, de modo a fazê-lo desaparecer do nosso campo de visão e restar apenas a voz, o violão, a música, o sublime.

Um dia, quem sabe, em deferência aos que só sabem ouvir com os olhos, ele se apresentará de camisola, pareô ou baby-doll.

8
Textos bônus

Anatomia de um disco

Por dentro (e por fora) da gravação de Getz/Gilberto

Nos dias 18 e 19 de março de 1963, dez pessoas — oito homens e duas mulheres — reuniram-se no A&R, um estúdio de gravação na rua 48 Oeste, quase esquina com Sexta Avenida, em Nova York, e criaram o LP que, para alguns, é o maior da Bossa Nova em todos os tempos. Não é — mas talvez seja o maior LP de Bossa Nova produzido fora do Brasil. Claro que, enquanto o estavam gravando, eles não imaginavam o tamanho da proeza, e nem que o disco seria um divisor de águas na vida de todos os envolvidos.

Esses homens eram o sax tenor americano Stan Getz, 36 anos recém-feitos e muito admirado por seu lirismo ao instrumento (e nem tanto, no mundo do jazz, por seu caráter ou falta dele); o pianista e compositor brasileiro Antonio Carlos Jobim, também 36 anos completados havia pouco e só então perdendo a timidez que o caracterizava; o violonista e cantor João Gilberto, 32 anos, tido por unanimidade como o criador e principal nome da Bossa Nova; o contrabaixista Tião Neto, também 32, com a marcação firme e o som poderoso e redondo de seu instrumento; e o baterista Milton Banana, às vésperas dos 28 anos e tão importante para a bateria da Bossa Nova quanto João Gilberto para o violão da dita. As duas mulheres eram Astrud, carioca nascida na Bahia, que faria 23 anos dali a dez dias e era casada com João Gilberto, e Monica Getz, mulher de Stan e, no fundo, responsável pela própria existência do disco — poucos dias antes, conseguira arrancar João Gilberto de seu quarto no provecto hotel Diplomat, cinco quarteirões abaixo, na rua 43 Oeste, e convencê-lo a trocar o pijama pelo terno e ir com ela para o anexo do Carnegie Hall, onde seus colegas estavam ensaiando.

Os outros três homens no estúdio eram o seu proprietário, o engenheiro de gravação Phil Ramone, 29 anos, que, em pouco tempo, se tornaria o nome mais famoso do planeta na especialidade — no ano anterior, Ramone já demonstrara seu senso de oportunidade ao gravar Marilyn Monroe cantando "Parabéns pra você" para o presidente John Kennedy no Madison Square Garden; o engenheiro de som Val Valentin, da mesma idade e, no futuro, tão prestigiado quanto Ramone; e o produtor do disco, Creed Taylor, da Verve Records, também muito jovem nos seus 33 anos e já merecedor da adoração dos jazzistas por ter criado, três anos antes, o selo Impulse!. E, com este, temos os dez ali presentes.

Ou onze, se contarmos um amigo comum de Jobim e Creed: o fotógrafo americano David Drew Zingg, o mais velho no recinto — quarenta anos —, já com várias passagens pelo Brasil, onde viria morar definitivamente em 1965, e grande fã da Bossa Nova. Zingg não podia deixar de estar ali, no estúdio, com sua Nikon — porque fora ele quem apresentara Creed a Jobim e aos outros brasileiros. Aliás, seria para ele que Tom, um dia, no Rio, diria sua célebre frase: "David, o Brasil não é para principiantes". São de David Zingg todas as fotos feitas naqueles dois dias no estúdio.

Getz/Gilberto seria gravado na sequência do já então polêmico concerto de Bossa Nova no Carnegie Hall, que acontecera menos de quatro meses antes, em novembro de 1962. Dos músicos brasileiros que tinham ido a Nova York para o concerto, Tom, João Gilberto e Milton Banana eram dos poucos que tinham resolvido continuar por lá, enfrentando o frio (com suas roupinhas levadas do Brasil), a solidão, a saudade do Rio e a falta do feijão. Tião Neto chegara pouco depois do concerto, com o conjunto Bossa Três, que ele formava com o pianista Luiz

Bem na foto

Tião Neto, Tom Jobim,
Stan Getz, João Gilberto e
Milton Banana. Uma ausência
conspícua: Astrud Gilberto

Carlos Vinhas e o baterista Edison Machado — os três iriam se apresentar no programa de TV de Ed Sullivan. A maioria dos outros que haviam estado no Carnegie Hall — Sérgio Mendes, Carlos Lyra, Roberto Menescal, Chico "Fim de Noite", Agostinho dos Santos, a cantora Ana Lucia — já tinha voltado para o Brasil e tido de se explicar sobre o "fracasso" do concerto.

Mas, para Tom e João, e também para Luiz Bonfá, que igualmente ficara em Nova York, não tinha havido fracasso algum. O evento podia ter sido um primor de desorganização no palco, mas a música contida nele dera o seu recado. E a quantidade de jazzistas interessados no que eles estavam fazendo — o sax barítono Gerry Mulligan, os pianistas Bill Evans e Lalo Schifrin, os trompetistas Miles Davis e Dizzy Gillespie, o arranjador Quincy Jones, muitos mais — demonstrava que não era hora de voltar. Além disso, Sidney Frey, dono da gravadora Audio Fidelity e produtor do concerto, ainda não lhes pagara pelo Carnegie Hall. Desde a chegada, Tom e João estavam se mantendo em Nova York com seu próprio dinheiro e, agora, tinham mandado buscar as esposas: Tereza, mulher de Tom, e Astrud. Se voltassem para o Rio, aí é que o gringo lhes daria o beiço de vez.

Enquanto Tereza não chegava, Tom ficou aos cuidados de Gerry Mulligan e do letrista Gene Lees, autor da versão em inglês para "Desafinado" e "Corcovado". Os dois americanos o adotaram e andavam com ele dia e noite, alternando entre os botequins Jim and Andy, na rua 48, e Charlie's, na rua 52, ambos no West Side. Além da musicalidade absoluta de Tom, duas coisas quanto a ele atordoavam Lees e Mulligan: sua capacidade cúbica — era capaz de tomar o triplo de uísque que eles — e a velocidade com que estava aprendendo inglês. Mas Tom tinha seus próprios motivos para frequentar esses botequins: ficara íntimo dos cozinheiros, os quais, na maioria, eram porto-riquenhos. Eles não se passavam pela batata que serviam aos fregueses e faziam, para si próprios, fartas porções de arroz com feijão, que ofereciam discretamente a Tom na cozinha. Com a chegada de Tereza, as despesas dobraram. Por sorte, ele podia sacar dos adiantamentos que sua sociedade americana, a BMI, lhe estava fazendo por conta das vendas de "Desafinado" e "Samba de uma nota só", ambos já com várias gravações nos Estados Unidos.

Stan Getz, por sua vez, acabara de deixar a pindaíba em que vivia até bem pouco, afogado em álcool e drogas. Naquele março de 1963, ele já podia comprar suas roupas na Brooks Brothers com a montanha de dinheiro que a Bossa Nova despejava na sua conta. Seu LP com Charlie Byrd, *Jazz samba*, gravado um ano antes e também produzido por Creed Taylor, entrara na lista de mais vendidos da revista *Billboard* e chegara, espantosamente, ao primeiro lugar (ficaria setenta semanas na lista) — sendo que o 45 rpm de "Desafinado", extraído do LP, já vendera mais de 1 milhão de cópias. Nunca um disco de jazz sonhara em atingir tais marcas. Zonzo com o sucesso, Creed Taylor resolveu investir na Bossa Nova e produzir novos discos do gênero com Stan Getz.

O LP seguinte de Getz, *Big band Bossa Nova*, gravado poucos meses depois de *Jazz samba*, em parceria com o vibrafonista Gary McFarland e grande orquestra, chegaria ao 13º lugar e ficaria 23 semanas na lista da *Billboard*. Era bom, mas tinha Bossa Nova só no título. Um terceiro LP, *Jazz samba encore!*, com Getz finalmente dividindo o microfone com um músico brasileiro — Luiz Bonfá —, gravado logo depois do show no Carnegie Hall, era muito melhor, mas seu topo na lista seria um 88º lugar, em onze semanas. Nem o ponto de exclamação do título ajudou. Mesmo assim, eram grandes colocações, sabendo-se que esses discos não estavam correndo numa raia à parte, mas lutando contra os pesos pesados da música americana da época, como Elvis Presley, Bobby Darin, Ray Charles, Henry Mancini e Lawrence Welk. E, se pareciam um pouco decepcionantes, era porque o acachapante fenômeno de *Jazz samba* os deixara mal-acostumados. Só então Creed e Stan se deram conta de que nunca mais repetiriam aquele sucesso e que, passada a primeira onda, a Bossa Nova poderia sobreviver comercialmente, mas restrita ao pequeno mundo do jazz. O disco seguinte, que eles já haviam acertado por contrato desde janeiro, seria com João Gilberto e Jobim, e não havia esperança de que seu destino fosse melhor do que o dos anteriores.

Nunca duas pessoas se enganaram tanto. Quem poderia adivinhar que aquele LP é que seria o começo de tudo?

Getz/Gilberto, como se sabe, tornou-se o clássico dos clássicos e, até hoje, botá-lo para tocar é uma experiência insuperável. É quase impossível acreditar que foi gravado há mais de meio século. E como convencer os mais jovens de que isso aconteceu em apenas dois dias e ao velho estilo? Ou seja: nada de gravar primeiro as "bases" — piano, contrabaixo e bateria — para só depois o cantor "botar a voz" ou o saxofonista solar por cima. Eram todos ao mesmo tempo no estúdio, tocando juntos — se um errasse, tinham de parar e começar de novo. Mas errar era um verbo que nenhum deles conhecia.

Milton Banana fora o baterista nos principais eventos da Bossa Nova até então e, não por acaso, todos ligados a João Gilberto: as noitadas em que tocavam juntos no bar do hotel Plaza, em Copacabana, em 1957, onde se ouviu, ao vivo, a batida da Bossa Nova pela primeira vez; a gravação do single "Chega de saudade", por Gilberto, na Odeon, em 1958, e do LP do mesmo nome, em 1959; e o show *O encontro*, na boate Bon Gourmet, também em Copacabana, que reunira Gilberto, Jobim, Vinicius de Moraes e Os Cariocas, em 1962. Poucos meses depois, no Carnegie Hall, ele fora o único acompanhante de João Gilberto em sua interpretação ultraminimalista de "Outra vez", de Tom — apenas a voz e o violão de João e suas escovinhas na vastidão daquele palco —, deixando a plateia de Nova York hipnotizada.

A participação de Milton Banana no disco com Getz fora uma imposição de Jobim e João Gilberto a Creed Taylor. Por este, o baterista seria americano. Aliás, na gravação de *Jazz samba*, um ano antes, Getz usara dois bateristas americanos, Buddy Deppenschmidt e Bill Reichenbach, para tentar simular a leveza brasileira — sem conseguir. Mas, já nos ensaios para *Getz/Gilberto*, assim que Banana tirou suas baquetas do estojo e as roçou de leve nos couros, Getz viu com quem estava lidando — com o primeiro e maior baterista da Bossa Nova.

O contrabaixista Tião Neto, por sua vez, tinha pouco mais de três anos como profissional, mas já era milionário de voo nas boates do Beco das Garrafas, em Copacabana. Imponente como Eddie Safranski, ex-contrabaixista de Stan Kenton, ou hierático como Percy Heath, do Modern Jazz Quartet, todos disputavam Tião como acompanhante. Além disso, com seu cavanhaque e porte principesco por trás do contrabaixo, ele dava um ar quase intelectual às formações de que participava.

E o que dizer de Tom Jobim? Era o pianista e diretor musical da gravação, além de autor de seis das oito faixas que eles pretendiam gravar: "Garota de Ipanema", "Desafinado", "Corcovado", "Só danço samba", "O grande amor" e "Vivo sonhando" (as outras, "Doralice", de Dorival Caymmi e Antonio Almeida, e "Pra machucar meu coração", de Ary Barroso, eram duas velhas joias brasileiras que só almas apuradas, como a de João e a de Tom, saberiam desencavar). Quanto a Stan Getz, conseguira finalmente dominar a emissão controlada e relax, quase sem vibrato, que, para Tom, seria a ideal para fazer o contraponto à maciez da voz e à flexibilidade do violão de João Gilberto. Em tese, tudo indicava uma gravação tranquila — não havia motivo para problemas.

Mas o que aconteceu foi que, de tranquila, a gravação de *Getz/Gilberto* teve pouco ou nada. João Gilberto discordava justamente da emissão de Getz, que achava muito enfática para a delicadeza da Bossa Nova. Por isso, a todo instante interrompia a gravação, para obrigá-lo a começar de novo. Getz não entendia e João dizia entre dentes para Jobim, como quem mastigasse as sílabas:

"Tom, diga a esse gringo que ele é muito burro."

O americano perguntava a Tom o que João dissera, e Tom botava panos quentes:

"Ele disse que é uma honra gravar com você."

"Engraçado", resmungava Getz. "Pelo tom de voz, não parece ser isso que ele está dizendo."

Getz era famoso por seu gênio estourado e por ser cruel com os colegas. Não se sabe como se segurou. A única explicação era a de que, depois de tantos atropelos em sua carreira, ele estava vendo na Bossa Nova uma possibilidade de redenção — e, para isso, engoliria todos os sapos que João Gilberto lhe jogasse ao colo.

Custou, mas João conseguiu que Stan soasse ao sax tenor quase como se sussurrasse — pelo menos durante a gravação. Sim, porque meses depois, na mixagem, sem a presença dos brasileiros, Getz aumentou o volume de seus solos, principalmente nas entradas, conferindo-lhes um ataque que, ao vivo, João Gilberto nunca teria aprovado.

Com todas as idas e vindas e inúmeras interrupções, inclusive para escapadas ao Jim and Andy, bem ao lado, as oito faixas de *Getz/Gilberto* — 34 minutos de inexcedível beleza — foram gravadas por igual durante aqueles dois dias, quatro de cada vez, sendo "Garota de Ipanema" a segunda do primeiro dia. E então deu-se o que, por muito tempo, se constituiu numa das lendas da Bossa Nova — a fábula da esposa e dona de casa, jovem e despretensiosa, que, casualmente no estúdio, foi convidada a gravar uma pequena participação e, dali, disparou para tornar-se um fenômeno de vendas no mercado americano. Astrud Gilberto, naturalmente.

Astrud não estava por acaso no estúdio, nem era tão despretensiosa. Sempre quis ser cantora e, desde que se casara com

João Gilberto, em 1960, ele a preparara para isso. (Como será ter João Gilberto como professor particular de canto?) Astrud até já se apresentara em público: na famosa *Noite do amor, do sorriso e da flor*, o grande show de Bossa Nova no pátio da Faculdade de Arquitetura da Praia Vermelha, no Rio, em 20 de maio de 1960 — o último show amador da Bossa Nova, porque, a partir dali, todos os seus participantes se profissionalizariam. Com João acompanhando-a ao violão, Astrud cantou "Lamento" e "Brigas nunca mais", ambas de Tom e Vinicius, para mais de 2 mil pessoas. Não empolgou, mas também não fez feio — nem João permitiria que ela se apresentasse se não estivesse minimamente no ponto.

Astrud falava inglês e era nessa capacidade que tinha ido para Nova York — para ajudar o marido em suas conversas com empresários e agentes, já que as únicas palavras que ele conhecia eram os títulos de algumas canções, como "All of me" e "Day by day". Durante um dos ensaios, em que repassavam a interpretação de "Garota de Ipanema", João sugeriu a Getz que Astrud cantasse a versão em inglês que o letrista Norman Gimbell fizera para o samba. Getz concordou sem muito interesse, mas Creed Taylor viu naquilo uma boa ideia — se desse certo, uma ou duas canções em inglês aumentariam as chances comerciais do disco. E, então, Astrud cantou "The girl from Ipanema" e foi aprovada.

Ali mesmo, Tom sugeriu a Taylor e Getz que ela também cantasse "Corcovado", que seu amigo Gene Lees transformara em "Quiet nights of quiet stars". No futuro, depois do sucesso estrondoso de Astrud, Stan Getz insistiria em dizer que João Gilberto e Jobim não a queriam no disco, e que, não fosse por ele, ela nunca teria sido "descoberta".

"Corcovado" foi a primeira faixa a ser gravada no segundo dia, e Astrud revelou-se muito mais segura do que em "The girl from Ipanema". Nesta, por sinal, ela comete um erro ao cantar "She looks straight ahead, not at he", em vez de "... not at me".

Mas, quando Creed Taylor percebeu, era tarde, porque o trabalho já fora encerrado — e, numa época em que o instrumento de edição era a gilete, a gravação em apenas dois canais não permitia que se fizesse essa maquiagem.

Terminada a gravação, nem Creed Taylor se deu conta do ouro que tinha em mãos. Pagou a todo mundo, engavetou a fita e foi tratar da produção de outros discos. Um deles, em maio, com o próprio Tom Jobim tocando suas composições ao piano, *Antonio Carlos Jobim, the composer of "Desafinado", plays*, com arranjos de um maestro alemão então quase desconhecido, chamado Claus Ogerman. Quando esse disco saiu, a revista *DownBeat* deu-lhe a cotação máxima, cinco estrelas, e seu crítico Pete Welding lamentou que não tivesse mais estrelas para dar.

A glória é sempre bem-vinda, mas não paga a conta da mercearia e ainda não estava se convertendo em dólares suficientes para Tom em Nova York. Assim, para faturar alguns trocados — e com a batida da Bossa Nova em absoluta alta —, ele submeteu-se a tocar violão em discos alheios. Um deles foi *Brazilian Mancini*, do pianista Jack Wilson, só de composições de Henry Mancini, em ritmo de Bossa Nova. Para assegurar que o disco tivesse um autêntico sotaque de Bossa Nova, Jack Wilson convidou Tião Neto para o contrabaixo e destinou a bateria a outro carioca recém-chegado, Chico Batera. Como era exclusivo da Verve e seu nome não pudesse aparecer, Tom foi creditado na capa como "Tony Brazil" — assim mesmo, entre aspas, todos sabendo de quem se tratava.

Seus outros companheiros do abandonado *Getz/Gilberto* também foram tratar da vida no restante de 1963. Dois dias depois de *Getz/Gilberto*, Stan Getz gravou mais um LP de Bossa Nova, agora com o violonista Laurindo de Almeida — que Creed Taylor também engavetou —, e dedicou-se a tocar exclusivamente jazz pelos dezessete meses seguintes. João Gilberto aceitou o convite do pianista João Donato, então morando na Califórnia, para irem fazer uma temporada em Viareggio, na Riviera Italiana, numa pequena boate chamada Bussoloto. Com os dois Joões, seguiram Tião Neto e Milton Banana (e só por isso Banana não tocou no disco de Tom na Verve, sendo substituído pelo também excepcional Edison Machado, que estava em Nova York com o Bossa Três). E com eles foi também Astrud, que ninguém ainda conhecia e viajou como simples esposa de João Gilberto.

O Bussoloto era o clube *privé* de uma casa de shows à beira-mar chamada La Bussola, onde a atração era o band-leader Bruno Martino tocando chá-chá-chás e hully-gullies para dançar. Martino era também compositor — compusera um bolero intitulado "Estate", que João Gilberto adorou e incorporou a seu repertório logo nas primeiras noites, mas só iria gravar em seu LP de 1967, *Amoroso*, e por pouco não se perdia.

Aliás, falando nos documentos sonoros perdidos da Bossa Nova, este foi um que nem chegou a existir: durante três meses, João Gilberto, João Donato, Tião Neto e Milton Banana lotaram o Bussoloto, noite após noite, dois shows por noite, certamente fazendo maravilhas — e nenhum desses shows foi gravado, nem mesmo por um amador equipado com um Geloso.

O ano de 1963 correu. Em julho, Tom embarcou de volta (de navio) para o Brasil. Na Itália, João Gilberto e Astrud romperam seu casamento e se separaram — João foi para Paris, Astrud voltou para o Rio. Em Paris, João conheceu uma estudante chamada Heloisa Buarque de Hollanda — Miúcha — e convidou-a para ir para Nova York com ele, como sua secretária. A ideia de João Gilberto precisar de uma secretária equivalia à de Ibrahim Sued precisar de um professor particular de grego, mas Miúcha aceitou. Em novembro, Creed Taylor finalmente tirou *Getz/Gilberto* da geladeira e começou a ouvi-lo, para ver o que sairia dali. E gostou do que ouviu.

Quanto mais o ouvia, mais gostava do disco e, em particular, das duas faixas com Astrud. A onda da Bossa Nova começava a passar nos Estados Unidos — a dança que Arthur Murray, dono de uma famosa academia, tentara inventar para ela fora um fiasco — e era utópico sonhar com um sucesso de vendas. Mas o que ele tinha a perder? Creed preparou o LP para soltá-lo na íntegra e, para um single em 45 rpm com duas faixas, amputou de "The girl from Ipanema" e "Corcovado" a participação de João Gilberto, conservando apenas os vocais de Astrud. Com isso, cortou mais de dois minutos de cada faixa e as deixou com um tempo mais convidativo a que as rádios as tocassem. Em fevereiro de 1964, disparou a primeira cópia do single para uma pequena estação simpática ao jazz, no estado de Ohio, e dias depois recebeu um telefonema do programador: os ouvintes, siderados, não paravam de ligar para a estação, perguntando o que era "aquilo".

No Rio e no Brasil, desde 1963, "Garota de Ipanema" podia ser tudo, menos novidade. Pery Ribeiro fora o primeiro a gravá-la, na Odeon; depois, o Tamba Trio, na Philips; e, em seguida, Claudette Soares, na Mocambo. A partir dali, todo mundo, exceto dom Helder Câmara, iria se apossar dela, e em todos os formatos: cantor solo, em dupla, trio de Bossa Nova, conjunto vocal, quarteto de cordas, grande ou pequena orquestra e arranjo sinfônico. Mas ninguém no Rio esperava por *aquela* versão com Stan Getz, João Gilberto, Tom Jobim, Tião Neto, Milton Banana — e uma voz feminina que já não era a de "Astrudinha, mulher de Joãozinho", como a chamava Vinicius de Moraes, mas a da, agora, subitamente famosa Astrud Gilberto.

Ninguém esperava por aquilo — nem no Rio, nem no resto do mundo. Em dois meses, o single de "The girl from Ipanema" chegou ao quinto lugar na lista da *Billboard* e permaneceu onze semanas nela. Já o LP (com uma capa abstrata criada pela artista porto-riquenha Olga Abizu, que também faria escola), incluído por Creed Taylor no suplemento "latino" da Verve, bateu num inacreditável segundo lugar e eternizou-se por 96 semanas na lista. E por que não chegou ao primeiro? — perguntará você.

Porque o primeiro lugar, semana após semana, em todas as listas de 1964, pertenceu a algum dos vários LPS dos Beatles lançados naquele ano, entre os quais a trilha do filme *A hard day's night*. Mas a *Getz/Gilberto* coube uma honra que ninguém tira: a de ser o LP de jazz mais vendido até então — mais do que o *Concert by the sea*, de Errol Garner, e o *Time out*, de Dave Brubeck. Vendido e respeitado.

Foi uma avalanche, um terremoto. Em poucos meses, com seus rendimentos nesse disco, Stan Getz comprou uma casa de 23 quartos em Irvington, NY, que pertencera a Frances, irmã de George e Ira Gershwin. João Gilberto faturou de saída 23 mil dólares, bom dinheiro então — cerca de 200 mil dólares de hoje. Mas Astrud, talvez a principal responsável pelo estouro do disco, ganhou pela tabela estabelecida pelo Sindicato dos Músicos de Nova York: 168 dólares por dois dias de trabalho — e, mesmo assim, Stan Getz achou demais.

Ao saber que Getz resmungara pelo cachê pago a Astrud, seu amigo, o também sax tenor Zoot Sims, comentou no Jim and Andy:

"É bom saber que o sucesso não alterou Stan. Ele continua a ser o mesmo filho da puta de sempre."

Com "The girl from Ipanema" tocando em todas as rádios, lojas de discos, jukeboxes, vitrolas domésticas e sistemas de som em 1964, seus criadores tiveram de voltar correndo para Nova York.

Stan Getz foi o primeiro. Retomou o repertório da Bossa Nova, mandou chamar Astrud no Rio e lá se foi com ela para uma longa temporada em nightclubs dos Estados Unidos e da Inglaterra. De uma escala em Nova York, saiu um LP ao vivo, *Getz au go go*, que, sempre graças a Astrud, chegou à parada da *Billboard* no dia 19 de dezembro, bateu no 24º lugar e permaneceu na lista por 46 semanas. E esse foi apenas o começo da carreira de Astrud, que em 1965 ganhou um LP só para ela, *The Astrud Gilberto album*, e cujos discos seguintes, como *Beach samba*, *A certain smile* e *Look to the rainbow*, todos produzidos por Creed Taylor, a tornaram um sinônimo dos anos 60 para os americanos.

Tom também voltou para os Estados Unidos, para participar do primeiro LP de Astrud e para gravar uma série de grandes discos dele mesmo, só que na Warner, que o tirou da Verve. E, a partir dali, ninguém mais o segurou. Quanto a João Gilberto, que já estava por lá, foi convidado por Getz a se apresentarem juntos no Carnegie Hall em outubro de 1964, do que resultou um *Getz/Gilberto #2*, ao vivo, sem comparação com o primeiro. Em 1965, sem Getz, mas acompanhado por gente de primeira, como o pianista Bill Evans e o trompetista Art Farmer, João pegou a estrada, apresentando-se em Boston, Washington e Los Angeles — comparecendo aos shows como um bom menino e não se atrasando para nenhum.

E tudo por causa de *Getz/Gilberto*. De passagem, esse foi também um LP que faturou cinco Grammys — um deles, o de disco do ano, e nada menos que dois para João Gilberto, como cantor e como violonista. (João enfiou os troféus num armário em Nova York e esqueceu. Tempos depois, numa mudança, vendeu o armário, com os Grammys e tudo, e nunca mais os viu.) Por causa desse LP, Creed Taylor retomou seu interesse pela Bossa Nova e, além de Astrud, lançou vários outros brasileiros nos Estados Unidos, como o organista Walter Wanderley, o percussionista Airto Moreira, o próprio Tom (seus discos *Wave*, *Tide* e *Stone flower*, três dos melhores de sua carreira, foram todos feitos para Creed) e, principalmente, Eumir Deodato, que vendeu milhões com "Also sprach Zarathustra", de Richard Strauss e tema do filme *2001: Uma odisseia no espaço*, que ele transformou num surpreendente baião eletrônico.

Uma única e lamentável injustiça manchou a odisseia de *Getz/Gilberto*: a ausência de Tião Neto nos créditos do LP. Em seu emprego fixo na época, Tião era contrabaixista do Bossa Três, e este fora contratado por Sidney Frey, dono da gravadora Audio Fidelity — logo, Tião não podia aparecer entre os músicos do disco. (Poderia, se a Verve concordasse em pagar uma mixaria a Frey — o que ela não quis fazer.) Com isso, o contrabaixista creditado em *Getz/Gilberto* ficou sendo Tommy Williams, músico regular de Stan, mas que nem sequer passou perto do estúdio naqueles dias (e, se passou, deve ter ficado maravilhado com a sustentação que Tião Neto dava aos outros músicos). A provar a participação de Tião, se não bastasse a palavra dos outros, há as fotos de David Zingg e o contracheque da Verve com o valor de seu cachê pelo trabalho: os mesmos 168 dólares de Astrud.

Bem ao seu estilo, Tião nunca disse uma palavra a respeito, pelo menos para mim — foi nominalmente deixado de fora de um dos maiores discos de todos os tempos e só lhe restou a glória de viajar o mundo com o Brasil '66 de Sérgio Mendes, com o qual tocou na Casa Branca, e, mais tarde, a Banda Nova, de Tom.

Por causa de *Getz/Gilberto*, a América adotou João Gilberto, Tom Jobim e Astrud Gilberto, absorveu-os e tratou-os como se fossem seus. E, por muito tempo, parecia que eram mesmo. Entre os Estados Unidos e o México, João Gilberto ficou vinte anos fora do Brasil. Tom ia e voltava, meses aqui e outros tantos por lá — numa dessas, gravou dois LPs com Frank Sinatra —, e assim foi até sua morte (em Nova York), em 1994. E Astrud nunca mais voltou para o Brasil — só a passeio, e cada vez mais raramente. Mais tempo se passou e, além de Tom, morreram Getz, Tião Neto, Milton Banana e David Zingg. "Garota de Ipanema", a canção propriamente dita, é que ficou imortal: tornou-se a primeira ou a segunda mais tocada do século XX, alternando com "Yesterday", de Lennon & McCartney.

João Gilberto e Stan Getz voltaram a trabalhar juntos, em 1975, do que resultou, um ano depois, pela Columbia, outro disco excepcional: *The best of two worlds*, contendo "Águas de março", "Lígia" e "Chovendo na roseira", com arranjos de Oscar

Castro Neves, e Miúcha cantando em inglês em duas faixas. Era quase tão bom quanto o primeiro *Getz/Gilberto* e, se não provocou a mais leve alteração na agulha, foi porque o mundo em volta tinha piorado muito.

Pois pior para o mundo. *Getz/Gilberto*, que nunca saiu de catálogo, inscreveu-se num pequeno panteão de perfeições criadas pelo homem (e, no caso, uma mulher), à revelia e a despeito de si mesmo. Perfeições que, um dia, o homem terá de fazer por merecer.

Doralice, é isso aí.

Onipresença de Sylvia Telles

E se ela tiver sido a verdadeira musa da Bossa Nova?

"HOJE — SYLVIA TELLES E UM GRUPO BOSSA NOVA".

Era o que se lia, escrito a giz, num quadro-negro na porta de um sobrado no nº 16 da rua Fernando Osório, a qual consiste de um único quarteirão entre as ruas Marquês de Abrantes e Senador Vergueiro, no Flamengo. Naquele endereço, em 1958, funcionava o Grupo Universitário Hebraico do Brasil, um modesto centro de estudantes israelitas, cujo diretor artístico, o jovem jornalista Moysés Fuks, tentava animar os associados com a apresentação de pequenos espetáculos musicais nas noites de quarta-feira. Mas, com a crônica falta de dinheiro do grupo, o normal era que, nessas noites, o palco fosse ocupado por seus amigos amadores que tivessem alguma vocação artística. Em meados daquele ano, Fuks teve a ideia de apresentar um grupo de meninos que se reuniam em torno de uma "academia" de violão em Copacabana e no apartamento de uma garota chamada Nara, namorada de seu colega do *Última Hora* Ronaldo Bôscoli.

Esses meninos eram Carlinhos Lyra, Chico Feitosa, Normando Santos e a própria Nara, todos eles cantores que se acompanhavam ao violão; Roberto Menescal, que não cantava, mas tocava violão e já era semiprofissional; e músicos como o saxofonista Bebeto Castilho, o trompista Bill Horn, o contrabaixista Henrique, o baterista João Mario e outros, todos principiantes e na faixa dos vinte anos. Bôscoli, que era letrista e mais velho — quase trinta! —, tinha fumaças de líder do grupo. Gostou da ideia de ver seus amigos se apresentando num palco de verdade. Fuks disse apenas que, como os garotos eram desconhecidos, ele temia que não atraíssem muita gente, e que tal se Ronaldo levasse alguém "de nome"?

Bôscoli pensou em João Gilberto, que, um mês antes, tinha gravado "Chega de saudade" e "Bim-bom" pela Odeon. Mas o 78 rpm mal chegara às lojas. Além disso, embora já fosse quase uma lenda entre muitos jovens do Rio, por certa batida de violão que criara, João Gilberto também era desconhecido do público. De qualquer maneira, ou Bôscoli não conseguiu localizá-lo, ou João Gilberto alegou qualquer coisa para não colaborar. Então, Ronaldo voltou-se para uma cantora, esta, sim, já profissional, mais do que estabelecida e com vários discos na praça. E, o que era melhor, amiga deles: Sylvinha Telles.

Ela estava às vésperas dos 23 anos. Era bonita, de olhos verdes, vinha de família fina e cantava "moderno". Fora casada com o advogado e violonista José Cândido de Mello Mattos, Candinho, também amigo de praia de Ronaldo em Ipanema, e, como se já não fosse famosa até pela televisão, dividia o mate e o limão com os rapazes na areia do Castelinho. Ela e Candinho tinham se separado logo depois do nascimento de sua filha Claudia, em 1957, e Sylvia agora namorava Aloysio de Oliveira, vinte anos mais velho do que ela e poderoso diretor artístico da Odeon, sua gravadora.

Sylvia não era uma promessa, era uma realidade. Poucos meses antes, a Odeon lançara o seu primeiro LP (de dez polegadas, com oito faixas), *Carícia*, em cuja capa (a primeira criada pelo designer César Villela, recém-contratado, com foto de Otto Stupakoff) ela aparecia vestida de tutu de balé, como que egressa do *Lago dos cisnes*. Nele, cantava composições de autores que os meninos admiravam: Tom Jobim e Newton Mendonça ("Foi a noite"), Garoto ("Duas contas"), Tito Madi ("Chove lá fora"), Ismael Netto [com Antonio Maria] ("Valsa de uma cidade") — uma coleção de grandes sambas-canção. A Odeon tinha muitos planos para ela.

Mesmo com todo esse currículo, Sylvia achou normal aceitar o convite de Ronaldo Bôscoli para se apresentar com um grupo de anônimos, num espetáculo gratuito e que, com certeza, nada lhe renderia. Pois não apenas chegou na hora combinada e cantou seu repertório, como fez questão de dividir os aplausos com aqueles infantes que, de tão trêmulos, mal conseguiam segurar o microfone. Ela era assim.

Ao fim e ao cabo, Sylvia Telles viu sua generosidade premiada pela história. Foi a estrela do humilde evento que, sem querer, batizou um movimento decisivo da música popular brasileira e um de seus gêneros mais duradouros: a Bossa Nova. E do qual, como se viu depois, ela pode ter sido, mais que precursora, a verdadeira musa.

O dia era 24 de agosto de 1958. O quadro-negro na porta do Grupo Universitário Hebraico não prometia um grupo "de bossa nova", como alguns pensarão hoje — porque, embora a música que eles tocassem, influenciada pela batida de violão de João Gilberto, já pudesse ser classificada como tal, ainda não existia um nome para defini-la. O que se entendia então como "bossa nova" era qualquer novidade em qualquer departamento, qualquer jeito diferente de fazer alguma coisa — por exemplo, a recém-lançada revista *Senhor*, o frango à Kiev ou usar sapato esporte sem meias, tudo isso podia ser "bossa nova". Stanislaw Ponte Preta, em sua coluna na revista *Manchete*, abusava da expressão, que, por sinal, era popular, corrente nas ruas. O grupo que Fuks conhecia do apartamento de Nara (e da casa das meninas Aná e Lu, na Urca) era novo e diferente. Era "bossa nova".

Foi o que ele escreveu no release sobre o que seria apresentado naquela noite — "uma noite bossa nova" — e que pediu à secretária do Grupo Hebraico, Lia Strauch, que mimeografasse e mandasse pelo correio aos associados. Foi também a expressão que Lia usou no quadro-negro no próprio dia do espetáculo: "Hoje — Sylvia Telles e um grupo bossa nova". Aconteceu que, terminado o show, Ronaldo Bôscoli gostou tanto da expressão que, juntamente com Fuks, passou a associá-la à música nas notícias que plantava sobre a turma nos jornais.

A aceitação pode ter sido imediata, porque a letra de "Desafinado", de Tom Jobim e Newton Mendonça, gravada por João Gilberto em 10 de novembro daquele mesmo ano — ou seja, apenas dois meses e meio depois da apresentação no Grupo Hebraico —, já continha os versos "Isso é bossa nova/ Isso é muito natural".

Não queria dizer que Jobim e Mendonça já a estivessem usando como substantivo. Talvez fosse ainda o adjetivo, sinônimo de novidade. A suposição faz sentido, porque, um ano depois, ainda não era usual classificar aquela música de "Bossa Nova". O primeiro grande show universitário da turma, no anfiteatro da Faculdade Nacional de Arquitetura, na Praia Vermelha, no dia 22 de setembro de 1959, comandado por Ronaldo Bôscoli e novamente estrelado por Sylvia, não se chamaria "1º Festival de Bossa Nova", mas "1º Festival de Samba-Session". Somente o espetáculo seguinte, na Escola Naval, a 13 de novembro — mais uma vez com Sylvia —, é que seria intitulado de "Segundo Comando da Operação Bossa Nova" (deixando entender que o da Arquitetura tinha sido o primeiro). E só a partir daí é que a expressão seria definitivamente acoplada àquele ritmo.

O que importa é que, antes de a Bossa Nova ganhar esse nome — antes mesmo de firmar-se como um ritmo, um gênero, uma onda —, Sylvia Telles já estava nela. Na verdade, bem antes da própria noite no Grupo Universitário Hebraico, ela já manifestara sua admiração por um dos garotos, Roberto Menescal, vinte anos em 1957, ao convidá-lo a acompanhá-la ao violão numa excursão que faria a cidades do Norte e do Nordeste.

Menescal, modesto, tentou cair fora, argumentando que tinha pouco tempo de violão e ainda não sabia tocar direito. Mas Sylvia, ao separar-se de seu marido, o superviolonista Candinho, perdera também, pelo menos por uns tempos, seu acompanhador. Sabia que, como músico, Menescal não era páreo para Candinho, mas talvez, naquele momento, ela não precisasse de um virtuose ao instrumento. (Dizia-se de Candinho que dormia com caixas de fósforos marca Olho amarradas entre os dedos, para "aumentar a mão" e permitir que ela alcançasse acordes quase impossíveis.) Sylvia insistiu com Menescal. Ele aceitou, viajaram juntos e o garoto deu conta do recado. Na volta ao Rio, ela o convenceu a estudar com o maestro Moacir Santos, para melhor explorar seu potencial. O que Menescal fez — e, por essas e outras, sua turma sempre considerou Sylvia a madrinha da Bossa Nova.

A pergunta, no entanto, é se, mais do que "madrinha" ou irmã mais velha da Bossa Nova, Sylvia Telles — que eles chamavam de Sylvinha — não terá sido sua primeira grande cantora. Ou se haveria Bossa Nova sem a sua gravação de "Foi a noite", de Jobim e Mendonça, num 78 rpm de 1956 que tinha,

Amendoins torradinhos
Na avenida Atlântica,
em 1956, Sylvia com
seu marido, e acompanhante,
o superviolinista Candinho

no outro lado, uma canção intitulada "Menina", de um estreante de 23 anos chamado Carlos Lyra. Ou se existiria o próprio João Gilberto, que ela namorara em 1952 — e vale a pergunta: quem teria influenciado quem no modo de cantar?

Em 1952, Sylvia tinha dezessete anos. Estudava no colégio Sacré-Coeur de Marie, em Laranjeiras, fazia dança havia dez anos com a professora Madeleine Rosay, do Corpo de Baile do Theatro Municipal, e tinha em seu irmão Mario, nove anos mais velho, um severo fiscal dos rapazes que se interessavam por ela. Ele, Sylvia e outros dois irmãos moravam com os pais num apartamento na rua Santa Clara, em Copacabana. Mario ajudava o pai, Paulo (dos Telles paulistas, família de juristas e intelectuais), a tocar um próspero negócio de tecidos na rua da Alfândega, mas o que o empolgava era a música moderna, principalmente os conjuntos vocais e a intimidade que tinha com um deles, os Garotos da Lua. Por isso, não saía da Rádio Tupi, da qual os Garotos da Lua eram contratados, e das Lojas Murray, onde dois dos integrantes do conjunto, Jonas e Acyr, eram balconistas, encarregados da venda de discos. (As lojas de discos eram, quase sempre, lojas de eletrodomésticos que também vendiam discos.) A Murray, na esquina da rua da Assembleia com a Rodrigo Silva, era um ponto de encontro dos diversos conjuntos vocais, dos cantores avulsos e dos compositores e músicos cariocas. Foi lá que Mario conheceu João Gilberto, 21 anos, recém-chegado da Bahia para os Garotos da Lua, e os dois se entenderam de saída.

A mãe de Mario e Sylvia, Maria Amelia, francesa de Marselha e senhora de todas as prendas, não apenas cozinhava como ninguém — seu badejo ao forno com molho de abacate era disputado — como adorava receber os amigos do filho para o almoço. Com isso, a casa de Paulo era um entra e sai de vocalistas, crooners e violonistas, para deleite da caçula Sylvinha, que tomava aulas de piano e também gostava de cantar.

Mario só foi amigo de João Gilberto enquanto ele não pousou olhos grandes sobre Sylvia. O baiano estava rompendo uma cláusula pétrea daquelas eras, segundo a qual não se namorava irmã de amigo. Mas o que fazer quando a irmã correspondia? Para piorar, João Gilberto podia ser uma grande promessa como cantor (era um misto de Orlando Silva da grande fase, 1937-42, com Lucio Alves, o cantor do momento), porém não parecia ter o menor futuro profissional — até para um Garoto da Lua, ele era aluado demais. Ganhara um emprego-fantasma na Câmara dos Deputados graças a um político baiano amigo de sua família, mas já fora demitido dele. A Câmara tolerava que seus funcionários não fossem tão assíduos ao trabalho, desde que deixassem o paletó na cadeira com uma razoável frequência. João Gilberto não aparecia nem para isso e, assim, depois que ele ficou um ano sem aparecer, a Câmara, docemente constrangida, teve de revogar sua nomeação. E, quando ele menos esperava, os Garotos da Lua também o despediram.

O motivo era o mesmo: João se atrasava, faltava aos ensaios ou não comparecia aos compromissos do conjunto na rádio ou nos clubes. No começo, essas faltas foram relevadas. Mas a direção da Tupi pressionou os demais membros do grupo e eles tiveram de mostrar-lhe a porta da rua. João Gilberto não se importou muito, porque achava que já estava pronto para uma carreira solo, e nem lhe passava pela cabeça procurar um emprego fora da música enquanto essa carreira não deslanchasse. Como não tinha renda, teve de sair do apartamento do bairro de Fátima, onde dividia o aluguel com os outros Garotos da Lua, e passou a encostar-se na casa de amigos que o acolhiam — um deles, Lucio Alves.

Quem não gostava dessa história era Paulo, pai de Sylvinha, desgostoso de ver a filha ligada a um rapaz sem perspectiva. Os Telles eram exigentes — fãs de ópera, balé e clássicos, frequentadores do Municipal, amigos do diretor de teatro Paschoal Carlos Magno. Achavam-se também liberais, mas tudo tinha um limite, e Paulo quase caiu da cadeira quando João Gilberto despachou um amigo, o radialista Macedo Neto (pouco depois, marido de Dolores Duran), a ir pedir-lhe, em seu nome, a mão de Sylvinha em casamento! Paulo botou Macedo para correr, e teria feito pior se João Gilberto tivesse ido em pessoa. Mesmo assim, o namoro com Sylvia durou até quase fins de 1952 e só terminou de verdade quando João Gilberto conheceu a morena Marisa, dezenove anos, balconista da loja A Exposição e também cantora em botão — a futura Marisa Gata Mansa.

Durante o ano inteiro em que namoraram, é possível que Sylvia e João Gilberto tenham trocado ideias sobre canto e até cantado juntos, em reuniões ou quando estavam a sós. Nesse caso, é lícito supor que um possa ter influenciado o outro. Mas volta a pergunta: quem influenciou quem?

Não é possível saber como Sylvia Telles cantava em 1952. Mas sabe-se como João Gilberto cantava em junho daquele ano, porque seu único disco solo, pré-Bossa Nova, foi lançado pela gravadora Copacabana em agosto (donde gravado cerca de dois meses antes): um 78 rpm com dois bonitos sambas-canção "Quando ela sai", de Alberto de Jesus e Roberto Penteado, e "Meia-luz", de Hianto de Almeida e João Luiz. Mas, no caso, esqueça as músicas — o que interessa é o intérprete. Quem ouvir hoje esse disco conhecerá um competente intérprete romântico, um carbono do clássico Orlando Silva, e, exceto pela voz, sem nada que parecesse antecipar o cantor de "Chega de saudade". Na verdade, era até mesmo tão pré-Dick Farney ou Lucio Alves que não deve ter vendido nem na Murray, onde ele ainda tinha amigos.

Os caminhos de João Gilberto e Sylvinha se separaram pouco depois, e, dali a mais algum tempo, ele partiria para sua longa peregrinação — Porto Alegre (RS), Diamantina (MG), Salvador (BA) —, em busca de si próprio e de um novo rumo para sua carreira. Sylvia continuou por aqui e, no começo de 1955, estava cantando com seu novo namorado, Candinho, e os amigos Luizinho Eça, Carlinhos Lyra e Ivan Lessa, sentados a uma mesa do bar Alcazar, na avenida Atlântica, quando foi ouvida pelo comediante Colé, astro do teatro de revista carioca. Colé gostou do que ouviu, sentou-se com eles e convidou Sylvia a participar da próxima revista, *Gente bem e champanhota*, a ser encenada em seu teatro, o Follies, ali perto, na Galeria Alaska. ("Gente bem" — não "de bem" — era uma expressão da época, criada pelo colunista social Ibrahim Sued, significando gente fina, de posses.)

Sylvia adorou a proposta, talvez porque soubesse que tanto seu irmão Mario quanto Candinho nunca permitiriam que ela a aceitasse. E, claro, os dois foram violentamente contra — uma menina de família não trabalhava no teatro de revista, onde só se falava de sexo e as coristas eram sustentadas por "coronéis". Mas, por incrível que pareça, Colé, que sabia ser irresistível, conseguiu dobrá-los. Prometeu sanear o texto de *Gente bem e champanhota* de todos os palavrões e jurou não improvisar "cacos" imorais em cena. Manteve a palavra, e foi assim que Sylvinha Telles trabalhou no show mais família da história do teatro de revista, cantando o samba-canção "Amendoim torradinho", de Henrique Beltrão — ao qual ela emprestou uma interpretação mais maliciosa até do que o próprio Colé se atreveria a pedir-lhe: "Meu bem/ Esse teu corpo parece/ Do jeito que ele me aquece/ Um amendoim torradinho// Que é tão quentinho...".

"Amendoim torradinho" era uma beleza perdida no passado. Seu autor, Henrique Beltrão, já havia morrido em 1949, e a canção, inédita, só sobreviveu porque Luiz Bonfá, amigo do autor, se lembrou dela e a gravou com seu violão, na Continental, em fins de 1954. A primeira gravação vocal foi a de Vera Lucia, lançada em junho de 1955, também pela Continental — competente, mas morna, em comparação com a interpretação de Sylvia no teatro e com a gravação que a própria Sylvia faria dias depois, lançada em julho, pela Odeon. Muita gente gravaria

"Amendoim torradinho" — Ivon Curi, na Victor; Tony Vestane, na Musidisc; Angela Maria, na Copacabana —, mas a gravação que ficaria seria a de Sylvia. Os amigos de Henrique Beltrão, que eram muitos, lamentaram que ele não tivesse vivido para ver "Amendoim torradinho" em tantas bocas.

Henrique era filho de Heitor Beltrão, jornalista e político muito influente no Rio. Era arquiteto de formação, mas suas principais ocupações eram a música (cantava bem e tocava um razoável violão, daí a amizade com Bonfá), a noite (tanto a de Copacabana quanto a de Buenos Aires, de que era íntimo) e as mulheres, solteiras, casadas ou avulsas. Vivia às voltas com maridos que queriam matá-lo, mas ele nunca lhes daria essa satisfação — morreu por conta própria, aos 33 anos, de cirrose do fígado. Seu velório foi prestigiado por nove namoradas, algumas das quais casadas, com quem ele mantinha relacionamento fixo. Tinha ou não de ser o autor de "Amendoim torradinho"?

Colé prometera à família de Sylvia controlar seu pessoal do teatro para evitar desrespeitos à pureza da garota e fez isso com facilidade. Difícil foi controlar Candinho. Certa noite, ele se trancou com uma vedete no camarim, foi flagrado por Sylvia, que esmurrou a porta, e, como é natural, recusou-se a abri-la. Mas Sylvia, além da doçura, tinha também um lado explosivo — pôs fogo na porta do camarim. Os bombeiros logo chegaram e nada de muito grave aconteceu, mas Candinho descobriu ali que, se a desacatassem, Sylvia seria capaz de torrar mais do que amendoins. Ele lhe pediu perdão e, pouco depois, se casaram.

Com o sucesso de "Amendoim torradinho", Sylvia foi para as páginas da *Radiolândia* e da *Revista do Rádio*, embora a cantora que todos viriam a admirar só se revelasse alguns meses depois, no começo de 1956, com a sua gravação de "Foi a noite" — sem arroubos, sem vibrato, com os sensuais RR aspirados cariocas, e não roliços, à portuguesa ou italiana. Se havia cantoras com quem se poderia compará-la, elas seriam Dolores Duran e aquela que ainda levaria um ano para ser lançada — Maysa. Mas

Sylvia era mais leve que Dolores e soava mais jovem que Maysa (embora fosse um ano mais velha do que esta).

Já era a mesma Sylvia Telles que se ouviria no LP *Carícia*, de 1957, e em todos os discos seguintes, e que faria sua transição do samba-canção para a Bossa Nova com tanta naturalidade que nem se perceberia a costura. Em sua cabeça, era como se, desde sempre, ela já fosse Bossa Nova — e ao orquestrador só faltasse acrescentar ao arranjo a típica batida de violão e bateria.

Nesse sentido, pode-se dizer que Sylvia Telles já era Sylvia Telles antes que João Gilberto se tornasse João Gilberto — o que, como se sabe, só aconteceu quando ele voltou para o Rio em meados de 1957, trazendo uma batida diferente de violão e, para ele, um novo jeito de cantar.

Sylvia deu o primeiro emprego a Menescal em 1957, emprestou seu prestígio aos meninos no show do Grupo Universitário Hebraico em 1958 e participou de todas as apresentações amadoras da Bossa Nova em universidades e ginásios, até a última delas, chamada *A noite do amor, do sorriso e da flor*, de novo na Faculdade de Arquitetura, no dia 20 de maio de 1960. A partir daí, a Bossa Nova já podia caminhar pelas próprias pernas. Mas Sylvia nunca a abandonou. Quando se separou de Candinho e passou às mãos hábeis e experientes de Aloysio de Oliveira, ela selou seu compromisso com aquela música para sempre.

Como diretor artístico da Odeon, e já ligado a Tom Jobim, Aloysio seria considerado o responsável pelo lançamento de João Gilberto em "Chega de saudade". Mas os íntimos sabiam que, no começo, ele tinha forte resistência àquele tipo de cantor "sem voz" — seus heróis vocais eram Dorival Caymmi e Lucio Alves, dois barítonos — e teve de ser convertido à Bossa Nova por Tom, Sylvinha, o produtor executivo André Midani e outros.

Na Odeon, em 1959, Aloysio já tinha sob contrato Antonio Carlos Jobim (como arranjador, maestro e produtor musical),

João Gilberto, Sylvia Telles, Lucio Alves, Sergio Ricardo e o maestro Lindolfo Gaya. E, graças a André Midani, esquentando (literalmente) o banquinho, tinha também a nova geração, composta de Carlinhos Lyra, Roberto Menescal, Nara Leão, os irmãos Castro Neves e outros que, em breve, começariam a gravar. Aloysio contava até com o diretor de arte Cesar Villela e o fotógrafo Chico Pereira, criando para a Odeon as mais exuberantes capas em cores — muito antes, portanto, da severa estética em preto e branco que adotariam na gravadora Elenco.

Com tudo isso à mão, é possível que, mesmo para Aloysio, "bossa nova" fosse mais uma marca a ser explorada nas capas dos LPs do que um gênero musical a ser levado a sério. O próprio Ronaldo Bôscoli, já então assistente de Aloysio, talvez concordasse com isso. Foi assim, por exemplo, que a novata Elza Soares — descoberta por Sylvinha quando cantava no Texas Bar, no Leme — se tornou "A bossa negra", assim batizada por ele, Bôscoli.

A Odeon poderia ter garantido com tranquilidade o monopólio da Bossa Nova quando, em 1960, temendo justamente isso, sua concorrente, a Philips, provocou a primeira fissura no movimento. Atraiu Carlos Lyra para suas cores, com a promessa de lançá-lo num disco individual, e não misturado a um grupo de dentes de leite — o que cumpriu.

Pouco depois, em 1961, foi o próprio Aloysio quem se deixou seduzir pela Philips, e levou com ele, de balaiada, Sylvinha, Lucio, Gaya, Cesar Villela e Chico Pereira. E só não levou os outros porque não teve tempo — desentendeu-se rapidamente com a Philips, passou um ano desempregado e, em fins de 1962, com o apoio financeiro do professor Celso Frota Pessoa (padrasto de Tom Jobim) e do empresário Flavio Ramos, fundou o selo Elenco. E, com ele, mais uma vez, lá se foram Sylvinha, Lucio e Gaya, e, dessa vez, também Sergio Ricardo, Menescal, Nara Leão, os irmãos Castro Neves e outros que estavam se revelando. Além de, claro, Cesar Villela e Chico Pereira, que, na Elenco, criaram as famosas capas em alto contraste, com um toque discreto de vermelho, que se tornariam a identidade visual da Bossa Nova.

Em todas essas gravadoras, Aloysio produziu grandes discos, principalmente os de Sylvia Telles. Na Odeon, ela faria em 1959 o LP que, logo depois do *Chega de saudade*, de João Gilberto, viria consolidar a Bossa Nova: *Amor de gente moça*, todo dedicado a Jobim — com doze canções dele, nove delas em primeira audição, entre as quais "Dindi" e "Demais", de Tom com o próprio Aloysio, e "Fotografia", somente de Tom. Ali, Sylvia demonstrava como Jobim (de quem ela já gravara cinco faixas em seu maravilhoso LP anterior, *Sylvia*, de 1958) não estava mais para brincadeiras: aberta a cornucópia, ninguém poderia conter a torrente musical que ele começara a despejar. Desde então, Sylvia seria a sua intérprete mais frequente e, proporcionalmente — até hoje — a artista que mais o gravou. Das pouco mais de cem faixas que ela nos deixou em apenas dez anos de estúdio, pelo menos cinquenta teriam Jobim na parceria. (E olhe que "Garota de Ipanema" não seria uma delas. Em compensação, Sylvia gravaria "Dindi" cinco vezes.)

Na Philips, Aloysio produziria outro disco essencial de Sylvia, *Amor em hi-fi*, em cuja capa ela aparece pela primeira vez com a roupa que passaria a caracterizá-la, não apenas nos discos, mas na televisão e nos palcos: a malha de balé (a atual legging) e um blusão folgado por cima — visual inspirado em Judy Garland, cantora da sua admiração. Começava também ali o esforço de Aloysio para construir uma carreira internacional para ela. Aproveitando seu perfeito domínio de inglês e francês, Aloysio a fez cantar um medley de canções americanas ("All the way", "The boy next door" e "The man that got away"), uma versão em inglês de "Hô-bá-lá-lá" (cometida por ele próprio) e outra em francês de "Por causa de você" ("Gardez-moi pour toujours", de Tom e Dolores), por Serge Rodhe).

Tal esforço prosseguiria naquele mesmo ano com *Sylvia Telles U.S.A.*, em que Aloysio a levou para um estúdio na Califórnia e a gravou com arranjos e acompanhamentos de músicos americanos, como o guitarrista Barney Kessel, o pianista Calvin Jackson, os contrabaixistas Joe Mondragon e Al McKibbon e seu velho amigo dos tempos de Los Angeles com Carmen Miranda, o bandleader Bill Hitchcock. Curiosamente, Sylvia canta todas as faixas em português, inclusive a versão de Aloysio para a veneranda "Among my souvenirs", de 1927, que ele transformou em "Imaginação".

Não se entende bem o que Aloysio quis fazer com esse disco. Se a intenção era mostrar que Sylvia renderia melhor cercada de músicos americanos do que de brasileiros, o resultado não chega aos ouvidos leigos. E, se era para lançá-la nos Estados Unidos, por que gravá-la em português? Sim, ela está cantando de forma impecável — mas em qual disco não está? E como pode falhar um disco que tem, em seu repertório, "Sábado em Copacabana", de Caymmi e Carlos Guinle, "Estrada do sol", de Tom e Dolores, e "Canção que morre no ar", de Carlinhos Lyra e Ronaldo Bôscoli?

Hoje se sabe que Aloysio só aderiu definitivamente à Bossa Nova ao fundar a Elenco, em fins de 1962. Na Odeon ou na Philips, ele não teria poder para produzir discos como *Bossa, balanço, balada*, em que Sylvia completa a cristalização de seu estilo — a voz quase juvenil, mas com um substrato de *sagesse*, de mulher sábia e adulta — e *Bossasession*, em que ela divide o microfone com Lucio Alves, e os dois mostram por que, em solo ou em dueto, eram talvez os cantores mais completos do Brasil. O ponto alto de *Bossasession* é quando eles cantam "Esse seu olhar" e "Só em teus braços" ao mesmo tempo, cada qual se encarregando de uma canção.

Os quatro discos de estúdio que Aloysio gravou com Sylvia para seu selo seriam marcos importantes da Bossa Nova, inclusive os dois últimos, *It might as well be Spring* (lançado pela Kapp nos Estados Unidos com o título de *The face I love*) e *The music of Mr. Jobim by Sylvia Telles*. Ali Aloysio retomava seu projeto internacional para ela — que, por sinal, já era sua ex-mulher e fora até madrinha do novo casamento de Aloysio, com Cyva, do Quarteto em Cy, em 1965, celebrado na boate Zum-Zum). Só que, finalmente, Aloysio botou Sylvia para cantar em inglês, com as letras originais de Tom, Ronaldo Bôscoli, Tito Madi, Paulo Sergio Valle e outros substituídas pelas de seu velho cupincha, o medíocre americano Ray Gilbert — de quem, no futuro, todos os letristas brasileiros teriam amargas recordações, pelo dinheiro que NÃO ganharam quando Gilbert se apoderou de suas canções. Inclusive as dele próprio, Aloysio.

Era bem provável que Sylvia Telles tivesse, afinal, uma carreira fora do Brasil. Mas não necessariamente nos Estados Unidos. Poderia ter sido na Europa, para onde ela embarcou para uma temporada com Edu Lobo no segundo semestre de 1966, começando pela Alemanha e se estendendo por Dinamarca, Suécia, Finlândia, Suíça, Áustria e França. Voltou vitoriosa e já se preparava para dar um pulo a Nova York, para mais um disco pela Kapp. A gravadora a queria em estúdio naquele mês de dezembro, mas Sylvia resolveu adiar a gravação para depois do Natal.

Na madrugada do dia 17, um sábado, Sylvia tomou a rodovia Amaral Peixoto, rumo a uma fazenda em Maricá, a 54 quilômetros do Rio. Em seu Fusca, estavam a cadelinha Nicole e seu ex-namorado, o playboy Horacinho, filho de Horacio de Carvalho, ex-proprietário do *Diário Carioca*, e de Lily, poderosa locomotiva da vida social carioca. Seria uma despedida para ambos, que se gostavam, mas iriam se separar de vez — Horacinho já estaria até noivo de outra moça —, e depois Sylvia passaria algum tempo nos Estados Unidos.

O dia começava a nascer quando, de repente, o Fusca ziguezagueou em alta velocidade pela pista no quilômetro 24. Entrou debaixo de um caminhão carregado de abacaxis. Foi arrastado pela carroceria, desprendeu-se e despencou num matagal, muitos metros abaixo. Os dois passageiros e a cachorrinha morreram na hora. A Polícia Técnica do Estado do Rio concluiu que o motorista — Horacinho — dormira ao volante.

Lily de Carvalho culpou Sylvia pela morte de seu filho e nunca a perdoou. Mesmo antes, já não aprovava o namoro nem cogitava permitir um casamento. Anos depois, viúva de Horacio, Lily se casou com Roberto Marinho, tornando-se Lily Marinho, o que pode explicar a ausência quase absoluta, durante anos, do nome de Sylvia Telles em matérias sobre a Bossa Nova nas páginas de *O Globo*.

Sylvia Telles nos deixou em 1966, aos 31 anos. Antes dela, Dolores Duran já havia morrido, em 1959, aos 29. Depois, seria a vez de, por ordem de saída de cena, Maysa, em 1977, aos quarenta; Elis Regina, em 1982, aos 36; e Nara Leão, em 1989, aos 47.

Como é forte a música popular de um país que tão cedo perde cantoras como essas e continua viva.

A gramática da bateria

A incrível trajetória de Milton Banana

Milton Banana teria sido um dos músicos mais ricos do mundo se tivesse recebido uma fração de centavo — 0,01, não de dólar, mas de cruzeiro, real ou qualquer moeda — por cada disco ou show em Berlim, Tóquio, Sydney, Nova York ou São Paulo em que seus colegas de bateria usaram a batida da Bossa Nova lançada por ele em 1958. Mas isso não aconteceu, e Milton Banana nunca viu dinheiro na vida. Teve de contentar-se com a glória — e, mesmo assim, apenas entre os que sabiam que ele era o pai da criança.

Os bateristas costumam ter fama de distraídos, e isso, às vezes, trabalha contra os seus próprios interesses. Eles nunca se lembram, por exemplo, de patentear as batidas que inventam para tal ou qual ritmo. Kenny Clarke, por exemplo, não patenteou a batida do be-bop, que criou ao tocar com Thelonious Monk no Minton's Playhouse, em Nova York, por volta de 1940, e com a qual mudou a história do jazz. Earl Palmer não patenteou a batida do rock and roll, que criou ao tocar com Little Richard em New Orleans, em 1953, mudando a história da música popular. E Milton Banana não patenteou a batida da Bossa Nova, que criou ao tocar com João Gilberto no bar do hotel Plaza, no Rio, em algum mês de 1957, e que mudou a história do Brasil.

Na verdade, nenhum desses bateristas poderia ter tomado tal providência. O novo nem sempre é reconhecível à primeira audição e, mesmo que seja, quem é capaz de prever seu valor comercial? Além disso, quando tal valor chega a ponto de ser estabelecido, é porque esse novo — no caso, uma batida de bateria — já se disseminou de tal forma que ninguém mais se lembra de suas origens.

Não foi o caso de Milton Banana porque, de uma forma ou de outra, seus colegas sempre souberam que ele foi o primeiro a "bater Bossa Nova". Mas quem iria adivinhar que aquele tipo de acompanhamento macio, quase inaudível, mas irresistível, experimentado pela primeira vez nas madrugadas de um bar pouco concorrido na avenida Princesa Isabel, no Rio, iria se espalhar de tal forma pelo mundo que, no futuro, faria parte do repertório até das baterias eletrônicas?

E por que se espalhou? Porque era muito simples. Na verdade, era uma simplificação extrema da batida da escola de samba, como se desta fossem retirados o pandeiro, a cuíca, o surdo, o agogô, o chocalho e o reco-reco, e conservado apenas o tamborim — segundo uma didática demonstração em disco produzido por Aloysio de Oliveira na Elenco. A bateria original da Bossa Nova dispensava até a vassourinha. Foi o que permitiu a difusão da Bossa Nova nos Estados Unidos, embora os bateristas americanos custassem a entender sua simplicidade. No famoso LP *Jazz Samba*, de Stan Getz e Charlie Byrd, produzido por Creed Taylor em 1962 e do qual resultou o milionário 45 rpm com "Desafinado", Getz e Byrd usaram dois bateristas locais. E eles não foram capazes de produzir nem sombra do balanço que Milton Banana, sozinho, geraria com uma das mãos às costas.

A Bossa Nova sempre teve grandes bateristas — Helcio Milito, Edison Machado, Dom Um Romão, Wilson das Neves, Ohana, João Palma, Ronie Mesquita, Victor Manga, Chico Batera, Cláudio Slon, Rubinho Barsotti, Toninho Pinheiro, para citar só alguns da primeira hora. Mas Milton Banana não foi apenas o originador do estilo. Foi também o baterista dos momentos decisivos da Bossa Nova, quase todos associados a João Gilberto.

Milton, por sinal, não era Milton e muito menos Banana, mas, prosaica e linearmente, Antonio de Souza. Foi como seu pai, devoto do santo, o registrou quando ele nasceu, em 1935, no bairro de São Cristóvão, no Rio. Mas sua mãe nunca se conformou com que ele não fosse Milton, e tanto o chamou assim que ninguém jamais o tratou por Antonio. E o Banana veio de sua mania pela fruta, de que, em jovem, era aplicado consumidor e lhe valeu desde cedo o apelido. Cedo também lhe vieram a vontade de ser músico e a aptidão para a bateria, que nunca estudou formalmente. Sua escola foram os pequenos conjuntos de que participou, nos quais suou o paletó em bailes de formatura e de Carnaval, às vezes tocando bongô ou pandeiro, em gafieiras, clubes populares, hotéis e até no Fenianos, a já então secular sociedade carnavalesca.

Dois de seus primeiros empregos para valer foram com Gerardi e seu Conjunto Rex (que fim levou?) e com a orquestra do húngaro radicado no Rio Steve Bernard — esta, uma orquestra de alta categoria em que tocavam os saxofonistas Paulo Moura e Jorginho e o trombonista Ed Maciel. A partir de 1955, aos vinte anos, Banana começaria a fazer seu nome no Leme, onde ficavam as principais boates do Rio, tocando no conjunto de Waldir Calmon, no Arpège, e logo depois, no de Djalma Ferreira, no Drink. Mas Milton quase dormia sobre os pratos ao ter de tocar para dançar. Por sorte, não demorou a descobrir que bastava atravessar a avenida Princesa Isabel para descobrir que, no outro lado, o pequeno bar do hotel Plaza, apesar de quase às moscas, abrigava um trio fora do comum tocando até altas horas: o pianista Luizinho Eça, o contrabaixista Ed Lincoln e o acordeonista João Donato, todos garotos, boas-pintas, talentosos — e duros.

Os três tinham a dura missão de suceder ao músico mais admirado da cidade naqueles anos, o pianista e compositor Johnny Alf, que acabara de trocar o Rio por São Paulo. Mas, aos poucos, já começavam a atrair também um pequeno grupo de fãs, inclusive os que idolatravam Alf. Ao ouvir o que eles faziam, Milton pediu e Luizinho Eça aceitou que, nos intervalos de seu trabalho com Djalma Ferreira no Drink, ele se juntasse ao trio no Plaza. Horas depois, era quase sempre com eles que Milton terminava a noite. Ao romper do dia, caminhavam um quarteirão, arrebanhavam os amigos das orquestras nas outras boates e iam todos à praia em frente, na Princesa Isabel, de cueca mesmo.

Depois de algum tempo, Donato deixou o trio e em seu lugar entrou o guitarrista Paulo Ney, mas Banana continuou assíduo em suas canjas. Com ele, quase sempre ia o percussionista Amaury Rodrigues, com quem Milton dividia um quarto numa pensão na rua Duvivier, em Copacabana, num prédio apelidado, por algum motivo, de "Bairro Chinês". Em 1957, juntou-se a eles nas canjas um ex-habitué do Plaza nos tempos de Johnny Alf, o baiano João Gilberto, de volta ao Rio depois de dois anos fora. Nem todos se lembravam dele, mas João Gilberto trazia algo para mostrar: uma nova e revolucionária batida de violão, que aplicava a sambas de Dorival Caymmi, Ary Barroso, Geraldo Pereira ou dele mesmo.

Ali, nas altas madrugadas cariocas, quase que apenas entre amigos, descobriu-se que, para acompanhar essa batida de violão, o baterista deveria executar também uma "batida diferente", privilegiando a baqueta no aro. Dito assim, pode parecer que, indiretamente, João Gilberto tivesse sido também o criador da batida da bateria, já que esta foi a reboque de seu violão. Mas não foi bem assim. É a Milton Banana que se deve não apenas o típico teque-teque da bateria da Bossa Nova, mas todo o colorido rítmico e a intensa variedade de tempos que o ritmo exigia.

A prova de que, em fevereiro ou março de 1958, Milton devia ser o único a dominar essa batida está nas faixas "Chega de saudade" e "Outra vez", que Elizeth Cardoso gravou naqueles meses para o LP *Canção do amor demais*, com canções de Tom Jobim e Vinicius de Moraes, na etiqueta Festa. Nessas duas faixas, pode-se ouvir pela primeira vez o violão de João Gilberto como acompanhante. O baterista era Juca Stockler, Juquinha, velho amigo e parceiro de Tom — e, se o violão de João Gilberto já era absolutamente Bossa Nova, a bateria de Juquinha ainda não era. Quatro meses depois, em julho, quando João Gilberto gravou o seu próprio 78 rpm de "Chega de saudade", no estúdio da Odeon (e que teve "Bim-bom" no lado B), o baterista era Milton Banana (com Guarany e o próprio Juquinha na percussão) — e, tanto em termos de voz e violão como de bateria, ali já tínhamos Bossa Nova na veia. Esse disco, lançado em 78 rpm, é, para todos os efeitos, a gravação inaugural da Bossa Nova.

Milton estava nas duas faces e estaria também em "Desafinado", igualmente gravado como single (com "Hô-bá-lá-lá" no lado B), em novembro, e nas oito faixas restantes que completariam o LP *Chega de saudade*, gravadas no começo de 1959. O bê-á-bá da nova bateria começava ali.

Em 1962, com a Bossa Nova mais que estabelecida no Brasil e já tendo formado toda uma geração de cantores, arranjadores e violonistas, Milton Banana havia muito deixara de ser o único baterista do gênero. Mas, em agosto e setembro daquele ano, foi ele o convidado por Tom Jobim para formar (com Octavio Bailly ao contrabaixo) a cozinha rítmica que acompanharia o próprio Tom ao piano, João Gilberto, Vinicius de Moraes e Os Cariocas no show *Um encontro*, produzido por Flavio Ramos em sua boate Bon Gourmet, em Copacabana. Não, você não leu errado. Esse show aconteceu e equivalia a uma reunião de cúpula da Bossa Nova, formada por seus maiores estadistas — algo assim como o encontro de Churchill, Roosevelt e Stálin em Yalta, na Segunda Guerra.

Foi a única vez em que eles se apresentaram juntos, e não se limitou a uma noite no palco. A temporada se estendeu por quarenta dias, durante os quais foram lançados "Garota de Ipanema", "Samba do avião", "Só danço samba", "O astronauta" e "Samba da bênção" — e com o milagre de não ter sido preciso cancelar uma única apresentação por falta deste ou daquele elemento. Para muitos, nunca houvera nada igual na noite carioca. Gente de fora do Rio e do Brasil vinha assistir ao show e ficava na cidade para vê-lo muitas vezes — um deles, o radialista americano Felix Grant, que se tornaria um grande divulgador da Bossa Nova em seu país. Houve gente que foi a todas as quarenta apresentações. Outros podem ter ido a apenas duas ou três, mas, por muitos anos, ainda considerariam essas noites o ponto alto de sua vida.

Àquela altura, a Bossa Nova já se tornara um xodó internacional, mas as tentativas de produzi-la no exterior continuavam bisonhas — por causa da bateria. Nos Estados Unidos, Inglaterra e França, músicos locais estavam lançando discos "de Bossa Nova" — era o que suas capas diziam no título —, mas o ritmo contido nas gravações podia ser o do velho samba, do chá-chá--chá e até do mambo, menos o da Bossa Nova.

A verdadeira exportação de know-how só foi possível quando seus criadores começaram a viajar e a mostrar ao vivo como se fazia. A primeira praça a ser visitada, em outubro, logo depois de encerrada a temporada do Bon Gourmet, foi Buenos Aires, cuja boate 676, na rua Tucumán, teve durante uma semana João Gilberto, Os Cariocas, Baden Powell e Milton Banana no palco — e, na plateia, todos os grandes nomes da noite portenha. Um deles, o bandoneonista e compositor Astor Piazzola, ainda longe da fama, ia todas as noites ao 676 para vê-los e, depois do show, saía com eles pela cidade, crivando-os de perguntas sobre o uso de cada instrumento na Bossa Nova. Depois ele diria que a transformação que se estava produzindo no samba lhe dera a certeza de que era possível fazer o mesmo no tango. Outro portenho que não perdia uma daquelas noites era o jovem saxofonista Gato Barbieri — que, não satisfeito, foi passar uns tempos no Rio e fez do Beco das Garrafas sua base de observação.

De volta ao Rio, Milton foi o baterista de dois LPS que seu amigo João Donato, numa rara escapada de sua vida nos Estados Unidos, viera gravar no Brasil: *Muito à vontade* e *A bossa muito moderna de João Donato*. Com eles, estavam o percussionista Amaury Rodrigues e o contrabaixista Tião Neto. Os discos saíram em fins de 1962 e começo de 1963, e ninguém lhes deu bola — porque Donato podia ser uma lenda entre os músicos, mas era maciçamente desconhecido do público. Em 2002 e 2003, respectivamente, esses discos foram reeditados em CD no Brasil pelo selo Dubas e deu-se o suave milagre: qualquer pessoa, escutando-os sem saber de quando eram, poderia jurar que tinham sido gravados na véspera. Ninguém diria que eram discos com então quarenta anos de idade — e não apenas pelo piano ultraeconômico de Donato, mas pela bateria com fumaças de eternidade a cargo de Milton Banana.

Em novembro, Milton seguiu para Nova York com a delegação que iria se apresentar no concerto de Bossa Nova no Carnegie Hall. Era quase inacreditável: meninos como Roberto Menescal, Normando Santos e Carlinhos Lyra, que mal tinham se apresentado alguma vez fora do apartamento de Nara Leão, iriam ocupar o palco de artistas como Caruso e Callas. O caos reinou sobre a música, mas Milton não teve do que se queixar. A ele, foi reservado o filé do concerto: acompanhar Tom Jobim e João Gilberto, os principais nomes do espetáculo.

Como reage um baterista ao ver o artista atrapalhar-se e esquecer a letra da qual foi, em grande parte, o autor? Foi o que aconteceu com Jobim logo na primeira música, "Samba de uma nota só", dele e de Newton Mendonça. Mas Tom se recuperou e, embora nunca tivesse sido cantor, foi em frente. Na canção seguinte, "Corcovado", só dele, foi pior ainda: Tom entrou no tom errado. Mas fez um sinal para Milton, pedindo que esperasse, e, com grande autoridade, retomou a canção do começo. Então, cantou-a até o fim, em português e em inglês, e depois dirigiu-se à plateia em inglês, dizendo que aquilo tudo era um sonho e que ele estava adorando Nova York — embora mal tivesse visto a cidade, porque chegara poucas horas antes de entrar em cena. Para os americanos, Antonio Carlos Jobim começou de verdade ali.

E então entrou a atração mais esperada: João Gilberto. Exceto pelos infinitos minutos que os pobres técnicos levaram para ajustar os microfones ao gosto de João, tudo correu bem. Nas duas primeiras músicas, "Samba da minha terra" e "Outra vez", armado apenas com sua voz e violão e com a bateria de Banana, João Gilberto reduziu o Carnegie Hall, um dos palcos mais solenes do mundo, às dimensões do barzinho do Plaza. Nas duas canções seguintes, "Corcovado" e "Desafinado", Tom juntou-se a eles com seu piano. Os jazzistas americanos na plateia ouviam contritos. Os cantores, como Peggy Lee e Tony Bennett, os trompetistas, como Dizzy Gillespie e Miles Davis, os saxofonistas, como Gerry Mulligan, e os outros músicos de instrumentos solistas se concentravam nas harmonias e inflexões de João Gilberto, sem perder uma sílaba ou careta. Já os bateristas não tiravam os olhos das mãos de Milton Banana

— alguns, de binóculo —, porque há coisas em música que só se aprendem olhando.

A exemplo de Tom Jobim e João Gilberto, além de Tião Neto, Banana foi um dos poucos músicos que continuaram em Nova York depois do Carnegie Hall. Outro que ficou por uns tempos na cidade foi o pianista e violonista Oscar Castro Neves, com quem, poucas semanas depois, Milton fez um disco a convite da Audio Fidelity, *The rhythm and sound of the Bossa Nova*, que a precária distribuição daquela gravadora manteve quase inédito. Para piorar, de terninho da Ducal e a bordo de uma bateria Pinguim, ele foi creditado na capa, no selo e no texto de contracapa como "Miltinho", como o chamavam alguns amigos — não Milton Banana.

Jobim, João Gilberto, Tião Neto e Milton tinham um compromisso mais importante para os dias 18 e 19 de março: gravar um LP com o sax tenor Stan Getz, sob as ordens do mesmo Creed Taylor que produzira o *Jazz samba* com Getz e Charlie Byrd um ano antes. Só que, desta vez, Taylor aprendera a lição: o baterista a tocar com Getz seria brasileiro — e o maior deles: Milton Banana.

O resultado foi o que se viu: quando *Getz/Gilberto* foi lançado, quase um ano depois de produzido, houve o inesperado estouro de Astrud Gilberto, com seu vocal em "The girl from Ipanema" — e com a bateria de Milton pondo as coisas no lugar e abrindo o caminho para todos os bateristas do mundo. Com um atraso de quase seis anos em relação à época em que a batida nascera, eles podiam finalmente aprendê-la com seu criador. Em matéria de bateria, *Getz/Gilberto* tornou-se uma cartilha para os profissionais das baquetas — e, graças ao alcance do disco, em escala universal.

Talvez por a Verve não acreditar nas possibilidades comerciais do disco, Creed Taylor custou a soltá-lo na praça. Assim, com *Getz/Gilberto* ainda inédito em meados de 1963, Milton seguiu viagem, agora com João Gilberto, João Donato e Tião

Neto, para uma temporada na Europa. Começaram por Roma, onde ficaram durante uma semana no Foro Itálico, e partiram para Viareggio, na Riviera italiana, onde lotaram durante três meses o Bussoloto, o privé de uma enorme casa de shows à beira-mar chamada La Bussola.

Embora não tivessem nada para fazer ali fora do palco, João Gilberto e João Donato nunca encontravam tempo para ensaiar juntos e passavam os shows rindo baixinho dos erros um do outro — erros que ninguém percebia, talvez porque Tião e Banana estivessem ali, como dois metrônomos. Mesmo assim, era sensacional o que os dois Joões faziam, diria depois Tião Neto — o que torna ainda mais triste saber que nada daquilo foi gravado. As plateias os adoravam, e eles só não ficaram na Europa para sempre porque João Gilberto começou a acusar os primeiros sintomas de uma distensão muscular que iria atingir sua mão e parte do braço direito e impossibilitá-lo de tocar pelos meses seguintes.

Por causa dessa excursão, Milton deixou de participar de outro importante LP produzido por Creed Taylor em meados de 1963: *Antonio Carlos Jobim, the composer of "Desafinado", plays*, que também nunca mais sairia de catálogo. Foi substituído por seu amigo Edison Machado (em Nova York com o Bossa Três), que trocou sua agressiva bateria-metralhadora pelo approach mais sutil de Banana. Mas, naquele momento, o que estava acontecendo na Itália não era nada desprezível: os ouvidos europeus sendo expostos, ao vivo, à batida do violão e da bateria da Bossa Nova.

De volta ao Brasil no fim do ano, Milton deu uma nova dinâmica ao seu estilo, trocando os acompanhamentos de cantores cool pelo som mais explosivo dos grupos de bossa-jazz que começavam a proliferar no Rio. Um desses foi o trio formado por ele, o pianista Tenório Jr. e o contrabaixista Zezinho Alves, que sacudiu a minúscula boate Manhattan, no Beco do Joga a Chave, em Copacabana, durante meses, em 1964. (O Joga a Chave era a rua Carvalho de Mendonça, transversal da rua Duvivier, e vizinho do Beco das Garrafas na mesma Duvivier, mas sem o mesmo prestígio.) Esse trio, enxertado de convidados ilustres, foi a matriz de pelo menos dois grandes discos de bossa-jazz gravados naquele período.

O primeiro, pela RCA, chamou-se, sucinta e justamente, *O LP*, e os músicos que se juntaram ao trio de Tenório, Zezinho e Banana não pecaram por imodéstia quando se autointitularam Os Cobras. Eles eram, entre outros, Paulo Moura, Aurino Ferreira, Jorginho Ferreira, J. T. Meirelles e Cipó revezando-se aos saxes, Raul de Souza ao trombone e Roberto Menescal ao violão. O outro disco foi *Embalo*, pela RGE, o único LP que Tenório gravaria como líder — uma pequena obra-prima de concepção e execução, com Banana alternando na bateria com outro grande da época, Ronie Mesquita.

A partir dali, Milton poderia ter usufruído do conforto a que os inventores e mestres de seu ofício deveriam ter direito. E, durante um bom tempo, isso pareceu possível: radicou-se em São Paulo e formou o Milton Banana Trio, primeiro com o pianista Wanderley e o contrabaixista Guará, ambos paulistas, depois substituídos por Cido Bianchi (ex-Jongo Trio) e Mario, também de São Paulo. Com eles, de 1965 a 1976, lançou doze LPS pela Odeon, nos quais provava que era baterista para qualquer preço — capaz, inclusive, de metralhar os couros como Edison Machado. Todos foram discos de grande sucesso, bons de ouvir e dançar, e que soarão muito bem para sempre.

Mas, então, a música brasileira começou a seguir outros rumos, todos hostis à Bossa Nova. Milton voltou para o Rio, trocou de gravadora e continuou a gravar discos excepcionais, na maioria temáticos, na RCA, dedicados a Tom Jobim, Vinicius de Moraes ou Chico Buarque. Mas, então, o mercado não respondia. Ele lutou enquanto pôde e, depois, se entregou. Em certa época dos anos 80, quando a Bossa Nova atravessava a sua longa Idade do Gelo — ninguém queria saber dela, ninguém queria sequer ser associado a ela —, Milton teve de resignar-se a tocar em inferninhos suspeitos de Copacabana.

As coisas só começaram a melhorar para a Bossa Nova em algum momento dos anos 90. Mas, quando isso aconteceu, já encontraram Milton com a saúde abalada. E de forma particularmente cruel para um homem da sua profissão: um grave problema circulatório provocado por diabetes fez com que, desde pelo menos 1992, ele estivesse ameaçado de ter uma perna amputada. Na época, um show em seu benefício, organizado pelo compositor e cantor Mario (irmão de Sylvia) Telles, chegou a ser feito no Rio. Com o dinheiro, Milton tratou-se e conseguiu adiar a cirurgia. Voltou a trabalhar esporadicamente e ainda cumpriu um fim de semana com um trio numa das várias tentativas de revitalização do Beco das Garrafas. Mas já nem tinha bateria em casa. Em certo momento, a cirurgia ficou inevitável. Milton perdeu a perna direita em abril de 1999. Seu coração não resistiu. Um mês depois, morreu de enfarte. Tinha 64 anos.

Em seu velório, no Cemitério São João Batista, chamou a atenção uma coroa de flores com os dizeres: "*A Milton, a quem o Brasil não homenageou, nem reconheceu nunca. Ass.: Todos os músicos do Brasil*". Soube-se depois que a coroa teria sido enviada por — quem mais? — João Gilberto. O mesmo que, nos últimos anos, lhe mandava em surdina os cheques que garantiram a sua subsistência.

Milton Banana era admirado e especialmente querido pelos colegas. Talvez porque, mesmo numa categoria repleta de gente excêntrica, como a dos músicos, ele conseguisse chamar a atenção. Ninguém aparentemente mais desligado e na dele, como se concentrasse sua atenção em alguma coisa que só ele percebesse. Falava pouco e sorria menos ainda, principalmente na última fase, quando se deixou abater pela doença. E esse conformismo vinha de longe.

Em 1962, sua autoestima foi posta à prova num episódio terrível. Milton era namorado de Elza Soares, então uma das jovens estrelas da música popular e mulher desejada de norte a sul do Brasil. Fora ele quem ensinara a Elza o balanço e a divisão da Bossa Nova e fizera com que ela se tornasse a sambista mais moderna do país — a "Bossa Negra", título de um de seus discos.

No começo daquele ano, um concurso de popularidade no futebol, patrocinado pelo *Jornal dos Sports* e por uma fábrica de automóveis, aproximou Elza de Garrincha, o supercraque do Botafogo e da Seleção brasileira. Ela seria a "madrinha" de Garrincha no concurso, o que implicaria andar para cima e para baixo com ele em lugares públicos, para lhe angariar votos. Quase sempre essas aparições significavam um show, em que Elza cantava acompanhada por Milton à frente de um conjunto — certo dia, apresentaram-se até na América Fabril, a fábrica de tecidos de Pau Grande, cidade natal de Garrincha. Naturalmente, Garrincha venceu o concurso, derrotando o zagueiro Bellini, também da Seleção e considerado o homem mais bonito do Brasil.

Ali, Milton já deveria ter desconfiado que Elza estava apaixonada por Garrincha — e era correspondida. Mas, como sempre, foi o último a perceber. Elza foi convidada a se apresentar no Chile durante a Copa do Mundo, e Milton acompanhou-a como seu baterista. Lá, ela finalmente lhe contou o que estava acontecendo. Ele ficou arrasado, mas manteve seu compromisso e tocou com Elza até o fim — talvez numa tentativa de recuperá-la. Em vão. Garrincha ganhou a Copa quase sozinho, jogando por ele e pelo machucado Pelé. Na volta ao Brasil, mais amado e consagrado do que nunca, Garrincha já não teve como esconder seu inflamado romance com a cantora.

Poderia ter sido o fim de carreira para Milton Banana — imagine o baque de perder a namorada para o homem mais popular do país. Por sorte, 1962 estava sendo também o ano de sua vida. Logo depois da Copa, ele teria a sua maratona de grandes momentos: o show *Um encontro* com Tom, João Gilberto e Vinicius no Bon Gourmet; os discos com João Donato; sua participação no concerto do Carnegie Hall; e, no ano seguinte, o disco *Getz/Gilberto* e a excursão pela Itália com João Gilberto e Donato. Nenhum outro baterista brasileiro superou esse currículo.

O problema é que, enquanto Milton estava fora, em Buenos Aires, Nova York ou na Europa, cada jornal que chegava do Brasil e lhe caía às mãos equivalia a uma punhalada — porque, todos os domingos, Garrincha pintava o sete no Maracanã pelo Botafogo, levando-o, inclusive, a um estrondoso bicampeonato carioca em cima do Flamengo.

Milton sofria ao imaginar Garrincha saindo do estádio, com seu nome gritado pelas multidões, e correndo, suado e vitorioso, diretamente para os braços e beijos de Elza Soares. Ao me contar isso, tantos anos depois, parecia sofrer tudo de novo.

"E o pior", ele completou, "é que eu era Botafogo."

Os Cariocas

A fome de grande música com a vontade de cantar

Os Cariocas — Severino Filho, piano e primeira voz; Luiz Roberto, contrabaixo e quarta; Badeco, violão e terceira; e Quartera, bateria e segunda voz — adentraram o palco do Jazzmania, em Ipanema, na noite de 20 de outubro de 1988, sob uma torrente de aplausos, e nem deixaram a plateia respirar. Atacaram logo de "Samba do avião", de Tom Jobim. Era como se eles próprios estivessem desembarcando no Rio, vindos de muito longe, não na geografia, mas no tempo. Entre as centenas de pessoas na plateia, entre as quais Caetano Veloso, muitas esperavam por aquele momento havia 21 anos — outras, a vida inteira. O conjunto vocal mais admirado do Brasil estava quebrando o voto de silêncio que se autoimpusera em 1967.

Voto tão longo, na verdade, que muitos de nós, que só conhecíamos Os Cariocas pela lenda ou pelos discos, já tínhamos nos conformado, certos de que nunca os escutaríamos ao vivo. Primeiro, porque o panorama brasileiro em fins dos anos 80 se mostrava mais do que nunca alérgico à música de alta qualidade, como a deles. Segundo, porque estavam mais velhos e, com nossa pouca fé, temíamos que seus gogós já não dessem conta da ginástica vocal que eles exigiam de si mesmos quando jovens. O melhor, portanto, seria esquecer e nos contentarmos com seus velhos LPS, dos poucos que se podiam encontrar na praça, em sebos — ou no Japão, onde esses mesmos discos existiam em cintilantes CDS.

E, de repente, ali estavam Os Cariocas, no palco do Jazzmania, com as gargantas em grande forma, como se não tivessem passado nem um dia sem cantar. Na plateia, algumas pessoas se perguntavam se estavam de verdade naquela plateia ou se era apenas uma alucinação provocada por Johnny Walker.

Os Cariocas arrebentaram já no primeiro set, relembrando alguns de seus sucessos que, no começo dos anos 60, foram decisivos para estabelecer a Bossa Nova: "Só danço samba", de Tom e Vinicius; "Rio" e "Telefone", de Menescal e Bôscoli; "Minha namorada", de Carlos Lyra e Vinicius; "Pra que chorar", de Baden Powell e Vinicius; "Samba de verão" e "Preciso aprender a ser só", de Marcos e Paulo Sergio Valle; "Samba da pergunta", de Pingarilho e Marcos Vasconcellos. Todas essas pequenas obras-primas haviam sido, na gíria dos músicos, "criadas" por eles. Ou seja, Os Cariocas as tinham recebido diretamente das mãos dos autores e sido os primeiros a gravá-las.

Veio o intervalo e, na volta, retomaram o repertório de seus clássicos mais antigos, dos anos 40 e 50, sem os quais a Bossa Nova talvez não tivesse existido — ou não teria existido como viemos a conhecê-la: "Adeus, América" e "Tim-tim por

Tom ao piano

Cercado por Waldir, Ismael, Severino, Badeco e Quartera — Os Cariocas

tim-tim", de Geraldo Jacques e Haroldo Barbosa; "Nova ilusão", de Zé Menezes e Luiz Bittencourt; "Canção da volta", de Ismael Netto, o fundador dos Cariocas, e Antonio Maria. E, dando um salto de décadas, começaram a cantar "Tema para Lúcia", a homenagem do líder Severino à sua filha, a atriz Lúcia Veríssimo, feita quando ela tinha doze anos. Lúcia, sentada na primeira fila, fora responsável pela sonorização e iluminação do espetáculo. Foi então que Luiz Roberto, o solista do conjunto, interrompeu o número, suando muito, e pediu mais um intervalo.

Poucos na plateia pareceram se preocupar. Naquela noite, Os Cariocas podiam pedir o que quisessem, até oito intervalos e um banquete no camarim do Jazzmania — desde que voltassem para o palco e ficassem ali a noite inteira, cantando sua história musical. Mas Severino e os colegas se entreolharam. Luiz Roberto foi aplaudido ao caminhar em direção à passagem que levava ao camarim, seguido pelos outros. Badeco fez menção de ampará-lo, mas Luiz Roberto não permitiu.

Um médico, não por acaso na plateia, chegou aos bastidores em menos de um minuto: o dr. Paulo Sergio Oliveira, cardiologista do cantor. Assim que ouvira o pedido de intervalo, compreendera imediatamente a situação e rumara para trás da cozinha, onde ficava o camarim. Aliás, fora ao Jazzmania não apenas pela música, mas para estar a postos no caso de uma emergência. Encontrou um ambiente de desespero — Badeco era o que mais chorava: Luiz Roberto, inconsciente, estendido num sofá, com um quadro agudo de enfarte e já com a máscara da morte em seu rosto. Pelos minutos seguintes, o cardiologista aplicou-lhe massagem cardíaca e respiração boca a boca. Não havia outros recursos, nem tempo para uma ambulância, uma remoção ou um pronto-socorro. Em instantes, Luiz Roberto estava morto.

Os colegas de conjunto sabiam que os problemas circulatórios de Luiz Roberto vinham de longe. A tensão de voltar a cantar com Os Cariocas pode ter interferido, mas nem tanto

— afinal, fazia mais de um ano que se preparavam para aquela noite, repassando incansavelmente os arranjos no apartamento de Severino, na rua Cupertino Durão, no Leblon, e fazendo as cordas vocais recuperarem a antiga elasticidade. Um mês antes, já haviam feito algumas apresentações experimentais, e tudo dera certo. E mesmo naquele dia, tinham testado o som e ensaiado das duas da tarde às oito da noite no Jazzmania. Depois, cada qual fora para sua casa, para tomar um banho e relaxar, antes de voltar para o espetáculo. Luiz Roberto, que morava em Jacarepaguá, fizera tudo isso, sem alteração. Mas, no caminho de volta para a boate, já levara um susto.

No entroncamento da rua Gomes Carneiro, onde ficava o Jazzmania, com a rua Visconde de Pirajá, em Ipanema, um carro em sentido contrário quase se chocara com seu Fusca. Com Luiz Roberto, estavam sua mulher e seu filho. Ele se desviara, mas por pouco não tinham sido atingidos e morrido ali mesmo. Para um cardiopata — e safenado — como ele, não era a melhor coisa que poderia acontecer. E menos ainda a poucos minutos de um evento que não teria como não emocioná-lo.

O público seguia inocente do que se passava lá dentro. A suspeita só começou quando alguém saído dos bastidores confidenciou para um amigo que um dos Cariocas estava muito mal. Dali a pouco, Michel Domingos, divulgador do Jazzmania, subiu ao palco e, tentando se segurar, explicou por que Os Cariocas não iriam voltar. Luiz Roberto morrera. A informação logo se espalhou para fora da boate, pelas outras casas noturnas e pela noite do Rio.

A morte de Luiz Roberto abatia Os Cariocas na sua tentativa de retomar a carreira onde a tinham deixado, tantos anos antes. O que era para ser a "canção da volta" ficava agora sub judice — o destino se metera onde não fora chamado.

Nos dias seguintes, à pergunta sobre se o quarteto iria continuar, Severino Filho respondia que sim. Mas ninguém mais do que ele sabia que, num conjunto vocal, não se improvisa uma voz da noite para o dia. E havia o fator amizade — todos os Cariocas se gostavam e se frequentavam como irmãos. Luiz Roberto, aos 48 anos, era o caçula do conjunto, em tempo de casa e idade. Eu próprio, na época, num artigo em *O Estado de S. Paulo*, perguntei: "E agora?".

A resposta não tardaria — poucos meses depois, Os Cariocas estariam de volta. Severino, Badeco e Quartera acharam que deviam isso a Luiz Roberto — mesmo porque este, pouco tempo antes, de brincadeira ou não, já indicara seu sucessor: o contrabaixista Edson Bastos. Então Os Cariocas voltaram, com Edson na formação. Mas Edson não ficaria por muito tempo e aquela não seria a formação definitiva. Na verdade, o conjunto nunca mais teria uma formação definitiva.

Pela idade e por problemas pessoais, Badeco (de 1924, o mais velho de todos) e Quartera, dois dos fundadores, afastaram-se, cada qual por sua vez. Foram substituídos por Eloi Vicente e Neil Carlos Teixeira, que entraram para ficar. Já a cadeira do quarto Carioca coube a vários: Edson, Fabio Luna, Hernani Castro. E, por trás deles, sempre Severino. Pelos 28 anos que se seguiram à volta do conjunto, Os Cariocas sobreviveram ao próprio Brasil, com suas eternas crises econômicas, e viram o gosto musical a que eles se dedicavam desaparecer aos poucos do rádio, da televisão e do dia a dia — esmagado por uma cacofonia que, surpreendentemente, até pessoas mais velhas começavam a achar normal.

Mas eles não esmoreceram. Continuaram se apresentando onde fossem solicitados, de salas de concerto no meio da Floresta Amazônica à calçada em frente à Toca do Vinicius, em Ipanema — eu próprio vivia encontrando-os em salas de espera de aeroportos. Participaram, a convite, de shows e discos com Tim Maia, Leila Pinheiro, a Orquestra Jazz Sinfônica, Ithamara Koorax, Milton Nascimento — quem não queria cantar com Os Cariocas? — e gravaram mais uma série de discos, todos definitivos.

Nada mau para um bando de garotos que começaram cantando no porão.

Desde que o mundo é mundo, os homens sempre gostaram de cantar juntos. No começo, literalmente — como os coros eram privilégio dos cultos religiosos, não se permitia que as mulheres cantassem nas igrejas (só entre elas, nos conventos). As notas agudas eram feitas por meninos. Era pio, bonito e monótono, e assim se passaram os séculos. Mas, da Renascença em diante, as coisas começaram a melhorar. Os coros foram adotados pelo mundo secular; a polifonia abalou a mesmice dos uníssonos; e, quando já não era sem tempo, as mulheres começaram a ser admitidas, no que surgiram os coros mistos. Grande parte dessas mudanças se deu nos séculos XVII e XVIII, na Alemanha e na Inglaterra e, já em fins do século XIX, nos Estados Unidos. Daí, deslanchou: dos primitivos coros de garçons ou barbeiros na Nova York de 1890 às estratosféricas piruetas vocais do Manhattan Transfer, passaram-se menos de cem anos — tempo em que surgiram os primeiros trios, quartetos ou quintetos vocais. Todos, a partir de 1930, usando leves tinturas jazzísticas para cantar música popular.

Donde não adianta fugir: os conjuntos vocais, como os conhecemos, são uma invenção tão americana quanto a bateria da jazz-band, o filme de caubói e a banana split. Os ritmos podiam variar — e cada país adaptou seus conjuntos a um requebrado característico —, mas a dinâmica na harmonização das vozes tendeu a seguir os modelos americanos. Daí não ter sentido acusar os conjuntos vocais brasileiros de americanizados, como tantos já fizeram. *Todos* os conjuntos vocais do mundo são "americanizados" — do antigo Trio Melodia cantando o hino do Flamengo, ao mexicano Trio Los Panchos cantando "Bésame mucho", aos Swingle Singers cantando Bach, e até mesmo aos Beatles cantando "Help!".

Mas, mesmo que não quisessem, nossos conjuntos teriam de procurar saídas próprias. Ressalvadas as exceções, faltavam a eles duas qualidades que sobravam nos americanos: recursos vocais e conhecimento de música. Em 1930, o Bando da Lua bem que gostaria de ser a versão brasileira dos Rhythm Boys, trio vocal da orquestra de Paul Whiteman (e só Aloysio de Oliveira sabia o quanto lhe custava imitar o crooner deles — Bing Crosby) ou dos Mills Brothers, que faziam todos os instrumentos com os gogós. Por sorte, o Brasil tinha o samba e, pelo menos ritmicamente, alguns desses conjuntos atingiram uma voz original — um deles, os Anjos do Inferno, comandados por Leo Villar e com um escrete de autores a lhes fornecer material: Dorival Caymmi, Assis Valente, Geraldo Pereira.

Em fins dos anos 30, com o advento das big bands, como a de Benny Goodman, a música americana se "modernizou" — ficou mais ágil, máscula, metálica. Os novos conjuntos vocais também passaram a tomar mais liberdades com a distribuição das vozes. Surgiram os Modernaires (que cantavam com a orquestra de Glenn Miller), os Pied Pipers (que incluíam Frank Sinatra e Jo Stafford e cantavam com Tommy Dorsey), os Mel-Tones (de Mel Tormé, que gravavam com Artie Shaw), os Six Hits and a Miss, os Merry Macs, os Starlighters, os Pastels e muitos mais, além dos trios, como as Andrews Sisters, as King Sisters.

Esses conjuntos, ouvidos no cinema, nos discos ou no rádio, pelas ondas curtas, logo ficaram mundialmente famosos. No Brasil, foram eles que ensinaram o caminho aos novos grupos, como os Namorados da Lua (comandados pelo muito jovem — quatorze anos em 1941! — Lucio Alves), os Quatro Ases e Um Coringa, o Trio Nagô, os Quitandinha Serenaders (que teriam Luiz Bonfá ao violão), os Demônios da Garoa, os Titulares do Ritmo, os Vocalistas Tropicais, os Garotos da Lua (que revelariam João Gilberto) e, naturalmente, Os Cariocas.

Nos anos 40, o grande passatempo dos garotos que gostavam de música era reunir os amigos e formar um conjunto vocal.

Equivalia ao que, a partir dos anos 60, seria formar uma banda de rock na garagem. Como, naquela época, as garagens eram raras, esses conjuntos se formavam nos sótãos ou porões das casas — morava-se muito em casas, e estas tinham sótãos ou porões. Não havia nenhuma oposição materna — ao contrário, as mães mais sensíveis iam periodicamente ao porão para mimosear os meninos com biscoitos e chocolate. (Elas apoiavam a ideia de seus filhos brincar de conjunto vocal. Era uma garantia de que não estariam se metendo em encrencas na rua.) Já ensaiar o conjunto, inscrevê-lo num programa de calouros, sobreviver ao gongo — ou seja, ser aprovado — e passar a fazer parte do cast daquela rádio parecia um sonho tão improvável que era melhor esquecê-lo. Na verdade, a maior parte dos meninos que tentava formar um conjunto nem cogitava viver de música. Era pelo prazer mesmo.

O garoto Ismael de Araújo Silva Netto, ou Ismael Netto, dezessete anos em 1942, sonhava mais alto. Não sabia música, mas tocava um pouco de violão, e algo dentro de sua cabeça fazia com que ao ouvir, digamos, um naipe de saxes de uma big band americana, conseguisse escutar cada um dos cinco instrumentos em separado e entender sua função. Como seria esse som transposto para cinco vozes, em vez das três usadas habitualmente pelos conjuntos brasileiros?

Para isso, no sótão da casa de vila em que morava com seus pais, na Tijuca, Ismael arrolou seu irmão Severino, quatorze anos, e três vizinhos: Ari, Salvador e Tarquínio. Ao escolher um nome para o conjunto, descartou logo a ideia de lua, que parecia uma ideia fixa no gênero — acabara de surgir até um Vagalumes do Luar. Preferiu Os Cariocas, embora nem ele nem Severino fossem nascidos no Rio — eram de Belém do Pará, de onde tinham vindo em criança com seus pais. Mas sentiam-se cariocas do mesmo jeito e o seriam, por direito de conquista.

Quanto a Ari, Salvador e Tarquínio, os primeiros companheiros de jornada, foram substituídos por outros meninos da vizinhança. E estes por ainda outros, a cada discussão sobre um grave ou um falsete. Em 1945, com uma formação improvisada, Os Cariocas se apresentaram no programa de calouros *Papel Carbono*, de Renato Murce, na Rádio Clube, e pegaram o segundo lugar — perderam o primeiro prêmio para um garoto assobiador. Mas Murce, que não era bobo, gostou do que ouviu e sugeriu que eles se reinscrevessem. Na segunda vez, Os Cariocas tiraram o primeiro lugar (cantando "Rum and Coca-Cola", sucesso das Andrews Sisters) e tornaram-se uma atração frequente do programa.

Outros pais talvez vissem naquilo uma ameaça de profissionalização — e um obstáculo a que os rapazes continuassem se dedicando aos estudos. Mas o talento de Ismael e Severino era tão visível que, em fevereiro de 1946, Severino Silva, pai deles, conseguiu um teste para o conjunto na Rádio Nacional. A banca examinadora era mortífera: o maestro Radamés Gnattali, o produtor e letrista Haroldo Barbosa e o radialista e pesquisador Paulo Tapajós. Foi feito o teste, e Os Cariocas não vacilaram. No dia seguinte, veio o convite para se integrarem ao elenco do principal programa musical da emissora, *Um Milhão de Melodias*, com orquestra regida por Radamés e patrocinado por um produto recém-chegado ao Brasil, a Coca-Cola. Era como sair dos dentes de leite diretamente para a primeira divisão. E como, dali a pouco, o conjunto já era formado pelos dois irmãos e por Quartera (Jorge Quartarone), Badeco (Emmanoel Furtado) e Waldir Viviani, todos da idade de Ismael, essa é considerada a primeira formação oficial, que perduraria por muitos anos.

Aliás, até a morte de Ismael.

Havia um caso de amor entre Ismael Netto e a música. Seu gênio para a harmonização de vozes tornou-o admirado por homens que não faziam graça para ninguém, como Radamés Gnattali, Lyrio Panicali e o próprio Villa-Lobos — segundo o qual quem quisesse aprender a cantar afinado, que ouvisse Os Cariocas. A independência de Ismael em *Um Milhão de Melodias*, concedida por Radamés, era total. Na verdade, era Radamés que consultava Ismael para saber como ele queria este ou aquele arranjo. Em certo momento, ficou lendária na Rádio Nacional a cena de Ismael fazendo com a voz, para Radamés, as frases instrumentais com que a orquestra acompanharia Os Cariocas no programa: "Os trombones fazem assim, as cordas fazem assado e as flautas fazem assim e assado". Ninguém duvidava de que Ismael fosse capaz de criar aquelas maravilhas no escuro, mas o inédito era que Radamés desse tamanha confiança ao jovem. Outra prática de Ismael, e que intrigava os maestros da Nacional, era a facilidade com que dissecava um arranjo de algum admirado grupo vocal americano, como os Pied Pipers, e distribuía as vozes dos Cariocas para reproduzir exatamente um determinado efeito — apenas para mostrar que, se quisesse, sabia fazer igual.

Um Milhão de Melodias era o caviar da Nacional, mas os programas de auditório, que compunham o feijão com arroz da emissora, como os de Cesar de Alencar, Paulo Gracindo e Manuel Barcellos, também disputavam Os Cariocas. Eles adoravam comparecer e, às vezes, se viam no meio da histeria entre as fãs que torciam por Emilinha Borba ou por Marlene, e que só faltavam se matar à saída da rádio, na praça Mauá. (Eles eram amigos das duas cantoras, embora um dos parceiros de Ismael, Nestor de Holanda, tivesse sido o criador da expressão "macacas de auditório", que tanto as irritava.)

Ah, sim, Ismael tinha seu lado compositor — ao qual dedicava a menor parte de seu tempo, mas que, quando se manifestava, produzia coisas como "Marca na parede", com Mario Faccini, "O último beijo", com Nestor de Holanda, "Afinal", com Luiz Bittencourt, as sublimes "Canção da volta" e "Valsa de uma cidade", com Antonio Maria, e "Madrugada 3:05", com Maria e Reynaldo Dias Leme.

A carreira dos Cariocas em discos começou também por cima, em março de 1948, com um 78 rpm da Continental em que, para desgosto da gravadora, os dois lados, A e B, estouraram: "Nova ilusão" e "Adeus, América" — para as gravadoras, o ideal era que, em cada disco, apenas um lado chegasse às paradas, para obrigar o cliente a comprar mais um disco, se quisesse o outro sucesso. Mas eles não podiam evitar: quase tudo que cantavam ganhava aceitação imediata. E tinham tanta confiança em seu taco que não distinguiam gêneros: gravavam baiões (o ritmo do momento), canções juninas, rancheiras (com o caubói brasileiro Bob Nelson), chá-chá-chás e até peças humorísticas, como o impagável fox "Neurastênico", de Nazareno de Brito e do violonista Betinho. E emprestavam classe a qualquer samba, bolero ou mambo de que se apropriassem.

Uma das descobertas do grupo foi o folclórico, mas talentoso, Geraldo Jacques, autor (com Haroldo Barbosa) de "Adeus, América" e "Tim-tim por tim-tim". Geraldo era colega de Quartera no Banco do Brasil. Ou seja, era bancário. Mas quem o visse chegando ou saindo do trabalho, na agência da rua Primeiro de Março, diria que ele estava mais para banqueiro: chiquíssimo, beirando o extravagante, com ternos caros, gravatas de seda e sapatos importados. Era um negro simpático e da idade deles — cerca de 25 anos em 1950. Apesar das roupas feitas nos melhores alfaiates, se alguém o virasse de pernas para o ar não cairia um centavo de seus bolsos. Era cronicamente duro e vivia de pedir algum aos amigos — a quem, mais cedo ou mais tarde, acabava pagando, o que lhe dava crédito para continuar tomando emprestado. Geraldo faria outro samba com Haroldo, que Os Cariocas não chegaram a gravar, mas Lucio Alves, sim: "Joãozinho Boa Pinta". Em algum momento da década de 50, ele sumiu do banco, das boates e da cidade, e não se tem informações sobre seu paradeiro.

Geraldo Jacques pode apenas ter se evaporado em meio à fumaça e aos aromas de que se constituía boa parte da vida artística naquela época. Era um tempo de grande glamour, com a música sendo executada em casas noturnas onde cantores e cantoras precisavam se apresentar à altura — bons ternos ou smokings, vestidos longos, cigarreiras com monogramas e, de preferência, uma ou duas "abobrinhas" (notas de mil cruzeiros, o maior valor circulante) na carteira. Um sucesso como o de "Adeus, América" podia render dinheiro à vista, que durasse por algum tempo para o autor. Podia também durar só uma noite, se o sujeito não se cuidasse. E as tentações eram muitas, tanto as que vinham dentro dos decotes como dentro das garrafas.

Ismael Netto, de certa forma, foi uma vítima desse glamour. Muito da qualidade dos Cariocas se devia à disciplina musical do conjunto, embora, pessoalmente — e apesar de casado com a cantora Heleninha Costa —, Ismael fosse o indisciplinado modelo. Bebia chope com genebra em quantidades temerárias, teve hepatites mal curadas e era diabético sem saber. Em janeiro de 1956, foi atacado por uma pneumonia, levado em pré-coma para o hospital e morreu em meia hora. Tinha 31 anos.

Ismael era o fundador, líder, orientador e força criativa dos Cariocas. Era também o mais velho, ou parecia ser — na verdade, era alguns meses mais novo do que Badeco e Waldir. Quem poderia suceder a ele? Pelo visto, não houve discussão: seu irmão Severino assumiu com naturalidade o comando do conjunto. Durante muitos anos, enquanto Ismael trocava ideias com Badeco (era deste o arranjo de "Adeus, América") ou com os outros, ele, Severino, limitava-se a observar — "com os olhos redondos", como dizia — o que os outros faziam. Sabia que tinha muito a aprender. Mas não perdera tempo. Começara a estudar música de verdade e, agora, quase como uma complementação superior, fora estudar com o professor Hans-Joachim Koellreutter — que já tivera como alunos sumidades como Guerra Peixe, Claudio Santoro, Edino Krieger e o jovem Tom Jobim.

Severino tornou-se arranjador, maestro, professor, e não apenas tomou a frente do conjunto como incorporou seu piano a ele. E, para substituir o falsete de Ismael, convocou a irmã de ambos, a caçula Hortensia, 24 anos. Ela conhecia todas as músicas e sabia os arranjos de cor.

Com Hortensia, eles gravaram, em 1957 — na Columbia, que agora os tinha sob contrato —, o seu primeiro LP: o magnífico *Os Cariocas a Ismael Netto*. Um autêntico songbook, contendo doze composições de Ismael com vários parceiros e, pela primeira vez no Brasil, usando efeitos de playback que, em algumas faixas, duplicavam as vozes dos Cariocas.

Mas a Columbia nunca soube o que fazer com eles. Uma das coisas que ela os obrigou a gravar, em 1958, foi a involuntariamente hilariante "Quem é?" ("Quem é/ Que lhe cobre de beijos/ Satisfaz seus desejos/ E que muito lhe quer?"), de Oldemar Magalhães e Osmar Navarro, um monumento kitsch dos anos 50. Isso a poucos dias de uma sessão em que, ao tentarem gravar um samba recém-lançado por Elizeth Cardoso, Badeco se atrapalhou com a batida do violão — e foi salvo pelo criador da batida, que visitava o estúdio da Columbia naquele exato momento: seu amigo João Gilberto.

"Não estou conseguindo fazer, João. Me mostre como é", disse Badeco.

"Deixe que eu faço e gravo com vocês, Badeco", ofereceu-se João Gilberto.

Entrou e gravou. E com isso, em maio de 1958, poucas semanas depois do lançamento de "Chega de saudade" com Elizeth Cardoso e dois meses antes da gravação do samba pelo próprio João Gilberto na Odeon, Os Cariocas já tinham o seu "Chega de saudade" e com o mesmo João Gilberto ao violão. Mas a Columbia demorou tanto a botar o disco na rua que o 78 rpm de João Gilberto circulou primeiro.

Seja como for, quando a Bossa Nova aconteceu, nada mais natural do que a aproximação entre ela e Os Cariocas. Eles já eram amigos de Tom Jobim e Billy Blanco, de cuja *Sinfonia do Rio de Janeiro* tinham participado em 1954. Outro jovem esteio da nova música, Carlinhos Lyra, também tivera uma música gravada por eles dois anos antes, na Continental: a divertida "Criticando" — uma espécie de "Influência do jazz" *avant la lettre*. E, como se viu, João Gilberto também se dava com eles. Se a aproximação foi tímida a princípio, era porque os meninos da Bossa Nova — Roberto Menescal, Luizinho Eça, os irmãos Castro Neves, todos loucos por conjuntos vocais — tinham medo dos Cariocas. Como se aproximar de pessoas que eles viam como quase divindades?

Mas, por intermédio de Ronaldo Bôscoli e Lucio Alves, essa aproximação aconteceu. E resultou num noivado de que se conhece até a data da celebração: 2 de dezembro de 1959. Foi quando — ao lado de Lucio, Sylvinha Telles, Alayde Costa e os meninos de sempre —, Os Cariocas participaram do show de Bossa Nova transmitido ao vivo do auditório da Rádio Globo, na rua Irineu Marinho.

Era a primeira vez que a Bossa Nova saía dos apartamentos dos amigos e dos pátios universitários e entrava no ar para milhares. Já sem Hortensia (que deixara o conjunto para se casar) e reduzidos aos quatro que passariam a ser a sua formação definitiva, eles cantaram "Chega de saudade" e, de Oscar Castro Neves e Luvercy Fiorini, "Menina feia". Com as vozes mais velozes e afiadas do que nunca, Os Cariocas estavam trocando uma sólida carreira, que começara com "Adeus, América", por outra, que não sabiam aonde iria chegar. Mas a Bossa Nova era a música com que, sem saber, eles haviam sonhado desde o começo. Ali se juntavam a fome de grande música com a vontade de cantar.

Dois anos e meio depois, deu-se o casamento, com juras de fidelidade jamais traídas. Foi quando eles dividiram o palco com João Gilberto, Tom Jobim e Vinicius de Moraes no show *Um encontro*, produzido por Flavio Ramos na boate deste, o Bon Gourmet, em Copacabana. E não apenas dividiram o palco como abriram o show. Primeira voz: "Este é o encontro...".

Segunda voz: "... com Tom...". Terceira voz: "... Vinicius...". Quarta voz: "... João Gilberto...". Uníssono: "... e a participação especial dos Cariocas".

Pelas quarenta noites seguintes, esses homens ocuparam aquele palco, com um microfone para cada um, sem faltar uma só noite, como se soubessem que seria uma temporada única, irrepetível, insuperável. Alguns dos maiores clássicos da Bossa Nova foram ouvidos ali pela primeira vez: "Samba do avião", de Tom, "Samba da bênção" e "O astronauta", de Baden e Vinicius, e "Só danço samba" e "Garota de Ipanema", de Tom e Vinicius — inclusive pelas vozes dos Cariocas.

Eles agora eram quatro, mas, no lugar de Waldir, que se afastara por questões de saúde, entrara o garoto Luiz Roberto, 22 anos, que Severino já descobrira como guitarrista e cantor na big orquestra que dirigia paralelamente aos Cariocas e com a qual atuava em outras gravadoras sob nomes diferentes. Sob um desses nomes, Orquestra Pan American, fez grandes discos instrumentais na Musidisc.

Luiz Roberto adaptou-se ao contrabaixo, herdou os solos vocais — com um belo estilo seresteiro, em contraste com a dicção cortante dos demais — e, assim formados, Os Cariocas abraçaram definitivamente a Bossa Nova. A Philips os contratou e, pelos cinco anos seguintes, até 1966, gravaram seis LPS, muitos dos quais, desde os títulos, enfatizavam a ligação do conjunto com a nova música: *A bossa dos Cariocas* (1962), *Mais bossa com Os Cariocas* (1963), *A grande bossa dos Cariocas* (1964) e *Os Cariocas de 400 bossas* (1965). A Bossa Nova correspondeu e presenteou Os Cariocas com quase vinte canções para ser lançadas e transformadas em clássicos por eles. Além das já citadas, "Ela é carioca", de Tom e Vinicius, "Inútil paisagem", de Tom e Aloysio de Oliveira, "Também quem mandou", de Carlos Lyra e Vinicius, "Domingo azul", de Billy Blanco.

A Bossa Nova reinou até cerca de 1965, mas já então a música popular começava a mudar de mãos. Em 1966, quase todos os grandes criadores da Bossa Nova tinham ido embora do Brasil para trabalhar lá fora: Tom Jobim, João Gilberto, Carlos Lyra, João Donato, Baden Powell, Luiz Bonfá, Marcos Valle, Eumir Deodato, Luiz Eça, Oscar Castro Neves, Moacir Santos, Walter Wanderley. Uma nova geração, que prometia muito, apenas começava a aparecer no mercado: Chico Buarque, Paulinho da Viola, Caetano Veloso, Francis Hime, Edu Lobo, Gilberto Gil, Milton Nascimento. Dos que sucederiam a estes, como João Bosco e Aldir Blanc, Ivan Lins, Paulo César Pinheiro, Taiguara, Toninho Horta e outros, ainda nem se ouvira falar. Os Cariocas sentiram que não havia material novo para gravar — a não ser que se rendessem ao iê-iê-iê, que, de repente, ocupara todos os espaços das gravadoras.

Em 1967, Os Cariocas não tiveram ânimo para continuar. O mercado ficara hostil. Os festivais da canção estavam transformando a música brasileira numa rinha, onde quem gritasse mais alto — e provocasse o rugido da plateia — levava. Eram tempos de som e fúria.

Eles nem se despediram de seu público. Recusaram os últimos convites, deixaram expirar seu contrato com a Philips (que também não se esforçou para renová-lo) e cada qual foi tratar da vida. Pelos 21 anos seguintes, eles viram a Bossa Nova ser abandonada, esquecida e até execrada. Foi um longo silêncio — suficiente para que morresse e nascesse uma geração.

E, então, depois do que pareceu uma eternidade, observaram que, muito aos poucos, a Bossa Nova voltava a ser lembrada — não apenas com saudade, pelos mais velhos, mas com certa curiosidade, pelos mais novos. O ano era 1988. Talvez fosse a hora de voltar. Pois eles voltaram. E, num dos primeiros shows da volta, Luiz Roberto morreu no camarim do Jazzmania. Mas, como sabemos, nem essa desgraça os deteve. Liderados por Severino, Os Cariocas seguiram pelos 29 anos seguintes.

Até que, em dezembro de 2015, eles fizeram um show no Centro de Referência da Música Carioca, na Tijuca — arrebatador, como todos os outros, e com as pessoas se deixando levar por suas harmonias em clássicos que elas não se cansavam de ouvir e eles não se cansavam de cantar. Dias depois, Severino sentiu-se mal e foi levado para o hospital Quinta D'Or, em São Cristóvão. Tinha um caso grave de trombose pulmonar.

Nos quase dois meses em que passou hospitalizado, ele aproveitou as visitas dos colegas do conjunto, Eloi Vicente, Neil Carlos e Fábio Luna, para repassar arranjos, afinar as vozes e treinar o seu próprio e exclusivo falsete, que era a marca dos Cariocas. Médicos e enfermeiras do Quinta D'Or eram-lhe gratos por encher o hospital de música e, aos 88 anos, dar tal exemplo de força para os outros pacientes.

Nem a amputação de uma perna, a que foi submetido em fevereiro, o abateu — porque Severino nunca imaginou que aquilo o afastaria do piano. Com a prótese que lhe seria providenciada por sua filha Lúcia, ele se habituaria a tocar de pé ou aprenderia a pressionar os pedais com o pé esquerdo. Já se decidira até por uma clínica de fisioterapia para quando saísse do hospital — uma clínica com uma sala de ensaio para Os Cariocas.

Severino agradeceu mais aquela visita dos rapazes. Marcou um novo ensaio para a semana seguinte e, como se não pudesse esperar, propôs-lhes que cantassem, ali mesmo, "Ela é carioca", feita por Tom e Vinicius para Os Cariocas. Foi a última canção que ele ouviu — e cantou. Contra sua vontade e a de todos nós, Severino nos deixou no dia 1º de março de 2016.

Foi também a derradeira canção dos Cariocas. Lúcia decidiu que, sem Severino — o último elo de uma corrente iniciada 74 anos antes por seu tio Ismael Netto —, não havia razão para o conjunto continuar. A própria marca Os Cariocas pertencia agora à história, e a esta apenas — alegou.

Mas, para Eloi, Neil e Fábio, a música tinha de prosseguir. Reuniram suas lembranças de Severino e o que haviam aprendido com ele, nos milhares de vezes em que haviam cantado juntos. Contrataram uma nova voz — o pianista e cantor Leandro Freixo —, reorganizaram o repertório e ressurgiram como o Quarteto do Rio.

Estrearam dois meses e meio depois, em maio, e seu primeiro show — em que tive o privilégio de ser uma espécie de M.C. — foi no mesmo palco da Tijuca, o Centro de Referência da Música Carioca, onde se dera o último show dos Cariocas.

Era lógico. E, ao mesmo tempo, mágico.

Simonal, finalmente perdoado

Só falta agora ele nos dar o seu perdão

Em certo dia de 1981, em São Paulo, a produtora Laurinha Figueiredo telefonou-me convidando para dar um pulo naquela noite à boate Flag, de que ela era a *directrice*, para ouvir uma "atração-surpresa". Laurinha era mulher de Abelardo Figueiredo, um importante produtor de espetáculos e ambos, historicamente ligados à Bossa Nova. O Flag, na avenida Faria Lima, era uma tentativa, não muito bem-sucedida, de repetir o estouro de seu homônimo carioca dez anos antes: boa música — quase sempre a cargo de Johnny Alf —, bebida honesta e frequência adulta, bonita e sofisticada. Quanto à surpresa, quem seria? Sabendo do cacife de Laurinha, tanto poderia ser Tom Jobim quanto Elis Regina ou, acredite, o próprio João Gilberto, todos da sua maior intimidade.

Laurinha convidou metade de São Paulo para ir ao Flag para a "surpresa" — empresários, jornalistas, publicitários, socialites, gente do disco, da noite e dos negócios. Convenceu até alguns amigos do Rio a tomar a ponte aérea e também comparecer. A expectativa era grande e o suspense, maior ainda — quem seria a figura? Falou-se até em Frank Sinatra!

Pois fomos todos e, em dado momento, com o Flag já lotado, correu um rumor: a surpresa era Wilson Simonal. O zum-zum atravessou a sala. Ninguém quis acreditar — Laurinha não seria louca de tentar impor o renegado Simonal a seus convidados. E, se fosse isso, não seria a primeira vez — em 1976, ela e Abelardo já haviam tentado "surpreender" os amigos com uma apresentação de Simonal em outra boate paulistana. Mas todo mundo pagou para ver.

Laurinha era velha amiga de Simonal. Tinha trabalhado com ele em 1964, quando Simonal ainda era novato, no programa *Spotlight*, da TV Tupi de São Paulo, dirigido por Abelardo, e, depois, em vários shows, dentro e fora do Brasil. Era também quase irmã de Ronaldo Bôscoli e Miele, responsáveis pelo primeiro sucesso de Simonal, no Beco das Garrafas, em 1963. Laurinha era querida por todos que a conheciam. Mas isso não era suficiente para que alguém se sujeitasse a tolerar ouvir Wilson Simonal. Fosse a atração Drácula ou Jack, o Estripador, não provocaria tanta repulsa.

Então, apagaram-se as luzes da plateia e acenderam-se as do palco. Um trio de piano, baixo e bateria atacou a introdução de "Balanço Zona Sul", de Tito Madi, e o artista revelou-se por uma porta. Era Simonal. Entrou, mas mal conseguiu emitir as primeiras palavras da letra — "Balança toda pra andar...".

Quase todo o público vociferou xingamentos na direção do palco, deu as costas e começou a sair às pressas e sem pagar. Pratos e copos iam sendo deixados pela metade sobre as mesas, mulheres e namoradas eram tomadas pela mão e obrigadas a se levantar, e ouviu-se até um uníssono de chaves de carros sendo tiradas dos bolsos. Exceto por meia dúzia, o Flag se esvaziou em minutos. Simonal voltou chorando para o camarim.

Pessoas que, no passado, já tinham entrado em filas para bajulá-lo, chamá-lo de "Simona", disputar um sorriso ou palavra sua ou mesmo apenas vê-lo e admirá-lo à distância, agora lhe diziam as últimas, acusando-o de crimes que nem saberiam descrever direito. "Dedo-duro", "reaça" e até "torturador" foram algumas das expressões ouvidas. Como se ninguém ali no Flag, entre os quais banqueiros, empresários e outros, nunca tivesse feito negócios com a ditadura.

O homem que, em seu apogeu, atraía multidões aos estádios e as regia com as mãos — "Agora os dez mil da direita! Agora os dez mil do centro! Agora os dez mil da esquerda!" (o que ele fez mais de uma vez no Maracanãzinho) —, que podia passar a caviar e champanhe e ter todos os carros, mulheres e luzes que quisesse, não gozava mais daquele status. Simonal deixara de ser aceitável até para uma pequena plateia de pessoas potencialmente simpáticas a recebê-lo de volta — pessoas para quem seu talento, sua música e sua força como artista deviam suplantar a decepção que o homem Simonal lhes tinha provocado.

Mas, ali, no Flag, não interessavam o talento, a música, nem o ser humano. Só o estigma. Simonal era a lepra, a morfeia, alguém sem direito à vida.

Ele foi um fenômeno da música popular brasileira, em vendas, popularidade e prestígio. Sua carreira também foi única: em dez anos, passou do zero ao infinito — não parecia haver limite para o seu crescimento — e, de estalo, em menos de um ano, desabou e ele deixou de existir. Ou continuou existindo, mas numa zona fantasma, como a dos condenados do planeta Krypton: uma realidade paralela, ectoplásmica, em que ele podia ver o que acontecia ao seu redor, mas era invisível aos olhos dos outros, sem poder interferir em nada e sem esperança de redenção.

Como cantor de Bossa Nova (o que ele foi, do início da carreira até 1965 ou 66), Simonal chegou a um nível de excelência e de popularidade quase impossível de igualar. Sua linha vocal não era a de João Gilberto, mas a de Johnny Alf — rítmica, vibrante, muscular, mais para as contundências do samba-jazz do que para a delicadeza do amor, do sorriso e da flor. Sua gravadora, a Odeon, entendeu logo que seu acompanhamento não podia se limitar a um violão e bateria bossa nova, mesmo que envolto por um manto de cordas, como o que vestia Leny Andrade e Pery Ribeiro, seus dois colegas de gravadora que seguiam uma linha parecida. Simonal precisava de "algo mais".

Seu estilo exigia não apenas um trio com o *punch* do Bossa Três (que também trabalhava com Pery e Leny), mas uma orquestra de metais, como a de Erlon Chaves, capaz de sacudir o teto da gafieira. "Metais com champignon", segundo o próprio Simonal, querendo dizer "com molho". E sabia o que estava dizendo porque, bem no começo, em 1961, dois de seus primeiros empregos foram na noite carioca, como crooner reserva em conjuntos de boate: o Sete de Ouros, do saxofonista Cipó, e o de Celso Murilo, na boate Drink — o que equivaleu a um curso intensivo de bossa e balanço. Como plateia, Simonal foi um habitué do Bottles Bar, no Beco das Garrafas, em 1962, quando Johnny Alf cumpriu longa temporada ali. E, se você pensava perceber alguma semelhança entre eles, mas não sabia explicá-la, aí está — ninguém levou tão longe quanto Simonal a influência que sofreu de Johnny Alf.

No começo daquele ano, Simonal estava cantando no Top Club, a boate do barão Max von Stuckart, na praça do Lido, em Copacabana. O Top Club apresentava boa música, só que para dançar, e Stuckart, lendário pela antiga boate Vogue, que pegara fogo em 1955, adotava certos toques "internacionais" para agradar aos turistas. Como Chaim Lewak, o líder do conjunto

Renegado
Banido da música popular, Simonal carregou seu próprio caixão por trinta anos

titular, era judeu russo, o barão queria obrigar seus músicos a usar fantasia de cossaco. Simonal não concordava: "Onde já se viu cossaco crioulo, patrão?". E, apesar de sua admiração por Chaim, começou a pensar em mudar de pouso, mesmo porque o show tinha um formato rígido — não lhe permitia alterar a ordem das músicas e muito menos improvisar em meio a uma delas.

Foi quando Miele e Bôscoli o conheceram e o levaram para o Little Club, no Beco das Garrafas, onde o dinheiro era pouco — suas boates comportavam, se tanto, sessenta pessoas cada —, mas, todas as noites, a plateia incluía as cabeças mais influentes da República: políticos, cronistas da madrugada, donos de gravadora, gente de dinheiro, críticos de música, mulheres lindas e inteligentes. Ali, Simonal teria liberdade para improvisar, mudar o script e pintar e bordar. Parecia irreal, mas Miele e Bôscoli não estavam mentindo.

Depois de anos dedicado à delicadeza do samba-canção, com cantoras como Dolores Duran ou Marisa, o Beco agora apresentava um tipo de música que só faltava gritar. Seus instrumentistas eram homens com um pé no jazz e outro na gafieira, como os trombonistas Raul de Souza e os irmãos Edson e Edmundo Maciel, os saxofonistas J. T. Meirelles, Juarez Araújo e Aurino Ferreira, os trompetistas Maurílio Santos e Pedro Paulo, e os bateristas Dom Um, Wilson das Neves e Edison Machado. Espalhados pelos conjuntos que ocupavam o Bottles, o Little Club e o Baccara, deviam se fazer ouvir nos últimos andares dos prédios que formavam o Beco. Era um som propício a Simonal, como logo descobririam os executivos da Odeon, ao serem apresentados ao cantor no Little Club.

Ele era tremendamente carismático. Podia ser "bossa nova", como João Gilberto, mas não sussurrava para o microfone. Cantava "para fora", sabia fazer qualquer coisa com a voz e aparentava grande personalidade. Na verdade, personalidade até demais. No que João Gilberto, Tom Jobim, Carlinhos

Lyra, Roberto Menescal e os demais daquela turma tinham de "família", de bons meninos, Simonal insinuava um traço de malícia, malandragem, marginalidade — bom para a música e para os negócios.

Foi o que o público intuiu ao ouvir o seu primeiro disco, *Simonal tem algo mais*, em 1963, e o autor do texto de contracapa, o experiente Ricardo Galeno, já advertia: "Essa é uma produção feita de 'por enquanto'" — significando que, daquele artista, se podia esperar ainda mais. O repertório era uma série de novidades — "Tudo de você", dos novíssimos Marcos e Paulo Sergio Valle; "Telefone", dos infalíveis (em qualidade e quantidade) Menescal e Bôscoli; "Amanhecendo", também de Menescal, mas com Lula Freyre; e uma recentíssima delícia do adorado Tito Madi, "Balanço Zona Sul", que o próprio Tito levara a Simonal no estúdio da Odeon e pegaria de imediato junto ao público.

O disco seguinte, *A nova dimensão do samba*, em 1964, reafirmaria a promessa do anterior: Simonal era o rei do balanço. Bastava ver o que ele fazia com "Nanã" (primeira gravação desse clássico instantâneo de Moacir Santos com a letra de Mario Telles), "Ela diz que estou por fora", do irresistível Orlandivo, "Ela vai, ela vem", de Menescal e Bôscoli, tudo novidade, e o indestrutível "Rapaz de bem", de Johnny Alf — e, por este último, podia-se ver a dívida de Simonal para com Alf.

Os dois discos seguintes, de 1965, já seriam diferentes. No primeiro, *Wilson Simonal*, sentindo a presença no ar de uma juvenilização explícita da música popular — no Brasil, provocada a princípio pela própria Bossa Nova —, Simonal começou a explorar esse filão temático, tipo "samba jovem". Daí "Garota moderna", de Evaldo Gouveia e Jair Amorim, e "Juca Bobão", de Del Loro, ex-músico da Orquestra Tabajara, de Severino Araújo. No segundo, *S'imbora* — um de seus primeiros bordões a entrar no vocabulário popular —, Simonal faz uma incursão pioneira pelo que, em pouco tempo, se começaria a chamar de "MPM" — música popular moderna —, significando qualquer ritmo que já não fosse exatamente Bossa Nova, mas também não o iê-iê-iê cometido pelos comandados de Carlos Imperial. A dita MPM seria a música popular brasileira contemporânea nas suas muitas variações, mas com um tratamento viril, diferente, "moderno".

Daí, nesse disco, a presença de coisas tão diferentes, como os sambas "O apito no samba", de Luiz Antonio e Luiz Bandeira; "Samba do carioca", de Carlos Lyra e Vinicius de Moraes; e "Sonho de um carnaval", do novato Chico Buarque; o baião "Mangangá", de Geraldo Nunes — um suingado sucedâneo do "Carcará" de João do Vale; a toada "Fica mal com Deus", de Geraldo Vandré; e, por trás delas, provando que ainda havia uma corrente principal na música brasileira — o samba-canção —, ele dava contornos definitivos a "Duas contas", de Garoto, e "Se todos fossem iguais a você", de Jobim e Vinicius, e, de novo, numa segunda versão, a "Balanço Zona Sul". O recado à praça soava assim: se Simonal quisesse ser um cantor romântico, ninguém lhe faria frente. Mas ele preferia ser um cantor rítmico — e esse é que era o seu forte.

Era para que todo mundo, do mais atento ao desavisado ouvinte, escutasse o disco e se perguntasse que cantor é esse, com essa voz, essa afinação e essa divisão, que canta qualquer coisa e faz tudo com perfeição. Qual será o seu limite? Onde irá parar?

A resposta não estaria longe. Nos cinco anos seguintes, não haveria limites para Wilson Simonal.

Em pouco tempo, as minúsculas boates do Beco ficaram impraticáveis para Simonal. Miele e Bôscoli o levaram para um teatro, o Santa Rosa, em Ipanema. No show *Quem tem bossa vai à rosa*, ele tinha agora um palco inteiro à sua disposição e uma plateia de centenas para aplaudir seu vasto leque de truques: cantar, dançar, tocar piano e trompete, fazer imitações — não era mais um cantor, mas um showman, um Sammy Davis Jr. tropical —, mal sobrando espaço para o Bossa Três, que o acompanhava, e para sua partner, a bela dançarina Marly Tavares.

Foi ali, no Santa Rosa, que a carioca Laurinha Figueiredo viu Simonal e telefonou entusiasmada para seu marido, Abelardo, em São Paulo, sugerindo-lhe ressuscitar um programa que ele produzira na TV Tupi paulista, chamado *Spotlight*, e que cancelara havia anos, com a morte de seu astro, o cantor Almir Ribeiro. A princípio, Laurinha viu em Simonal um novo Almir Ribeiro, mas logo percebeu que não havia comparação.

A televisão estava começando a sair do quarto da empregada — onde muitos diziam ter instalado o aparelho — e passando para a sala. Começava também a descobrir a música popular como um possível ímã de audiência, superando os antigos teleteatros, as incipientes novelas e os programas tipo *Casamento na TV*. A Rhodia ofereceu a Abelardo o patrocínio de *Spotlight* na TV Tupi — patrocínio esse que se estendia a Simonal. Mais televisivo do que ele, impossível, e o programa era um sucesso. Mas a Tupi tinha outros planos: preferia investir em novelas, e deixou Simonal escapar. Então a Record, que já tinha *O Fino da Bossa*, com Elis Regina e Jair Rodrigues, e *Jovem Guarda*, dedicado ao iê-iê-iê, entrou em cena e o capturou.

A Record lhe deu tudo que ele pediu. Como Simonal precisaria morar em São Paulo, a TV pagou sua mudança. Garantiu-lhe independência de repertório, a última palavra nos arranjos, direito de escolher seus convidados e acoplou-o ao trio que ele queria: o novo Som Três, formado por Cesar Camargo Mariano (que Simonal já conhecia do Beco das Garrafas) e dois egressos do espetacular e extinto Jongo Trio — o contrabaixista Sabá e o baterista Toninho Pinheiro —, que fizera a glória de Elis e Jair no show *Dois na bossa*, um ano antes. Em junho de 1966, *Show em Si Monal* entrou no ar.

Não existia a transmissão por satélite, nem se pensava nisso. Para que um programa fosse visto nacionalmente, tinha de ser gravado em videoteipe, e a fita, fisicamente mandada para cada praça onde seria exibida. As gravações eram "ao vivo", num teatro ou no auditório da emissora, mas o resultado final, editado, não refletia exatamente o que se passara no palco. De tempos em tempos, por exemplo, a gravação precisava ser interrompida para a troca da fita. Nesses intervalos, a plateia era agraciada com a participação de artistas "menores", cujas apresentações apenas tapavam buraco — não eram gravadas.

Simonal considerava humilhante para seus colegas essa função de tapa-buraco. Passou a descer do palco e misturar-se ao público no intervalo, para dizer coisas engraçadas e "ensaiar" com a plateia a participação dela — coros, palmas — nos números para valer. Numa dessas, a câmera voltou a rodar sem ele saber e captou sua performance (e a da plateia). Podia parecer desajeitado, mas acharam ótimo. E, a partir dali, começaram a fazer de propósito — e a gravar também a interação de Simonal com o público.

Àquela altura, ele já não estava preso aos cânones da Bossa Nova, nem se limitava a ser o melhor cantor da praça ou, se quisesse, a dar um pulo ao passado e humilhar muita gente boa com suas interpretações de "Aquarela do Brasil", "Na Baixa do Sapateiro" e "Terra seca", todas de Ary Barroso. Já então, Simonal estava se aproximando da facção que seus colegas de música "séria" não queriam ver nem pintada: a turma de Carlos Imperial — o iê-iê-iê.

Imperial, trinta anos naquele ano, era uma potência: produtor, compositor, mentor do rock and roll brasileiro, gozador profissional e, basicamente, agitador anticultural, identificado com tudo que significasse baixo nível. Era cafajeste, vulgar e vivia às voltas com a polícia. Mas isso era mais um tipo. Na vida real, Imperial vinha de uma família fina do Espírito Santo, fora criado em Copacabana, sabia usar talher de peixe e conhecia muito bem a diferença entre a grande música popular e a música rasteira — apenas preferia trabalhar com esta última (o que não o impediu de ser parceiro de Ataulpho Alves num sublime samba, "Você passa e eu acho graça").

Em abril de 1966 — um ano e meio antes de Caetano Veloso gravar "Alegria, alegria" com os Beat Boys, e de Gilberto Gil convocar os Mutantes para apresentar "Domingo no parque" num festival da canção —, Simonal juntou-se ao conjunto de rock The Fevers e gravaram juntos o iê-iê-iê "Mamãe passou açúcar em mim" (que ele pronunciava "ni mim"), de Imperial e Eduardo Araújo. O choque só não foi maior no Beco das Garrafas porque, em 1966, já não havia mais Beco das Garrafas — os irmãos Alberico e Giovanni Campana tinham vendido suas boates, e o Beco entrava na sua longa e lamentável hibernação musical. Mas não faltou quem se escandalizasse por Simonal ter vendido sua alma a Imperial — porque, se quisesse, ele encontraria compradores para ela nas áreas mais nobres da música popular.

A transação se deu no disco *Vou deixar cair...*, lançado em meados do ano, e que não se limitava àquela faixa em matéria de acinte ao bom gosto e aos valores estabelecidos. Continha também a letra de Imperial para a inacreditável "A formiga e o elefante", de Nonato Buzar (baseada numa anedota então em voga), a mais excitante "O carango", também de Buzar, e uma enjoativa adaptação por Imperial de uma cantiga do folclore alemão adaptada para o português por José Carlos Burle: "Meu limão, meu limoeiro" — que, com os coros e palmas, batia todos os recordes de indução à náusea em apenas dois minutos de duração. Mas, para os sofisticados, nada parecia superar "Mamãe passou açúcar em mim" em desperdício de um grande cantor — fora para gravar aquilo que Simonal nascera com todo o seu talento e equipamento vocal?

E, de repente, surpresa — as pessoas mais insuspeitas pareciam gostar de "Mamãe passou açúcar em mim"! Ao ouvi-la pela primeira vez, era impossível não rir da ingenuidade de sua música e letra, ignorar a melodia fácil de guardar e ficar indiferente ao balanço que convidava a dançar nas recém-criadas discotecas. O severo jornalista Paulo Francis, ao saber que certa dama do society estava interessada nele para fins imorais, fingiu suspirar e disse: "É natural. Mamãe passou açúcar 'ni' mim". A música nos fazia descer de nossa empáfia e superioridade, e nos alertava para o fato de que não éramos tão sérios assim. Além disso, todas as moças — exceto as neuróticas — gostavam dela. E, quando a gravação de Simonal começou a frequentar as reuniões mais insuspeitas, ninguém teve dúvida de que ele fora "perdoado".

Curiosamente, "Mamãe passou açúcar em mim" e as outras tolices de Imperial estavam num disco em que Simonal dava seu show particular em três clássicos da música brasileira: a veneranda "Maria", de Ary Barroso e Luiz Peixoto; a moderna "Franqueza", de Denis Brean e Oswaldo Guilherme; e a moderníssima "Minha namorada", de Carlos Lyra e Vinicius de Moraes — sem falar em "Tem dó", de Baden Powell e Vinicius. Mais uma vez, Simonal nos deixava sem fala. Ele era insuperável, podia cantar de tudo, do melhor e do pior. E, enquanto deixassem, era o que pretendia fazer

Poucos sabiam, mas a união de Simonal com Carlos Imperial não era assim tão esdrúxula. Na verdade, Imperial fora seu primeiro patrão e guia, muito antes de Ronaldo Bôscoli. Em 1959, Imperial comandava um programa, *Clube do Rock*, na recém-inaugurada TV Continental, atraindo vários garotos da Zona Norte com topete armado com Glostora e dispostos a tudo para ficar famosos — os futuros Roberto Carlos, Erasmo Carlos, Tim Maia, Jorge Ben. Simonal inscreveu-se para um teste como cantor, mas perdeu a hora e a chance. Em compensação, Imperial contratou-o como seu secretário e faz-tudo — até Simonal mostrar-lhe que sabia cantar, e Imperial começou a promovê-lo em festinhas e reuniões. Levou-o à Odeon, apresentou-o ao diretor artístico Ribamar, pianista e parceiro da recém-falecida Dolores Duran, e conseguiu que

Simonal gravasse na subsidiária Polydor um 78 rpm, contendo um chá-chá-chá dele próprio, Imperial ("Teresinha/ Todo dia/ Dança o chá-chá-chá..."). "Teresinha" tocou muito no rádio, mas não teve continuidade. Donde, quando a Odeon, anos depois, "descobriu" Simonal, era só uma redescoberta. Simonal já era da Odeon, e esta não sabia disso. Era como alguém ter um unicórnio no jardim — e não perceber.

Ali começou a construção do mais explosivo ídolo popular da música brasileira — superando o tímido Orlando Silva nos anos 30 e 40 e o calculista e pseudo bom-moço Roberto Carlos, então no apogeu. Musicalmente, o estilo de Simonal era um coquetel de Bossa Nova, jazz, lounge, iê-iê-iê e ritmos latinos — segundo a receita levantada pelo jornalista Ricardo Alexandre, em sua biografia do cantor, *"Nem vem que não tem" — A vida e o veneno de Wilson Simonal* (Globo, 2009). Àquilo, Simonal dera o nome de "pilantragem", com a conivência de seus músicos, Cesar, Sabá e Toninho, abertos a todas as transgressões que ele quisesse. E Simonal queria todas. O importante era "comunicar", palavra com amplo significado na época — mesmo que fosse "comunicar" besteiras. *Vou deixar cair* foi o primeiro disco gravado com o Som Três e não representou um simples sucesso. Já era um sucesso fora de controle.

Subitamente, começaram a chover convites para shows no Brasil e no exterior, e Simonal não era de recusar serviço. A partir de 1967, sua média passou a ser de trezentos shows por ano. Ele e seu entourage só viam esposa e família quando eram recebidos por estas no aeroporto de Congonhas. Ali trocavam beijos, abraços e malas (os artistas entregavam a roupa suja e recebiam malas com mudas limpas), voltavam para o avião e retomavam viagem. O dinheiro não parava de entrar. E, em todas as cidades, a mesma reação — a plateia se entregava e se tornava parte do espetáculo, cantando e se agitando em coro nas poltronas. Simonal dividia o auditório e "regia" uma parte, depois a outra. Os espectadores voltavam para casa tão cansados quanto ele, mas igualmente felizes. Sem contar que, aonde Simonal chegasse, o *Show em Si Monal* e os discos tinham chegado primeiro — e todos na plateia sabiam o que fazer.

Foi no *Show em Si Monal* que ele criou um bordão, "Alegria, alegria!", para levar a plateia à histeria. Caetano Veloso usou-o como título do caleidoscópio verbal de que se compunha a marchinha com a qual concorreu ao Festival da Record em 1967 e que se tornaria um dos hinos dos anos 60. Simonal não se alterou: gravou "Alegria, alegria" e deu esse título a quatro discos sucessivos gravados nos anos seguintes. Nada podia atingi-lo: o iê-iê-iê, vulgo Jovem Guarda, ele o comeu com biscoitos no café da manhã, entre 1966 e 1967; e o Tropicalismo, tão assustador para alguns, não era páreo para ele. Se um dos objetivos dos baianos era a "comunicação popular", foi Simonal quem chegou a esta e sem o menor esforço, em 1970, ao cortar os versos de "País tropical", de Jorge Ben. "Moro/ Num país tropical/ Abençoado por Deus/ E bonito por natureza" tornou-se "Mó/ num patropi/ Abençoá por Dê/ E boni por naturê/ Ma que belê..." — com o que, de quebra, acrescentou uma palavra à língua: *patropi*. Segundo Ricardo Alexandre, essa adulteração da letra foi ideia de Simonal, que Jorge Ben incorporou à música.

Finalmente, em julho de 1969, no Maracanãzinho, sem saber e sem querer, Simonal praticou uma façanha aparentemente insuperável até por ele próprio — pôs no bolso o grande fenômeno internacional da música depois da autoimplosão dos Beatles: o brasileiro Sérgio Mendes.

Naquele ano, Sérgio Mendes e o Brasil '77 tinham cinco LPS e uma quantidade de singles nas paradas de sucesso do planeta, sempre nos primeiros lugares. Seu conjunto, que incluía a si próprio ao piano, Tião Neto ao contrabaixo, Dom Um à bateria, Rubens Bassini à percussão — todos da aristocracia da Bossa Nova — e duas cantoras americanas, a morena Leni Hall e a loura Karen Philipp, fazia em escala universal o que Simonal fazia no Brasil: uma grande mistura. No caso de Sérgio, a receita do repertório incluía os Beatles, o conjunto Tijuana Brass de Herb Alpert, João Donato, pop, rock, jazz, Bossa Nova e sabe-se lá que mais. O fato é que o mundo comprara Sérgio Mendes — e continuava comprando. Nem ele próprio deveria acreditar: cinco anos antes, estava tocando de graça no Beco das Garrafas. Agora, era dono de feudos na Califórnia, apresentava-se para milhares em estádios, dividia palcos com instituições como Fred Astaire e Danny Kaye, e se apresentava na Casa Branca a convite do presidente Nixon.

A Shell, patrocinadora de Simonal, resolveu trazer Sérgio Mendes ao Brasil para se apresentar no Maracanãzinho — com Simonal encarregando-se das honras da casa, abrindo o seu show. Foi o que ele fez para as mais de 20 mil pessoas presentes (que imaginava fossem 30 mil), regendo-as como nunca se vira antes num show. Ali era o seu auge, o máximo de sua carreira. Mas, então, o impossível aconteceu. Simonal esquentou tanto o público que este não o deixava sair do palco. Teve de bisar incontáveis vezes, enquanto Sérgio Mendes fumegava na boca do palco, esperando sua vez de entrar. Quando finalmente entrou, e Simonal tentou sair, a plateia não perdoou: chamou Simonal de volta. Sérgio Mendes a atendeu — fizeram um número juntos, "Sá Marina", o estádio quase veio abaixo e, por fim, sossegou. Enquanto Sérgio Mendes prosseguiu tepidamente com o show, Simonal foi chorar de alegria nos bastidores — tão alto que o som quase vazou para o palco.

Em 1970, a Shell era também patrocinadora da seleção brasileira na Copa do Mundo no México — e lá se foram Simonal e o Som Três para animar a delegação. Tinham entrada livre na concentração, e as noites de Guadalajara estavam cheias de artistas brasileiros — Pery Ribeiro, Leny Andrade, o Tamba Trio. O Brasil foi tri e Simonal era pé-quente.

Ninguém conseguia segurá-lo. No último ano, batera todos

os recordes de charutos, champanhe, carros, apartamentos, louras, viagens, adulações. O dinheiro que entrava também era muito — tanto que Simonal deixara de ser apenas um artista para tornar-se um conglomerado de empresas. De repente tinha sócios, funcionários, secretárias e aspones para cuidar de seus negócios, os quais eram tantos que não raro conflitavam entre si e sobre os quais não tinha o menor controle. E, não que isso fosse inevitável, a empáfia, a soberba, a arrogância, a prepotência e outros traços de sua personalidade, até então insuspeitos, começaram a aflorar. Simonal decidiu falar grosso com seus patrões — a TV Globo, a Shell, a Odeon —, e eles não gostaram.

Como sói acontecer, era roubado — muita gente vivendo à larga às suas custas —, e só ele não enxergava. Em 1971, sentiu que os fundos diminuíam. Mandou seu escritório fazer as contas, e nem este conseguiu maquiar o resultado. Com os investimentos desastrosos, impostos não pagos, prestações em atraso, despesas malucas, multas e os roubos, muitos roubos, Simonal descobriu que seu dinheiro estava se evaporando. Ficou louco: saiu da Odeon, brigou com a Globo, cancelou shows, despediu todo mundo, fechou o escritório e, em vez de convocar uma sindicância neutra, pediu ao Dops, a polícia política da ditadura, para levar seu contador, Raphael Viviani, a uma conversa na rua da Relação, na Lapa. O Dops "convenceu" o contador a assinar uma confissão de desfalque e o libertou. Mas o homem não deixou barato: processou Simonal por sequestro e constrangimento, e provou que fora torturado.

Simonal apresentou-se para se defender e, talvez para se garantir, confessou-se "de direita", partidário dos militares no poder. Corria a era Médici, a pior da ditadura. Só isso já seria suficiente para queimá-lo na maioria dos meios culturais. Mas, graças ao Poder Judiciário, havia ainda uma centelha de legalidade no país e, um ano depois, o inspetor Mario Borges foi chamado a explicar por que o Dops se metera num caso particular. Safou-se acusando Simonal de, no passado, ter fornecido "informações sobre colegas subversivos", e que aquele "poderia ser um caso". O próprio Simonal assinou declarações admitindo tudo isso. Pronto. *O Pasquim*, sem nenhuma prova (e sem se preocupar em obtê-la), começou a campanha que marcaria Simonal como "dedo-duro". A grande imprensa secundou o nanico, que se fiara apenas na declaração de um homem ligado à ditadura, e, com isso, o mundo desapareceu sob os pés de Simonal.

Os empresários e patrocinadores o dispensaram. Músicos foram coagidos a não trabalhar com ele. Ninguém queria contratá-lo. A Odeon tirou todos os seus discos de catálogo. Um radialista de São Paulo corria as emissoras da cidade riscando seus LPS com um prego, para que eles não pudessem ser tocados — como se alguém quisesse tocá-los. Pelos dez anos seguintes, Simonal viveu sua derrocada. Surpreendentemente, ainda conseguiu gravar alguns discos, todos tristes e, muitos, em selos diferentes — sinal de que ninguém se dispunha a bancá-lo mais de uma vez. Cada projeto de disco que lhe ofereciam (e eram cada vez mais raros esses projetos) o obrigava a tentar um estilo diferente, na tentativa de recuperar seu antigo público. Mas este já se mudara de vez para novos amores.

O nome de Simonal desapareceu da mídia. E os amigos também desapareceram, com exceções como Miele e Bôscoli, Elis Regina, Nelson Motta, Carlinhos Lyra, Flavio Cavalcanti, Laurinha e Abelardo. Eles "sabiam" que Simonal era inocente — não conseguiam imaginá-lo roubando tempo de sua sarabanda de shows, gatas e carros para fiscalizar a ideologia de colegas, assunto, aliás, de que não entendia tostão.

Em 1979, veio a anistia, ampla e geral a ponto de ilibar torturadores — mas não tão irrestrita a ponto de beneficiar Simonal. As pessoas estavam convictas de que ele era a favor dos militares (verdade) e fora um dedo-duro (mentira). "Não precisei ir para a Inglaterra. Sou o único cara que foi exilado em casa", ele disse, referindo-se ao autoexílio londrino de Caetano e Gil.

Simonal só morreria em junho de 2000, o que equivale a dizer que, desde o escândalo do contador, ele carregou seu próprio cadáver por quase trinta anos — doente, amargurado, com a voz reduzida a um fio e já sem sombra da ginga, do charme, do "champignon", que eram suas marcas. Para isso, contribuiu também o alcoolismo — que não foi provocado por sua desgraça, mas apenas acrescentou-se a ela. Simonal sempre bebeu e, por muitos anos, isso não o afetou. Até que, em meados dos anos 80, o organismo lhe apresentou a conta.

Episódios como o do Flag, narrado acima, houve vários. Houve também muitas entrevistas que Simonal aceitou conceder (ou mesmo implorou para dar) e o decepcionaram, porque o repórter não pregou abertamente sua absolvição — uma delas para mim, na *Folha de S.Paulo*, em junho de 1985. E nem adiantou que, anos depois, eu escrevesse, em meu livro *Chega de saudade*, que, não importava o que tivesse feito, Simonal "não podia ser expulso da história da Bossa Nova". Para Simonal, isso não era suficiente. Não admitia nada que não fosse o perdão, vindo de quem fosse.

Perdão esse que ele acabou recebendo, mas com que atraso — três anos e meio depois de sua morte. Em dezembro de 2003, a Comissão de Direitos Humanos da OAB (Ordem dos Advogados do Brasil) declarou-o oficialmente inocente de todas as acusações de delação. E, dali a pouco, começaria também a sua reabilitação. O país mudara. Décadas depois do escândalo, surgira uma nova geração — garotos em idade para comprar discos e interessados em saber mais sobre aquele homem que se dizia, com razão, o "único criminoso político brasileiro que nunca foi anistiado".

Vieram uma caixa com nove CDs contendo tudo que ele gravou na Odeon — e que nunca deveria ter sido apagado da música brasileira —, um filme de longa metragem, duas biogra-

fias, uma surpreendente ressurreição no rádio e uma admiração popular que evaporou por completo as acusações contra ele.
Simonal foi finalmente perdoado.
Só falta agora ele nos dar o seu perdão.

Bibliografia e agradecimentos

ALBIN, Ricardo Cravo. MPB — *A história de um século*. Rio de Janeiro: Funarte, 1997.
BARDOT, Brigitte. *Iniciais BB — Memórias*. São Paulo: Scipione, 1996.
BLANCO, Billy. *Tirando de letra e música*. Rio de Janeiro: Record, 1996.
BOSSA NOVA. *Songbook*. Almir Chediak, ed. Rio de Janeiro: Lumiar, 1990.
CABRAL, Sérgio. *Antonio Carlos Jobim — Uma biografia*. Rio de Janeiro: Lumiar, 1997.
———. *Nara Leão — Uma biografia*. Rio de Janeiro: Lumiar, 2001.
CALDAS, Klecius. *Pelas esquinas do Rio — Tempos idos e jamais esquecidos*. Rio de Janeiro: Civilização Brasileira, 1994.
CASTRO, Ruy. *Chega de saudade — A história e as histórias da Bossa Nova*. São Paulo: Companhia das Letras, 1990.
———. *Ela é carioca — Uma enciclopédia de Ipanema*. São Paulo: Companhia das Letras, 1999.
CEZIMBRA, Márcia, CALLADO, Tessy e SOUZA, Tárik de. *Tons sobre Tom*. Rio de Janeiro: Revan, 1995.
COSTA, Haroldo. *100 anos de Carnaval no Rio de Janeiro*. São Paulo: Irmãos Vitale, 2000.
CRAVO, Jorge. *Encontros — Memórias afetivas e musicais*. Salvador: Aminthas Jorge Cravo, 1996.
CUNHA, Maria Clementina Pereira. *Ecos da folia — Uma história social do Carnaval carioca entre 1880 e 1920*. São Paulo: Companhia das Letras, 2001.
DONATO, João. *Songbook*. Almir Chediak, ed. Rio de Janeiro: Lumiar, 1999.
FREIRE, Luiz Fernando. *Bossa Nova — História, som e imagem*. Rio de Janeiro: Spala, 1995.
GARCIA, Walter. *Bim-bom — A contradição sem conflitos de João Gilberto*. Rio de Janeiro: Paz e Terra, 1999.

GARDEL, André. *O encontro entre Bandeira e Sinhô*. Rio de Janeiro: Prefeitura da Cidade do Rio de Janeiro/Secretaria Municipal de Cultura, 1995.

GAVIN, James. *Intimate Nights — The Golden Age of New York Cabaret*. Nova York: Grove Weindenfeld, 1991.

GOTTLIEB, Robert, e KIMBALL, Robert. *Reading Lyrics*. Nova York: Pantheon, 2000.

HOMEM DE MELLO, Zuza. *João Gilberto*. São Paulo: Publifolha (Coleção Folha Explica), 2001.

JOBIM, Antonio Carlos. *Cancioneiro Jobim — Obras escolhidas*. Paulo Jobim, ed. Texto de Sérgio Augusto. Rio de Janeiro: Jobim Music/Casa da Palavra, 2000.

―――――. e JOBIM, Ana. *Ensaio poético*. Rio de Janeiro: Passaredo/Record, 1987.

JOBIM, Helena. *Antonio Carlos Jobim — Um homem iluminado*. Rio de Janeiro: Nova Fronteira, 1996.

KOHLER, Eric. *In the Groove — Vintage Records 1940-1960*. São Francisco: Chronicle, 1999.

LAUS, Egeu. "A capa de disco no Brasil: os primeiros anos". In: *Arcos* (Design, cultura, material e visualidade). Rio de Janeiro: Contracapa/ Esdi, 1998.

―――――. *Mostra de capas de disco no Brasil — Os primeiros anos: 1951 a 1958*. Catálogo de exposição. São Paulo: ADG, 1999.

LEES, Gene. *Singers and the Song II*. Nova York: Oxford University Press, 1998.

LYRA, Carlos. *Songbook*. Almir Chediak, ed. Rio de Janeiro: Lumiar, 1994.

MACIEL, Luiz Carlos, e CHAVES, Ângela. *Eles e eu — Memórias de Ronaldo Bôscoli*. Rio de Janeiro: Nova Fronteira, 1994.

MANGIA, José Maria Magalhães, e CASTRO, Otto Alexandre de. *O cantor das multidões*. Rio de Janeiro, 1984.

MÁXIMO, João, e DIDIER, Carlos. *Noel Rosa — Uma biografia*. Brasília: UNB, 1990.

MENDONÇA, Ana Rita. *Carmen Miranda foi a Washington*. Rio de Janeiro: Record, 1999.

MORAES, Vinicius de. *Livro de letras*. José Castello, ed. São Paulo: Companhia das Letras, 1991.

OLIVEIRA, Frederico Mendonça de Oliveira (Fredera). *O crime contra Tenório*. Alfenas: Atenas, 1997.

RIBEIRO, Rui. *Orlando Silva — Cantor número um das multidões*. São Paulo: Cruzeiro do Sul, 1984.

SEVERIANO, Jairo, e HOMEM DE MELLO, Zuza. *A canção no tempo — 85 anos de músicas brasileiras* (Vol. 1: 1901-1957). São Paulo: Editora 34, 1997.

——————. *A canção no tempo — 85 anos de músicas brasileiras* (Vol. 2: 1958-1985). São Paulo: Editora 34, 1998.

TÁVOLA, Artur da. *40 anos de Bossa Nova*. Rio de Janeiro: Sextante, 1998.

VALLE, Marcos. *Songbook*. Almir Chediak, ed. Rio de Janeiro: Lumiar, 1998.

VÁRIOS. *Enciclopédia da música brasileira (Popular, erudita e folclórica)*. Marcos Marcondes, ed. São Paulo: Art Editora, 1998.

VELOSO, Caetano. *Verdade tropical*. São Paulo: Companhia das Letras, 1997.

VELLOSO, Monica Pimenta. *Modernismo no Rio de Janeiro*. Rio de Janeiro: FGV, 1996.

VIANNA, Hermano. *O mistério do samba*. Rio de Janeiro: Zahar/UFRJ, 1995.

VIEIRA, Jonas. *Orlando Silva — O cantor das multidões*. Rio de Janeiro: Funarte, 1985.

Alguns capítulos de *A onda que se ergueu no mar* nasceram de artigos publicados no Caderno 2 de *O Estado de S. Paulo* entre 1990 e 2001. Outros tiveram alguma forma de encarnação prévia nas revistas *Alphaville, Ícaro, Qualis, Revista do CD, Update, Veja, Vip* e *Vogue*, no mesmo período. Os cinco textos-bônus saíram originalmente na coleção de CD-livros *Bossa nova 50 anos*, da *Folha de S.Paulo*, em 2008. Todos foram extensamente retrabalhados, fundidos, emendados e ampliados para este livro. Os capítulos referentes a Orlando Silva e Brigitte Bardot usaram a íntegra de sua publicação original (Orlando, como livro da caixa de CDs da BMG, *Orlando Silva — O cantor das multidões — Gravações originais 1935-1942*, em 1995; Brigitte, na revista *Mitsubishi*, em 2001), mas também foram corrigidos e aumentados.

O autor agradece às pessoas que o receberam, abriram gavetas, vasculharam suas memórias e contribuíram de alguma forma, com informações ou material, para os vários assuntos de *A onda que se ergueu no mar*:

Alberto Chimelli, Almir Chediak, Antonio Roberto Arruda, dr. Antonio Salles, Armando Pittigliani, Aurélio de Andrade, Caetano Augusto Rodrigues, Cyl Farney, Denis Albanese, Denise Santos, Dorothea Piratininga, Egeu Laus, Eneida de Oliveira, Fernando Paiva, Fernando Pessoa Ferreira, Gracita Garcia Bueno, Ira Etz, Jairo Severiano, Janio de Freitas, Jerdal dos Santos, João Carlos Rodrigues, João Máximo, Jom Tob

(Jomico) Azulay, Jonas Silva, Jonas Vieira, Jorge Cravo (Cravinho), José Lino Grünewald, José Milton, Julia Romeu, Lenita Plonczynski, dr. Luiz Alberto (Laco) Chaves de Oliveira, Lysias Enio, Marcelo (*O Peru Molhado*) Lartigue, Maria Lucia Rangel, Mario Adnet, Mercia e Mario Gabbay, Mario Lago, Mariza Gata Mansa, Mauro Ivan, Nana Caymmi, Nelly Laport, Nelson Gonçalves, Ricardo Cravo Albin, Rita Kauffman, Roberto Mena Barreto, Roberto Menescal, Roberto Quartin, Sérgio Augusto, Sergio Ximenes, Silvia Regina de Souza, Silvinha Marques de Azevedo, Stella Caymmi, Tião Neto, Vera Figueiredo, Villas-Bôas Corrêa e Wanda Sá.

Créditos das fotos

Todos os esforços foram feitos para determinar a autoria e identificação das fotos usadas neste livro. Nem sempre isso foi possível. Também não se conseguiu localizar todas as pessoas fotografadas. Teremos prazer em creditar fotógrafos e fotografados caso se manifestem.

2/3	Acervo Roberto Menescal/Jobim Music
4/5	Helio Santos/Manchete
6/7	Chico Pereira
8/9	Capa do LP *Bossa Nova nos States* (Masterplay, 1962)
11	Denis Albanese
34-5	Maria José Lessa/AJB/Jobim Music
42-3	Evandro Teixeira/AJB/Jobim Music
46-7	Acervo Gracita Garcia Bueno/Jobim Music
74-5	Acervo Roberto Menescal
88-9	Denis Albanese
92-3	Denis Albanese
106	AJB
107	Acervo Ruy Castro
118-9	AJB
130-1	Acervo Ruy Castro
159	Acervo Ruy Castro
163	Acervo Ruy Castro
167	AJB
174	Acervo Jonas Silva (Lucio) e AJB (Dick)
175	Acervo Jonas Silva (Dick) e Acervo Jorge Cravo (Lucio)
180	Hamilton Correa/AJB
181	Divulgação
192-3	Alberto Ferreira/AJB
202-3	Pedro de Moraes
216-7	Acervo Tião Neto
224-5	Acervo Tião Neto
236-7	Mabel Arthou/AJB
249	Christina Bocayuva/AJB
266-7	Luís Carlos David/AJB
277	Acervo Ruy Castro
295	Coleção Claudia Telles
321	Acervo Ruy Castro
341	Arquivo Nacional
356	Discos Copacabana/Acervo Ruy Castro
362-3	Cafi/Jobim Music
Quarta capa	Discos Copacabana/Acervo Ruy Castro

Música e magia ▶

O piano de Tom sobe à praia
de sua infância, o Arpoador —
ele tornou universal o seu universo

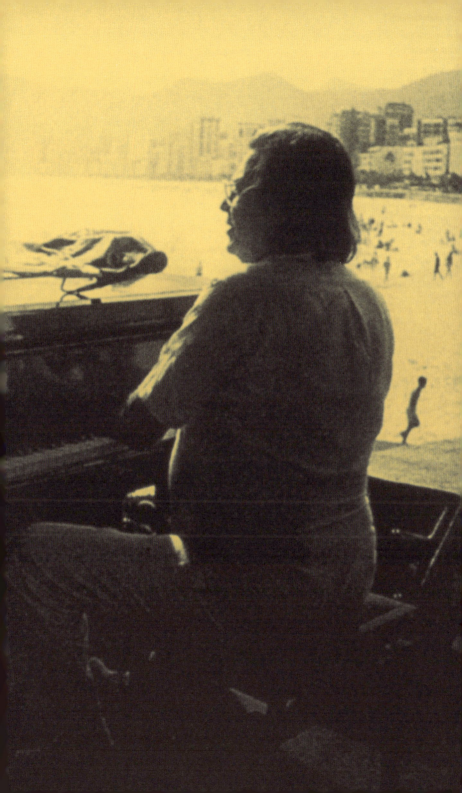

Índice remissivo

Os títulos entre aspas são de canções e os títulos em itálico são de discos.
Os números de páginas em itálico se referem às ilustrações.

"À beira-mar", 170
À vontade mesmo, 132, 220
"Aboio", 220
"Abraçável você", *ver* "Embraceable you"
"Abre a janela", 158
Abreu, José Maria de, 264
Abreu, Zequinha de, 108
Adderley, Cannonball, 219
"Adeus, América", 112, 320, 330-1, 333
"Afinal", 329
"Água de beber", 94
"Águas de março", 24, 36, 41, 52, 61, 128, 186, 289
"Ah! Se eu pudesse", 73, 233
Akioshi, Toshiko, 183
"Alá-la-ô", 199
Alegria, alegria, 350
"Alegria, alegria", 27, 347, 350

"Alegria", 158
Alencar, Cesar de, 329
Alencar, Christovão de, 197, 238
Alf, Johnny, 50, 71, 113, 176, 185, 189-95, *192*, 205, 220, 263, 309, 337, 339-40, 343
"Alguém como tu", 173
"Alguma coisa assim", 206
"All of me", 283
"All the way", 303
Allyson, Karrin, 117
Almeida, Antonio, 125, 263, 269
Almeida, Aracy de, 66
Almeida, Hianto de, 298
Almeida, Janet de, 172, 256, 263
Almeida, Joel de, 256
Almeida, Laurindo de, 110, 122, 284
Alpert, Herb, 351
"Also sprach Zarathustra", 116, 288

Alves, Ataulpho, 145, 263, 347
Alves, Francisco (o Rei da Voz), 104, 109, 153-5, 157
Alves, Lucio, 111, 126, 140-1, 160, 171-86, *174-5*, *180*, 194, 205, 259, 264, 297-8, 301-2, 304, 326, 330, 333
Alves, Luizão, 226
Alves, Zezinho, 219, 315
"Amanhecendo", 343
"Amargura", 173
"Amazonas", 204
Amélia, Tia, 139
"Amendoim torradinho", 299-300
"Among my souvenirs", 304
"An american in Paris", 61
Angela Ro-Ro, 206
Americano, Luiz, 263
"Amigo leal", 158
Amor, o sorriso e a flor, O, 140, 250
Amor de gente moça, 303
Amor em hi-fi, 303
"Amor em paz, O", 185
"Amor que acabou, O", 15
Amorim, Jair, 343
Amoroso, 258, 285
"Amoureuse", 103
Andrade, Leny, 185, 190, 340, 351
Andrews Sisters, conjunto vocal, 326, 328
"Angel eyes", 182
Angela Maria, 300
Anjos do Inferno, 111, 173, 186, 263, 326

"Anos dourados", 24
Antonio Carlos Jobim, 141
Antônio Maria, 71, 264, 292, 322, 329
Antunes, Arnaldo, 205
"Aos pés da cruz", 160
"Apito no samba, O", 344
"Apoteose do amor", 160
"Aquarela do Brasil", 50, 109-10, 114, 200, 346
"Aquelas palavras", 173
Aracy canta Noel, 136
Araújo, Eduardo, 347
Araújo, Juarez, 218, 221, 342
Araújo, Severino, 343
Armstrong, Louis, 156, 269
"Arrastão", 78, 222
Ary Caymmi / Dorival Barroso, 138
"As time goes by", 232
Assis Valente, 263, 326
Astaire, Fred, 63, 104, 269, 351
"Astronauta, O", 311, 334
The Astrud Gilberto album, 288
"Até quem sabe", 204
"Atire a primeira pedra", 169
"Aula de matemática", 15
Austin, Gene, 155
"Ave-Maria no morro", 256-7
Azevedo, Leonel, 105
Azevedo, Waldir, 263

Babo, Lamartine, 125, 156, 158, 263
Bacharach, Burt, 33, 116

"Bachura me Ipanema", *ver* "Garota de Ipanema"
"Baía", ver "Na Baixa do Sapateiro"
"Baião", 108
Bailly Jr., Octavio, 219, 311
Baker, Chet, 269
Balançamba, 141, 177
"Balanço Zona Sul", 15, 338, 343-4
"Bananeira", 204
"Banda, A", 57
Banda Nova, 289
Bandeira, Luiz, 344
Bando da Lua, 126, 263, 326
Barata, Paulo André, 205
Barbieri, Gato, 312
Barbosa, Haroldo, 112, 125, 172, 256, 263, 322, 328, 330
Barbosa, Luiz, 58, 263
Bardot, Brigitte, *11*, 79-97, *87, 92-3*
Barcellos, Manuel, 329
Barquinho, 76
"Barquinho, O", 15, 73, 233, 238
Barrias, Gregorio, 256
Barro, João de, 69, 125-6, 158, 172, 263
Barros, Raul de, 69
Barroso, Ary 36, 50, 57, 59, 66, 71, 108-9, 138, 199-200, 238, 263, 309, 346, 348
Barroso, Sérgio, 219
Barsotti, Rubinho, 308
Basie, Count, 122
Bassini, Rubens, *118-9*, 221, 350

Bastos, Edson, 324
Bastos, Newton, 104, 263
Bastos, Ronaldo, 205
Batista, Linda, 71
Batista, Marilia, 172
Batista, Wilson, 263
Beach samba, 288
Beat Boys, 347
Beatles, 116, 125, 287, 289, 325, 351
be-bop, 112, 307
Beltrão, Henrique, 299, 300
"Bem do mar, O", 50
Ben, Jorge, 84, 95, 114, 220, 348, 350
Bengell, Norma, 137, 176
Bennett, Tony, 17, 313
Bergman, Alan, 123
Bergman, Marilyn, 123
"Berimbau", 220
Berlin, Irving, 64, 124
Bernard, Steve, 308
"Bésame mucho", 325
Best of two worlds, The, 289
Betinho, violonista, 330
Bianchi, Cido, 316
Bide, 104, 263
Big band Bossa Nova, 279
"Bim-bom", 264, 291, 310
Bittencourt, Luiz, 322, 329
Blanc, Aldir, 205, 335
Blanco, Billy, 40, 64, 77, 134, 176, 185, 264, 333-4
Blecaute, 177
BMI, gravadora, 279
Bob Nelson, 330

"Bobagens de amor", *ver* "Tea for two"
"Boêmio", 158
Bonfá, Luiz, 4, 33, 37, 71, 91, 113-5, 176, 264, 278-9, 299-300, 326, 335
Bongusto, Fred, 256
"Boogie-woogie na favela", 112
Borba, Emilinha, 52, 263, 329
Bororó, compositor, 154, 263, 269
Bosco, João, 335
Bôscoli, Ronaldo, 14, 28, 58, 71-7, 74-5, 138, 177, 191, 194, 233, 238-9, 243, 265, 290-3, 302, 304-5, 320, 333, 338, 342-4, 348, 353
Bossa dos Cariocas, A, 334
Bossa muito moderna de João Donato, A, 312
Bossa Negra, 318
Bossa nova de Roberto Menescal, A, 131, 141
Bossa Rio, Sexteto, 76, 219
Bossa Três, 224-6, 276, 289, 340, 345
Bossa, balanço, balada, 304
bossa-jazz, 315-6
Bossasession, 304
Botelho, Cláudio, 128
Botelho, Toninho, 72, 74, 256
"Boto, O", 53
Bowlly, Al, 149
"boy next door, The", 303
Branco, Waltel, 218-9, 248
Brancura, 145, 263

"Brasa", 169
Brasil em ritmo de samba — canta Jorge Goulart, 135
Brasil, Victor Assis, 218
"Brazil", *ver* "Aquarela do Brasil"
Brazilian Mancini, 284
Brean, Denis, 112, 263, 348
Brent, Earl, 126
"Brigas nunca mais", 15, 283
"Brisa do mar", 206
Brito, Guilherme de, 264
Brito, Nazareno de, 330
Brown, Les, 231
Brubeck, Dave, 176, 182, 287
"Brumas", 173
Buarque, Chico, 16, 26-7, 40, 45, 51, 57, 128, 178, 191, 205, 238-9, 265, 316, 336, 344
Burke, Joe, 125
Burle, José Carlos, 347
"But beautiful", 182
"But not for me", 61, 231
Buzar, Nonato, 347
Byrd, Charlie, 114, 219, 279, 307-8, 314

Cacaso, 205
Caesar, Irving, 127
Caetano, Pedro, 263
"Café com pão", 204
Cahn, Sammy, 123, 125
Calcanhoto, Adriana, 206
Caldas, Silvio, 153-4, 157, 165
Calmon, Waldir, 309
"Caminhando", 27

"Caminhos, Os", 206
"Camisa amarela", 238
Campos, Augusto de, 127
Campos, Haroldo de, 205
"Canção da Índia", 171
"Canção da volta", 322, 329
Canção do amor demais, 51, 310
"Canção que morre no ar", 15, 304
Canções praieiras, 136
Candinho (José Cândido de Mello Mattos), 72, 277, 291, 294, 299-301
"Cantador, O", 114
Canto livre de Nara, O, 141, 232
Cantinho, um violão, Um, 235
"Caprichos do destino", 160
"Carango, O", 347
"Caravan", 227
"Carcará", 232, 344
Cardoso, Elizeth, 47, 51, 132, 310, 332
Carícia, 292, 301
"Carinhoso", 50, 108, 125, 160, 162
Cariocas, Os, 48, 76, 84, 111, 129, 185-6, 195, 250, 263, 280, 311-2, 319-37, *321*
Cariocas a Ismael Netto, Os, 332
Cariocas de 400 bossas, Os, 334
Carnaval da velha guarda, 135
Carneiro, Geraldo, 205
Carrilho, Altamiro, 263
Cartola, 145, 238, 264
Carvalho, Joubert de, 169
Cascata, J., 105, 263

Castilho, Bebeto, 291
Castro Neves, Mario, 71, 129, 302, 333
Castro Neves, Oscar, 14, 71, 91, 115, 289-90, 302, 314, 333, 335
Cavalcanti, Flavio, 353
Caymmi visita Tom, 50
Caymmi, Dori, 91, 114-5, 123, 238
Caymmi, Dorival, 50, 57, 94, 136, 138, 197, 263, 301, 304, 309, 326
Cazuza, 205
CBS gravadora, 220
Celestino, Vicente, 155, 196
Certain smile, A, 288
"Céu cor-de-rosa", 125
"Céu e mar", 191
Chaplin, Charles, 125
"Chattanooga choo-choo", 108, 126
Chaves, Erlon, 340
Chediak, Almir, 53, 56, 59, 246-8
"Cheek to cheek", 190
Chega de saudade, 250, 280, 303, 310
"Chega de saudade", 16, 25, 50, 61, 78, 84, 116, 122, 140, 170, 185, 264, 268-9, 280, 291, 301, 310, 332-3
"Chica boa... Chica boa", 197
"Chica de Ipanema, La", *ver* "Garota de Ipanema"
"Chiclete com banana", 112
Chico "Fim de Noite", 278

Chico Batera, 219, 284, 308
"Children's games", *ver* "Chovendo na roseira"
Chimelli, Alberto, 184
Chiozzo, Adelaide, 200
Chiquinho do Acordeon, 111, 264
"Chora tua tristeza", 15
choro, 50, 69, 105, 151, 157, 207, 264
"Chorou, chorou", 206
"Chove lá fora", 292
"Chovendo na roseira", 24, 30, 61, 289
"Chuva de vento", 56, 59
"Chuva", 15
Cinderela em Paris, 65
Cipó, saxofonista, 218-9, 316, 340
Clarke, Kenny, 223, 307
Cobras, Os, 316
Coelho, Elisinha, 156
Cohn, Al, 17
"Coisa nº 2", 220
Coisas, 219
"Coisas nossas", 58
Colé, 299-300
Cole, Nat "King", 112, 176
Columbia, gravadora, 133-4, 332
Com açúcar e com afeto, 235
Composer of 'Desafinado' plays, The, 223, 284, 315
Concert by the sea, 287
Concerto em fá, 61
Concerto em sol, 61
Connor, Chris, 17

"Consolação", 91, 220
Continental, gravadora, 52, 64, 134-6, 172-3, 299
"Conversa de botequim", 186
"Copacabana", 69, 111, 172
Copacabana, gravadora, *130*, 134-5, 142, 298, 300
"Coração vagabundo", 270
"Coração", 144
"Corcovado", 15, 40, 123, 227, 278, 281, 283, 286, 313
Cortes, Aracy, 156
Costa, Alayde, 14, 71, 333
Costa, Gal, 116, 191
Costa, Heleninha, 331
Costa, Paulinho da, 116
"Criticando", 333
Crosby, Bing, 101, 104-5, 109, 111, 149, 156-7, 172-3, 326
"Curare", 154, 158
Curi, Ivon, 185, 300

"Da cor do pecado", 154, 269
"Dá-me tuas mãos", 157, 162, 166
Dale, Lennie, 129
"Dança ritual do Fogo", 171
"Dancing with tears in my eyes" ("Dançando com lágrimas nos olhos"), 125
Danko, Harold, 223
Davis Jr., Sammy, 345
Davis, Miles, 278, 313
"Day by day", 283
Day, Doris, 111-2
"De cigarro em cigarro", 71

"De conversa em conversa", 172
Del Loro, 343
Delfino, Sonia, 185
"Demais", 303
Demônios da Garoa, 326
Deodato, Eumir, 14, 114-6, 219, 221, 288, 335
Deppenschmidt, Buddy, 281
"Desafinado", 15-6, 18, 25, 38, 114, 264, 268-9, 278-9, 281, 293, 308, 310, 313
"Descansa, coração", *ver* "My foolish heart"
"Desde que o samba é samba", 269
Desmond, Johnny, 173
Dias Leme, Reynaldo, 329
"Deusa do cassino", 158
"Deusa", 170
Dez anos depois, 233
Diabos do Céu, orquestra, 158
"Dindi", 15, 303
"Disa", 15
"Dizem por aí", 176
"Do Pilar", 52
"Doce veneno", 111
Dois na bossa, show, 345
"Domingo azul do mar", 78
"Domingo azul", 77, 334
"Domingo no parque", 347
Donato, João, 50, 71, 113, 129, 176, 183, 194-208, *202*, 220, 245, 263, 285, 309, 312, 314-5, 319, 335, 351
Donato, Lysias, 204
Donga, 143-4

"Dor e uma saudade, Uma", 158, 162
"Doralice", 281
Dorsey, Jimmy, 109
Dorsey, Tommy, 326
"Duas contas", 292, 344
Dubin, Al, 125
Duchin, Eddy, 109
Duets II, 30
Duran, Dolores, 40, 70-1, 176, 205, 240, 264, 298, 300-1, 303-4, 306, 342, 348

"Ê lala lay-ê", 206
"E nada mais", 15
É samba novo, 220
"Ébrio, O", 196, 208
Eça, Luizinho, 14, 71-2, 74-5, 76, 91, 115, 138, 219, 222, 239, 299, 309, 333, 335
Eckstine, Billy, 112
"Eclipse", 270
Edison Machado, Sexteto, 226
"Edmundo", *ver* "In the mood"
Edwards, Cliff "Ukelele lke", 156
Einhorn, Mauricio, 185, 219-20
"Ela diz que estou por fora", 343
"Ela é carioca", 15, 227, 334, 336
"Ela vai, ela vem", 343
Eldridge, Roy, 17, 219
Elenco, gravadora, 50, 76, 140-1, 176-7, 220, 302, 304, 307
Elias, Eliane, 116, 183

Elis Regina, 28, 190, 222, 233, 240, 306, 337, 345, 353
Elizeth interpreta Vinícius, 142
Ellington, Duke, 269
"Em pleno luar", 157
Embalo, 215, 218, 220, 316
"Embraceable you", 61, 127
EMI, gravadora, 133, 268
"Emoriô", 206
Encontro, Um, show, 280, 311, 319, 333
Erasmo Carlos, 348
Erdman, Ernie, 125
"Errei... erramos", 158
"Esquece", 173
"Este seu olhar", 15, 304
"Estate", 285
"Estrada do sol", 71, 304
Etting, Ruth, 155
"Eu e a brisa", 15, 191
"Eu e meu coração", 256
"Eu gosto mais do Rio", *ver* "How about you?"
"Eu quero um samba", 172, 186, 256
"Eu sambo mesmo", 256, 258
"Eu te amo", 52
"Eu vim da Bahia", 270
Euterpe, editora musical, 52
Evans, Bill, 278, 288

The face I love, 304
Faccini, Mario, 329
"Façamos", *ver* "Let's do it"
Farmer, Art, 288
Farney, Dick, 52, 110-1, 171-86, *174-5, 181*, 194-5, 205, 264, 298
"Fascinating rhythm", 61
"Fascination", 103
"Febre de amor", 169
"Feitiço da Vila", 59
"Feitio de oração", 56
Feitosa, Chico, 71-2, 239, 291
Fernandes, Alcides, 71, 145
Ferreira, Abel, 263
Ferreira, Aurino, 218, 316, 342
Ferreira, Djalma, 309
Ferreira, Durval, 14, 191, 218, 222
Ferreira, Jorginho, 218, 308, 316
Fest, Manfredo, 129
The Fevers, 347
"Fica mal com Deus", 344
Fields, Dorothy, 126, 231
Figueiredo, Abelardo, 337-8, 345, 353
Figueiredo, Laurinha, 337-8, 345, 353
"Fim de noite", 15
"Fim de semana em Eldorado", 191, 220
"Fim de sonho", 206
Fiorini, Luvercy, 333
Fischer, Clare, 116-7, 258
"Fita amarela", 55
Fitzgerald, Ella, 17, 23, 112
"Foggy day, A", 61
"Foi a noite", 292, 294, 300
Fonseca, Zezé, 150-1, 162, 166
"Fotografia", 15, 40, 50, 78, 177, 303

"Formiga e o elefante, A", 347
Francis Albert Sinatra e Antonio Carlos Jobim, 23, 115
Francis, Paulo, 348
"Franqueza", 348
Fred Jorge, 125
Freed, Ralph, 127
Freire Júnior, 50, 52, 170
Freixo, Leandro, 337
Frey, Sidney, 120, 278, 289
Freyre, Lula, 343
"Frog, The", *ver* "A rã"
"Frou-frou", 103
Fuks, Moysés, 290-1, 293
"Fundo, O", 206
Funny face, 63
Furtado, Emmanoel (Badeco), 328

"Gaiolas abertas", 204
Galeno, Ricardo, 343
Galhardo, Carlos, 177, 199
"Gardez-moi pour toujours", *ver* "Por causa de você"
Garland, Joe, 127
Garland, Judy, 269, 303
Garner, Errol, 287
Garota de Ipanema, 235
"Garota de Ipanema", 15, 25, 36, 78, 84, 115, 120-1, 230, 253, 281-3, 286, 303, 311, 314, 334
"Garota moderna", 343
Garoto, 111, 256, 264, 292, 344
Garotos da Lua, 72, 111, 160, 184, 256, 263, 296-7, 326

Garrincha, 318-9
Gaya, Lindolfo, 219, 302
Gerardi, 308
Gershwin, George, 59-69, 104, 124, 231
Gershwin, Ira, 70, 124, 127, 231
Getz au go go, 287
Getz, Monica, 275
Getz, Stan, 17, 114, 117, 120, 219, 229, 275-90, 277, 307-8, 314
Getz/Gilberto, 115, 230, 275-90, 314, 319
Getz/Gilberto #2, 288
Gil, Gilberto, 16, 27, 116, 128, 191, 197, 204-6, 265, 335, 347, 353
Gilhen, Ray, 122-3, 126
Gilbert, Ray, 305
Gilberto, Astrud, 115-6, 207, 246, 275, 278, 282-3, 285-9, 314
Gilberto, Bebel, 117, 246, 266
Gillespie, Dizzy, 278, 313
Gimbel, Nomian, 120-1, 283
Girl crazy, 65
"Girl from Ipanema, The", *ver* "Garota de Ipanema"
"Gentle rain, The", 114
Gnatalli, Radamés, 51, 57, 111, 158, 184, 263, 328-9
Golson, Benny, 122
Gonçalves, Nelson, 165-8, 177
Gonzaga, Chiquinha, 50, 144, 222
Gonzaga, Luiz, 108, 263
Goodman, Benny, 326

Gordon, Mack, 126
Gouveia, Evaldo, 343
Gracindo, Paulo, 329
"Grande amor, O", 281
Grande bossa dos Cariocas, A, 76, 334
Grant, Felix, 311
Green, Bud, 231
"Grilos, Os", 77, 114
Guerra Peixe, maestro, 260, 331
Guimarães, Hélio, 256
Guinga, 132
Guinle, Carlos, 304
Gusmão, Manuel, 219

"Há muito tempo atrás", 125
Hall, Leni, *118-9*, 350
Hamilton, trompetista, 218
Hammerstein, Oscar, 64
Harbach, Otto, 231
Hart, Lorenz, 64, 70, 124, 126, 231
Hawkins, Coleman, 17
Heath, Percy, 281
"Helena, Helena, Helena", 178
"Help!", 325
Hendricks, Jon, 114, 122
Herbert, Victor, 63, 125
Herman, Woody, 114
Hi-Los, 114
Hime, Francis, 335
"Hindustan", 63, 103
Hitchcock, Bill, 304
"Hô-bá-lá-lá", 264, 303, 310
Holanda, Nestor de, 329

Holiday, Billie, 157, 269
Horn, Bill, 218, 291
Horne, Lena, 17
Horta, Toninho, 335
Hortensia (os Cariocas), 332-3
Horton, Edward Everett, *107*
"How about you?", 127, 232

"I'll be around", 38
"I'm getting sentimental over you", 199
"I'm in the mood for love", 231
"I make my money with bananas", 123
"I surrender, dear", 157
iê-iê-iê, 18, 125, 177, 221, 335, 344-7, 349-50
"Ilusão à toa", 15, 186, 191
"Imaginação", *ver* "Among my souvenirs"
Imperial, Carlos, 132, 344, 346-9
"In the mood", 127
"Indian Summer", 125
"Índio perdido", 197
"Influência do jazz", 333
"Inimigo do samba", 169
"Insensatez", 61, 185
"Inútil paisagem", 15, 36, 77-8, 123, 334
"Ipanema no mussumê", *ver* "Garota de Ipanema"
"Ipanémai lány", *ver* "Garota de Ipanema"
It might as well be spring, 304
"It's been a long, long time", 125

"It's so peaceful in the country", 38

Jackie & Roy, 117
Jackson do Pandeiro, 112
Jackson, Calvin, 304
Jacob do Bandolim, 263
Jacques, Geraldo, 112, 322, 330
Jair do Cavaquinho, 238
Jararaca, 53, 108
"Jardineira, A", 158, 162
jazz, 17, 36, 60, 102-3, 112-4, 116, 122, 134, 138, 140, 156, 176, 182-3, 194, 207, 215, 218, 220, 223, 269, 279-80, 287, 307, 325
Jazz samba, 279, 281, 307, 314
Jazz samba encore!, 279
Jazz Sinfônica, orquestra, 324
Jesus, Alberto de, 298
"Jeune fille de Ipanema, La", *ver* "Garota de Ipanema"
João, 59, 254-5, 257, 260-1
João Gilberto, 4, 7, 14, 16, 37-8, 54, 57-9, 79, 84, 111-6, 120, 122, 138, 140, 160, 170, 177, 183-6, 189-90, 194, 205, 207-8, 222, 239, 243-71, 249, 267, 275-90, 277, 291-3, 296-8, 301-3, 307-15, 317, 319, 326, 332-5, 337, 339, 342
João Gilberto, 250
"João Ninguém", 53, 55-6, 59
João, voz e violão, 268-70
João Luiz, 298

"Joãozinho Boa Pinta", 330
Joãozinho Trinta, 143
Jobim, Antonio Carlos (Tom), 4, 14, 16, 18, 23-66, 35, 42, 47, 71, 77-8, 94-5, 101-2, 113-5, 120-3, 128, 134, 138, 141, 145, 176-8, 183, 185, 189, 191, 194, 205, 207-8, 223, 233, 239, 262, 264, 269, 275-86, 277, 288-9, 292-4, 301, 303-5, 310-1, 313-6, 319-20, 321, 331, 333-7, 342, 344, 363; como Tony Brazil, 284
Jobim, Tereza, 278-9
"Jodel", 204
Joel e Gaúcho, dupla, 263
Johnson, James P., 61
Jolson, Al, 104, 155
Jones, Quincy, 278
Jongo Trio, 345
Jonjoca, 156
Joplin, Scott, 261
Joyce, 129
"Juca Bobão", 343
"Juramento falso", 158
"Just a gigolo", 157
"Just one more chance", 157

Kahn, Gus, 125
Kane, Helen, 156
Kapp, gravadora, 304-5
Kaye, Danny, 351
Kenton, Stan, 110, 207, 281
Kern, Jerome, 64, 104, 231
Kessel, Barney, 304

Kéti, Zé, 145, 232, 238, 263
King Sisters, conjunto vocal, 326
Koellreutter, Hans-Joachim, 331
Koorax, Ithamara, 324
Krieger, Edino, 331

"Lábios que beijei", 105, 158, 162
Lacerda, Benedito, 197, 263
Lady, be good!, 63
"The lady is a tramp", 268
Lago, Mario, 105, 166, 263
Lambert, Hendricks & Ross, 122
"The Lambeth walk", 197
"Lamento", 283
Lan, ilustrador, 136
Lane, Burton, 127
Laus, Egeu, 133-5
Leão, Nara, 14, 71-2, 74-5, 94-5, 127, 129, 138, 141, 145, 229-40, 236, 290-1, 293, 302, 306, 313
Lee, Peggy, 313
Lees, Gene, 48, 123, 278, 283
Lessa, Ivan, 299
"Let's do it", 127
Lewak, Chaim, 340, 342
"Ligia", 24, 41, 178, 186, 289
"Limelight", 125
Lincoln, Ed, 219, 264, 309
Lins, Ivan, 116, 335
Little Richard, 307
"Livery stable blues", 103
Lôbo, Edson, 219
Lobo, Edu, 78, 91, 129, 238, 305, 335
Lobo, Fernando, 71, 256

"Uma loira", 176
London, gravadora, 178
Look around, 208
Look to the rainbow, 288
"Louco", 169
"Love is here to stay", 61
"Love is like this" *ver* "Carinhoso"
LP: *Os cobras, O,* 220, 316
"Lua dourada", 206
Lucio e as mulheres, 178
"Lugar comum", 197
Luiz Antônio, 264, 344
Luiz Claudio, 256
Luiz Henrique, 129
Luiz Roberto, 334-5
"Luiza", 41, 44, 52, 185
Lullaby, 61
Luna, Fábio, 336
Luz da manhã, 235
"Luzes da ribalta", 125
Lyra, Carlos, 14, 37, 71, 94-5, 113-5, 123, 129, 138, 145, 176, 189, 194, 222, 233, 239, 278, 291, 296, 299, 302, 304, 312, 320, 333-5, 342-4, 348, 353

Macaé, saxofonista, 226
Macedo Neto, 298
Machado, Carlos (Orquestra), 172
Machado, Edison, (Edison Maluco), 115, 217, 219-23, 224, 226-7, 278, 285, 308, 315-6, 342
Maciel "Maluco", Edson, 218-20, 226, 308, 342

Maciel, Edmundo, 218, 342
MacRae, Gordon, 173
"Madel von Ipanema, Das", *ver* "Garota de Ipanema"
Madi, Tito, 176, 183, 185, 194, 205, 264, 292, 305, 338, 343
"Madrugada 3:05", 329
Magalhães, Oldemar, 332
Maia, Tim, 324, 348
Mais bossa com Os Cariocas, 334
"Málaga", 256
"Malmequer", 158, 238
"Mamãe passou açúcar em mim", 347-8
"Mamãe, eu quero", 108, 114
"Man I love, The", 61, 190
"Man that got away, The", *ver* "Hô-bá-lá-lá"
Mancini, Henry, 30, 33, 116, 284
Mandel, Johnny, 115, 258
Manga, Vitor, 219, 308
"Mangangá", 344
"Manhã de carnaval", 114
"Manhattan", 126
Manhattan Transfer, 325
Mann, Herbie, 219
"Maracangalha", 50
"Maravilha", *ver* "'S wonderful"
"Marca na parede", 329
Marçal, 104, 263
marchinha, 57, 69, 104, 108, 124, 197, 350
"Maria", 348
"Maria Ninguém", 84, 114
Mariano, Cesar Camargo, 345
"Marina", 50, 173

Marinho, Luiz, 219
Marisa Gata Mansa, 71, 298, 342
Marlene, 329
Marotta, Ugo, 219
Martinho da Vila, 204-5
Martino, Bruno, 285
Martins, Herivelto, 256, 264, 269
Martins, Roberto, 166, 264
"Mas que nada", 84, 95, 114, 220
Mascarenhas, Pacífico, 127
Matita Perê, 52
maxixe, 15, 101, 115
Maysa, 70, 76, 233, 240, 256, 300-1, 306
McCorkle, Susannah, 117
McCormack, John, 155
McFarland, Gary, 219, 279
McHugh, Jimmy, 126, 231
McKibbon, Al, 304
Medeiros, Elton, 238
"Meditação", 18, 123
"Meia-luz", 298
Meirelles, J.T., 218-9, 316, 342
"Meisje van Ipanema", *ver* "Garota de Ipanema"
Mel-Tones, conjunto vocal, 176, 326
Mendes, Sérgio, 14, 37, 76, 115-6, *118-9*, 129, 205, 208, 219-21, 278, 289, 350-1
Mendonça, Newton, 14, 18, 50, 57, 71, 78, 113, 123, 176, 191, 194, 205, 222, 233, 264, 269, 292-4, 313
Menescal, Roberto, 3, 14, 71-3,

74-5, 76-7, *131*, 138, 141, 177, 191, 219-20, 222, 230-1, 233, 239, 252, 278, 291, 294, 301-2, 312, 316, 320, 333, 343
Menezes, Zé, 322
"Menina feia", 333
"Menina", 296
"Mentiras", 206
Mercer, Johnny, 123
Mercer, Mabel, 38, 269
Merry Macs, conjunto vocal, 326
Mesquita, Custódio, 50, 66, 105, 263
Mesquita, Ronnie, 219, 308, 316
"Meu amigo Radamés", 51
"Meu consolo é você", 158, 162
"Meu limão, meu limoeiro", 347
"Meu Rio de Janeiro", 173
"Meu romance", 158
Meu samba encabulado, 235
Meus sonhos dourados, 232
Midani, André, 116, 138, 301-2
Miele, Luiz Carlos, 185, 338, 342, 344, 353
"Milagre", 50
Um Milhão de Melodias, programa de rádio, 328-9
Milito, Bebeto, 76
Milito, Helcio, 76, 91, 115, 219, 308
Miller, Glenn, 36, 127, 326
Miller, Sidney, 129, 238
Mills Brothers, conjunto vocal, 326
Miltinho, 185-6
Milton Banana, 14, 115, 129, 207, 219-20, 228-30, 262, 275-6, 277, 280-1, 285-6, 289, 306-19
Milton Banana Trio, 316
"Mimi", 154
"Minha namorada", 15, 320, 348
"Minha saudade", 220
"Minha", 15
Mirabeau, 51
Miranda, Carmen, 101, 105, *107*, 108, 110, 123, 126, 156, 172, 263, 304
Misraki, Paul, 256
Miúcha, 51, 246, 258, 285, 290
Modern Jazz Quartet, 281
Modernaires, conjunto vocal, 176, 326
"Modinha", 51
Mojica, José, 160
Mondragon, Joe, 304
Monk, Thelonious, 122, 307
Monroe, Marilyn, 276
Monteiro, Ciro, 58, 145, 172, 263
Monteiro, Doris, 71, 178, 185-6
"Moon river", 190
"Moonglow", 182
Moraes, Vinicius de, 16, 18, 40, 46, 48, 51, 54, 57, 64, 78, 91, 94-5, 121, 135, 141, 145, 211-3, 215, 220, 230, 233, 243, 262, 264, 269, 280, 283, 286, 310-1, 316, 319-20, 333-4, 336, 344, 348
Moreira da Silva, 139, 263
Moreira, Airto, 115, 219, 221, 288

Moreira, Moraes, 205
"Morrer de amor", 15
"A morte de um deus de sal", 73
Motta, Nelson, 127, 234, 238, 353
Moura, Paulo, 218, 220, 308, 316
Muito à vontade, 312
"Muito à vontade", 207
"Una mujer", 256
Mulligan, Gerry, 278, 313
Murilo, Celso, 340
Murray, Arthur, 286
Music of Mr. Jobim by Sylvia Telles, The, 304
Músicas de Orfeu da Conceição, 135
Musidisc, gravadora, 134-5
Mutantes, 116, 347
My foolish heart, 232-3, 239
"My foolish heart", 127, 234
"My funny Valentine", 231

"Na Baixa do Sapateiro", 108, 110, 346
"Na batucada da vida", 50
"Na Glória", 69
"Na paz do Senhor", 173
"Nada além", 105, 157
Namorados da Lua, 172-3, *174*, 184, 186, 326
"Naná", 105, 157
"Nanã", 18, 220, 226, 343
"Não me diga adeus", 238
"Não tem tradução", 55
"Não vou pra casa", 269
"Naquela estação", 206

Nara, 141
"Nasci para bailar", 206
Nascimento, Milton, 116, 324, 335
Nássara, 136, 263
Navarro, Osmar, 332
Nazareth, Ernesto, 50, 144
Nelson Cavaquinho, 61, 145, 238, 264
Netto, Ismael, 111, 205, 292, 322, 327-9, 331-2, 336
Neto, Silvino, 124-5
"Neurastênico", 330
Neves, Wilson das, 219, 308, 342
Ney, Nora, 71, 135
"Nick Bar", 176
"Night and day", 231, 234, 268
Nilo, Fausto, 205
"Ninguém me ama", 71
"Nini", 197
Nitzsche, Jack, 30
"No more blues", *ver* "Chega de saudade"
"Noa-noa", 220, 227
"Nobody's sweetheart", 125
Noite do amor, do sorriso e da flor, A, show, 301, 283
"Nós e o mar", 73, 233
"Nós queremos uma valsa", 199
Nova dimensão do samba, A, 343
"Nova ilusão", 173, 322, 330
Nunes, Geraldo, 344

"Que é amar, O", 191
Odeon, gravadora, 52, 64, 111, 116, 133-41, 150, 169-70, 178,

229, 250, 261, 264, 270, 286, 291-2, 299, 301-3, 310, 316, 332, 340, 342-3, 348-9, 352-4
Of thee I sing, 65
"Off-key", *ver* "Desafinado"
Ogerman, Claus, 223, 258, 284
Oh, Kay!, 65
Ohana, baterista, 219, 308
Oito Batutas, Os, 103, *106*, 114, 151
"Olá, olá", 57
Olhos negros, 191
"Olhos negros", 191
"Olhou pra mim", 15
Oliveira, Aloysio de, 78, 111, 123, 125-6, 138-9, 176, 291, 301-5, 307, 326, 334
Oliveira, Dalva de, 52, 139
Oliveira, Frederico Mendonça de (Fredera), 221
Oliveira, os Irmãos, 200-1
Oliveira, Paulo Roberto de, 226
"On the sunny side of the street", 126
"Onde está você", 15
"One note samba", *ver* "Samba de uma nota só"
Ooooooh! Norma, 137
Opinião de Nara, 142, 232
Orfeu da Conceição, 60, 64
"Orion", 227
Orlandivo, 343
Oswaldo Guilherme, 348
"Outra vez", 176, 229, 280, 310, 313

Page Cavanaugh Trio, 111
Paich, Marty, 115
"País tropical", 350
Paiva, Luís, 226
Paiva, Miguel, 127, 234
Paiva, Vicente, 108
"Pálida morena", 170
Palma, João, 115, 219, 221, 308
Palmer, Earl, 307
"Palpite infeliz", 256
Panicali, Lyrio, 328
Paquito, 238
"Paradise", 157
"Pardon my English", 76
Parker, Charlie, 269
Pastels, conjunto vocal, 326
"Pato, O", 114, 230
Pasquim, O, 353
"Patricia", 102
Paula, Madalena de, 256
Paulinho da Viola, 160, 238, 335
Paulo Ney, 309
"Paz, A", 206
Pedro Paulo, trompetista, 218, 342
"Pedro pedreiro", 57
Peixoto, Cauby, 185
Peixoto, Luiz, 348
"Pela luz dos olhos teus", 185
"Pelo telefone", 103
Penteado, Roberto, 298
Peracchi, Leo, 51, 57, 263
"Perdido", 182
Pereira, Chico, 302, 303
Pereira, Geraldo, 263, 309, 326
Pereira, Sandra, 186

Peterson, Oscar, 182
Philipp, Karen, *118-9*, 351
Philips, gravadora, 133, 140-1, 219, 286, 302-3, 334-5
"Piano na Mangueira", 45
Piazzolla, Astor, 230, 312
Pied Pipers, conjunto vocal, 329, 326
Pilantragem, turma da, 132
Pingarilho, 320
Pinheiro, Leila, 324
Pinheiro, Paulo César, 40, 205, 335
Pinheiro, Toninho, 179, 308, 345
Pinto, Marino, 269
Pinto, Rossini, 125
Pixinguinha, 3, 50, 57, 103, *106*, 108, 126, 135-6, 143-4, 151, 158, 263
"Please", 157
Polêmica Noel Rosa x Wilson Batista, 136
Polygram, gravadora, 141, 231, 254-5, 258, 260
"Ponto final", 173
"Poor butterfly", 103
"Por causa de você", 303
"Por quanto tempo ainda", 158, 169
Porgy and Bess, 60, 65
Porter, Cole, 64, 70, 124, 127, 231, 256
Powell, Baden, 14, 218, 220-2, 233, 238, 312, 320, 335, 348
Powell, Jane, 126
"Pra esquecer", 56

"Pra machucar meu coração", 50, 281
"Pra que chorar", 320
"Praias desertas", 78
Prazeres, Heitor dos, 144
"Preciso aprender a ser só", 320
"Primavera", 15
"Primeira vez, A", 160
Purim, Flora, 116

"Quando ela sai", 298
Quartarone, Jorge, 328
Quarteto do Rio, 337
Quarteto em Cy, 76, 115, 126, 129
Quatro Ases e Um Coringa, 326
"Que reste-t-il de nos amours?", 256
"Quem diz que sabe", 206
"Quem é?", 332
Quem tem bossa vai à rosa, show, 344
"Querida", 52
"Quero dizer-te adeus", 169
"Quiet night of quiet stars", *ver* "Corcovado"
"Quindins de iaiá, Os", 108
"Quintessência", 220, 227
Quitandinha Serenaders, conjunto vocal, 326

"Rã, A", 15, 205, 208
"Radamés y Pelé", 51
"Ragazza de Ipanema, La", *ver* "Garota de Ipanema"

Ramone, Phil, 276
Ramos, Flavio, 311, 333
"Rapaz de bem", 191, 343
Ratinho, 263
Razaf, Andy, 127
"Razão de viver", 15, 114
RCA Victor, gravadora, 134, 149-50, 154, 161-2, 168-9, 172, 178, 220, 263, 300, 316
Reichenbach, Bill, 281
Reis, Mario, 104, 144, 153, 156, 160, 262-3
Rennó, Carlos, 127
"Renúncia", 168
"Resposta, A", 77
Rex, Conjunto, 308
RGE, gravadora, 215, 316
"Rhapsody in blue", 60, 63
Rhythm and sound of the Bossa Nova, The, 314
Rhythm Boys, conjunto vocal, 326
Ribamar, pianista, 71
Ribeiro, Alberto, 69, 172
Ribeiro, Almir, 345
Ribeiro, Pery, 190, 195, 286, 340, 351
Ricardo Alexandre, 349-50
Riddle, Nelson, 115
"Rio", 73, 320
"Risque", 71
Roach, Max, 223
Roberto Carlos, 348-9
rock'n'roll, 16, 228, 348-9
Rodgers, Richard, 124, 126, 231
Rodhe, Serge, 303

Rodrigues, Amaury, 309, 312
Rodrigues, Jair, 345
Rodrigues, Lupicinio, 135
Rodrigues, Nelson, 142, 196
Rodrix, Zé, 127, 234
Rogers, Richard, 64
Romance popular, 235
Romão, Dom Um, 115, *118-9*, 219, 221, 308, 342, 350
"Rosa", 151, 160, 162
Rosa, Hélio, 125
Rosa, Noel, 49-59, 65, 69, 125, 135, 144, 156, 158, 172, 191, 256, 263
Rosalie, 63
"Rosinha", 256, 258
Roteiro de um boêmio, 135
Rubalcaba, Gonzalo, 183
"Rum and Coca-Cola", 328
Russell, S. K., 109
Ruy, Ewaldo, 125

"'S wonderful", 234
S'imbora, 343
"Sá Marina", 351
Sá, Sandra de, 191
Sá, Wanda, 14, 91, 115, 132
Sabá, contrabaixista, 179, 345
"Sábado em Copacabana", 176, 304
"Sabe você", 15
"Sabiá", 27
Safranski, Eddie, 281
Salud!, 122
Salvador, Dom, 115, 219, 221

samba, 102-3, 105, 127
"Samba da bênção", 230, 311, 334
"Samba da minha terra", 313
"Samba da pergunta", 15, 320
"Samba de Orfeu", 114
"Samba de uma nota só", 18, 38, 279, 313
"Samba de verão", 15, 77, 114, 320
"Samba do avião", 15, 36, 45, 48, 61, 78, 84, 123, 230, 311, 319, 334
"Samba do carioca", 15, 344
Samba na voz do sambista, O, 135
"Sambolero", 206
"Sampa", 256, 258
Santiago, Emílio, 190
Santiago, Oswaldo, 125
Santoro, Claudio, 331
Santos, Agostinho dos, 37, 205, 278
Santos, Maurílio, 218, 342
Santos, Moacir, 18, 115, 219-21, 226, 238, 294, 335, 343
Santos, Normando, 72, 291, 312
"Satin doll", 182
"Saudade da Bahia", 50
"Saudade mata a gente, A", 173
Schifrin, Lalo, 278
"Se é tarde me perdoa", 15
"Se eu morresse amanhã", 71
"Se todos fossem iguais a você", 15, 123, 182, 344
"Segredo", 269
"Sempre no meu coração", 169

"Sentimental journey", 231
"Ser ou não ser", 173
Serenata, 169
Sergio Ricardo, 71, 185, 302
Sete de Ouros, 340
"Seu Chopin, desculpe", 191
"Seu encanto", 114
Severino Filho, 327-8, 331-2, 334-6
Shank, Bud, 117
Shannon, Hugh, 38
Shaw, Artie, 326
Shearing, George, 176, 182
"Sheik of Araby, The", 103
Short, Bobby, 38
"Siboney", 102
"Siga", 256, 258
"Silk stop", 204, 220
Silva, Abel, 205
Silva, Anysio, 139
Silva, Ismael, 104, 135, 263
Silva, J.C. da, 238
Silva, Jaime, 114
Silva, Jonas, 183, 256, 258
Silva, Orlando, 52, 105, 149-70, *159, 163, 167, 172, 197, 259, 263, 297-8, 349*
Silva, Robertinho, 226
Silva, Roberto, 160, 264
Silva, Sinval, 263
Silva, Stanislau, 238
Silva, Walfrido, 238
Silvio Cesar, 129
Simonal tem algo mais, 343
Simonal, Wilson, 132, 190, 337-55, *341*

"Simples carinho", 206
Sims, Zoot, 17, 287
Sinatra, Frank, 17, 23-4, 28, 30, 38, 101, 111-2, 115, 158, 173, 268-9, 289, 326, 337
Sinfonia da Alvorada, 64-5
Sinfonia de Paris, 65
Sinfonia do Rio de Janeiro, 64, 134-5, 333
"Sinfonia do Rio de Janeiro", 77
Sinhô, 50, 143
Sinter, gravadora, 133, 135-6
Six Hits and a Miss, conjunto vocal, 326
Slon, Cláudio, 308
Smith, "Pine Top", 261
Smith, Bessie, 157
Smith, Jack "Whispering", 156
"Smoke gets in your eyes", 231
"Só danço samba", 91, 281, 311, 320, 334
"Só em teus braços", 304
Soares, Claudette, 14, 178, 190-1, 286
Soares, Elza, 127, 139, 190-1, 302, 318
Soberano, Luiz, 238
Solal, Martial, 183
"Solidão", 71
"Solo", 220
Som, O, 219
Som Três, 345, 349, 351
"Someone to light up my life", *ver* "Se todos fossem iguais a você"
Sondheim, Stephen, 128
"Song of the jet", *ver* "Samba do avião"

"Sonho de um carnaval", 344
Sonhos dourados, 235
Sony, gravadora, 133
"Sorriu pra mim", 256
Sousa, Antônio de, *ver* Milton Banana
Souto, Eduardo, 52, 124
Souza, Otávio de, 151
Souza, Raul de, 132, 218, 220-1, 316, 342
Spielman, Fred, 126
Stafford, Jo, 326
Stanislaw Ponte Preta, 293
Starlighters, conjunto vocal, 176, 326
Stockler, Juca, 310
Stone flower, 52, 288
Stordahl, Axel, 112, 158
Strauss Johann, 261
Strauss, Richard, 288
Strike up the band, 63, 65
Stuckart, Max von, 340, 342
Stupakoff, Otto, 292
"Sugar cane breeze", 204
"Surpresa", 206
Styne, Jule, 125
"Swanee River", 157
"Swanee", 63
Swing Maníacos, Os, 172
Swingle Singers, 325
Sylvia, 303

Tagliaferro, Magdalena, 197, 201
Taiguara, 335
Tamba Trio, 76, 84, 91, 129, 141, 195, 220-1, 286, 351

"Também quem mandou", 334
Tania Maria, 116
Tapajós, Paulo, 328
Tapajós, Sebastião, 185
"Tarde em Itapoã", 78-9
"Tatu subiu no pau, O", 257
Tavares, Marly, 345
Taylor, Creed,-38, 65, 120, 276, 279, 281, 283-6, 288, 308, 314-5
"Tea for two", 127
Teixeira, Neil Carlos, 324, 336
Teixeira, Neuza, 114
Teixeira, Newton, 238
Teixeira, Patrício, 143, 145
"Telefone", 320, 343
Telles, Mario, 18, 183, 226-8, 296-7, 299, 317, 343
Telles, Sylvia, 14, 16, 58, 71, 76, 113, 115, 129, 140, 177, 195, 226, 240, 277, 290-306, 333
"Tem dó", 348
"Tema para Lúcia", 322
Tempo feliz, 220
"Tempo feliz", 15
"Temptation", 157
"Tenderly", 174
Tenório Jr., Francisco, 211-5, 216, 218-21, 228, 315-6
"Teresa da praia", 77, 176
"Teresinha", 349
"Terminemos agora", 173
"Terra seca", 346
"Thanks", 157
Tião Neto, 118-9, 207, 216, 219, 221, 226, 228, 275-6, 277, 281, 284-6, 288-9, 312, 314-5, 350

"Tico-tico no fubá", 108
Tide, 288
Tijuana Brass, 351
Timóteo, Agnaldo, 185
"Tim-tim por tim-tim", 320, 322, 330
Time out, 287
"Tique-taque do meu coração, O", 238
Tita, 129
Titulares do Ritmo, 326
Tom Zé, 116-7
Toquinho, 79, 211-2
Tormé, Mel, 173, 326
"Trem atrasou, O", 238
Trenet, Charles, 149, 256
"Três apitos", 53-5, 59
Trio Los Panchos, 325
Trio Melodia, 325
Trio Nagô, 326
Trio Surdina, 135
"Tristeza de nós dois", 91
Tropicalismo, 26, 132, 350
"Trouble is a man", 38
"Tudo de você", 343
"Turma do funil, A", 51
twist, 16
"Two kites", 24

"Última canção, A", 157
"Último beijo, O", 329
Universal, gravadora, 133
"Useless landscape", *ver* "Inútil paisagem"

Vadico, 50, 264
Vagamente, 132
"Vagamente", 15
Vale, João do, 232, 238, 344
Valença, Rosinha de, 115, 129, 219, 221
Valentin, Val, 276
Valle, Marcos, 77, 114-5, 123, 129, 205, 222, 320, 335, 343
Valle, Paulo Sérgio, 77, 127, 205, 305, 320, 343
Vallee, Rudy, 156
"Valsa de Porto das Caixas", 52
"Valsa de uma cidade", 176, 182, 292, 329
Valzinho, 111, 264
Vandré, Geraldo, 344
Vargas, Pedro, 160
Vasconcellos, Marcos, 320
Vasconcellos, Naná, 117
Vassourinha, 58, 263
Vaughan, Sarah, 112, 195
Veiga, Jorge, 263
Veloso, Caetano, 16, 27, 117, 128, 160, 185, 191, 205, 256, 265, 269, 319, 335, 347, 350, 353
"Vento do canavial", 204
Veríssimo, Lúcia, 322, 336
Vermelho, Alcyr Pires, 50, 238
Verve, gravadora, 314
Vestane, Tony, 300
Vicente, Eloi, 324, 336
Vilarinho, Inaldo, 238, 256
Villa-Lobos, Heitor, 51, 57, 66, 143-4
"Villa Grazia", 204

Vilella, Cesar, 292, 302-3
Villa-Lobos, Heitor, 328
Vinhas, Luiz Carlos, 14, 76, 219-20, 225, 226, 276, 278
Vinicius & Odette Lara, 141
"Violeira, A", 52
Viviani, Waldir, 328
"Vivo sonhando", 15, 94, 281
Vocalistas Tropicais, 326
Você ainda não ouviu nada!, 219
"Você e eu", 15, 185
"Você é o mel", *ver* "You're the top"
"Você passa e eu acho graça", 347
"Você só... mente", 125
"Você", 73, 176
Vou deixar cair..., 347, 349

Wallace, Oliver, 63
Wanderley, Walter, 115, 288, 335
Warren, Harry, 126
Washington, Ned, 127
"Waters of March", *ver* "Águas de março"
"Wave", 15, 24, 36, 40, 61, 78
Wave, 24, 288
Webb, Jimmy, 33
Welding, Pete, 284
"What's new?", 182
Whiteman Paul, 157, 326
Wilder, Alec, 38-40
Williams, Tommy, 289
Wilson Simonal, 343
Wilson, Jack, 284

Winter, Paul, 117, 219
Woodyard, Sam, 223

"X do problema, O", 56

"Yes, we have no bananas", 103
"Yesterday", 289

"You can go", 204
"You do something to me", 256
Youmans, Vincent, 64, 104, 127
Young, Victor, 127, 234
"You're the top", 127

Zimbo Trio, 221
Zingg, David Drew, 276, 289

ESTA OBRA FOI COMPOSTA POR ACOMTE EM BERKELEY E
IMPRESSA PELA GEOGRÁFICA EM OFSETE SOBRE PAPEL PÓLEN
SOFT DA SUZANO PAPEL E CELULOSE PARA A
EDITORA SCHWARCZ EM JUNHO DE 2017

A marca FSC® é a garantia de que a madeira utilizada na fabricação do papel deste livro provém de florestas que foram gerenciadas de maneira ambientalmente correta, socialmente justa e economicamente viável, além de outras fontes de origem controlada.